英豪
YingHao

21世纪 人力资源管理专业系列教材

# 绩效管理

（第二版）

主　　编　林　筠

副主编　胡利利　冯　伟

编写人员（以编写顺序排列）

林　筠　许刚全　胡利利

冯　伟　冯重庆

西安交通大学出版社
XI'AN JIAOTONG UNIVERSITY PRESS

## 内容提要

本书系统地介绍了绩效管理的全过程，从绩效管理基本原理、原则和方法入手，详细地阐述了绩效的概念和绩效管理系统的职责划分，明确了绩效计划制定的基本程序以及如何确定绩效标准和绩效目标；在绩效实施与管理中强调了沟通和指导对员工绩效改善的重要性；在绩效考核过程中，论述了考核主体与考核频率的确定以及考核难点和误差；从控制导向、行为导向、特质导向、战略导向的角度分析了绩效考核方法，并针对不同的方法提出了绩效考核指标体系构建的基本思路；阐述了绩效反馈与绩效改进、绩效考核结果应用等内容的规律性及实施要点；最后，结合理论例举了几类典型人员的绩效考核实务，并以实例阐述了绩效管理制度的基本结构。

本书内容完整、深入浅出、结构性强，具有较强的操作性，各章引用的阅读材料使全书在严谨中体现活跃，配备的案例突出理论在实践中的应用，帮助读者理解和掌握绩效管理的精髓。本书融进了作者多年的教学体会和科研成果，有利于读者开阔视野，更新观念，了解绩效管理的发展历程及发展趋势。

本书不仅适合作为高校工商管理专业、人力资源管理专业教材，也可作为人力资源培训教材，还可供理论工作者和企事业单位人力资源管理工作者使用。

**图书在版编目(CIP)数据**

绩效管理/林筠主编. —2 版. —西安:西安交通大学出版社,2013.9(2023.2 重印)
(英豪 21 世纪人力资源管理专业系列教材)
ISBN 978 - 7 - 5605 - 5592 - 8

Ⅰ.①绩… Ⅱ.①林… Ⅲ.①企业绩效-企业管理-高等学校-教材　　Ⅳ.①F272.5

中国版本图书馆 CIP 数据核字(2013)第 197170 号

| | | |
|---|---|---|
| 书　　名 | 绩效管理(第二版) | |
| 主　　编 | 林　筠 | |
| 责任编辑 | 魏照民 | |
| **出版发行** | 西安交通大学出版社 | |
| | (西安市兴庆南路 1 号　邮政编码 710048) | |
| 网　　址 | http://www.xjtupress.com | |
| 电　　话 | (029)82668357　82667874(市场营销中心) | |
| | (029)82668315(总编办) | |
| 传　　真 | (029)82668280 | |
| 印　　刷 | 西安日报社印务中心 | |
| 开　　本 | 727mm×960mm　1/16　　**印张** 20.5　　**字数** 371 千字 | |
| 版次印次 | 2006 年 9 月第 1 版　2011 年 9 月第 2 版　2023 年 2 月第 13 次印刷 | |
| 书　　号 | ISBN 978 - 7 - 5605 - 5592 - 8 | |
| 定　　价 | 36.80 元 | |

如发现印装质量问题，请与本社市场营销中心联系。
订购热线:(029)82665248　(029)82667874
投稿热线:(029)82668133
读者信箱:xj_rwjg@126.com

**赠送老师电子课件:029 - 82668133**

英豪21世纪人力资源管理专业系列教材

# 编写委员会

**学术指导:** 席酉民

**编委会主任兼总主编:** 杜跃平

**编委会副主任:** 李增利

**编委委员(按姓氏笔画排序):**

王林雪　孙　波　李　明　李　莉

苏列英　张　琳　杨生斌　林　筠

高　艳　高恺元　夏彩云　魏　伟

**策划:** 魏照民

# 总　　序

　　进入 21 世纪以来,经济全球化、全球市场化的进程不断加快,人类正在迈向知识经济时代。从农业经济到工业经济,再到服务经济或以体验经济、眼球经济等各种特征组合成的新经济,除了管理的重心逐步从价格、质量等转向创新、反应速度、信誉等外,经济社会发展所依赖的关键资源也由原来的土地、劳力、资本逐步转向信息、经营能力、知识等(即使在我国经济尚处于多元化的状态下,这种趋势也是明显的)。换句话说,知识、人才等智力资本正在成为经济增长和发展的基础性、关键性、战略性资源。高素质人力资源的知识、能力和创造力,是国家、地区、企业获得竞争优势的根本源泉,高素质人力资源的开发与争夺日益成为国家、地区、企业之间竞争的焦点。各国政府和企业越来越重视人力资源的开发与管理,纷纷采取各种措施努力提升人力资源的素质、能力和知识结构,为参与日益激烈的竞争创造持续的动力和源泉。

　　传统经济学一般认为,决定经济增长的基本要素是人、土地、资本,人被看作是"非资本的"一种自然状态的劳动力,而没有真正考虑到劳动者所拥有的知识和技能的价值与作用。战后以来对经济增长和发展的研究揭示了一个新的现象,在不同的国家和地区,相同的实物资本总投入量带来了差异悬殊的收益增长。经济分析和研究发现,这种差异的真正根源在于人力资源质量的差异,即是由人力资源的知识水平和能力差异所导致的人力资源使用效率的差异所形成的。当代经济学家普遍认为,土地、厂房、机器、资金已不再是国家、地区和企业致富的根本源泉,唯独人力资源才是企业和国家经济社会发展之根本。人力资源是决定经济增长的第一资源。正如西奥多·舒尔茨所指出的"人类的未来并不取决于空间、能源和耕地,而将取决于人类智力的发展"。当代经济学理论的创新,一方面反映了新的经济演化本质和特征;另一方面也不断凸显了人力资源和人力资本在未来经济增长和发展中具有的基础性、战略性地位。

　　在现代经济学不断创新和发展的同时,现代管理学理论和实践模式也在实现着创新和发展。无论是管理学中的人性观的变化,还是系统管理理论的创新、管理目标和模式的调整,日益体现了以人为本的思想和理念,特别是从传统的人事管理向人力资源管理和战略性人力资源管理的变革,集中体现了经济学理论的创新成果和管理理论与实践的创新需要,即人力资源是第一资源,人是企业主体,人在管理中居于主导地位。

当今世界,多极化趋势曲折发展,经济全球化不断深入,全球化市场竞争日益加剧,科技进步也日新月异,人才资源及其作用的发挥在综合国力和竞争中的战略地位及决定性意义日益凸显。本世纪头 20 年是我国落实科学发展观与建设和谐社会的关键时期,我们面临诸多挑战,特别是在人才及其选拔和作用机制等管理方面的挑战最为严峻。和谐社会,贵在形成一种人尽其才、物尽其用、"君子和而不同"的"多元统一、异质同构"的社会机制和环境,而其中人才的培养、选拔和使用机制及管理又是关键因素。只有努力造就数以亿计的高素质劳动者、数以千万计的专门人才和一大批拔尖创新人才,建设规模宏大、结构合理、素质较高的人才队伍,把我国的人口大国转化为人才资源强国,才能大力提升国家核心竞争力和综合国力,完成建设和谐社会的历史任务,实现中华民族的伟大复兴。

但是,人力资源的主导地位并不必然导致现实的竞争优势,资源优势的发挥依赖于对人力资源的有效开发和管理。因此,人力资源开发与管理具有特别重大的战略意义。

人力资源管理是世界各国,也是我国多层次工商管理教育和培训课程中一门重要的核心课程。由杜跃平教授主编完成的这套《英豪 21 世纪人力资源管理专业系列教材》,在选题和编写中,体现了知识结构的系统性、理论与方法的前沿性、管理实践的应用性、体裁形式的活泼性,是一套特色鲜明,具有较高水平的作品。

我国从国外引入人力资源管理学科的时间还不长,我国的经济体制和经济发展正处于转型时期,企业管理的变革和创新十分活跃,如何在引进、借鉴国外先进科学的人力资源管理理论与方法的基础上,结合我国经济改革和企业管理的实际,实现我国体制与文化下人力资源的有效开发与管理,仍然是摆在人力资源管理研究者、教育者和实践者面前的重大课题。希望我们不懈努力、积极探索,为形成一种有效的培养、挖掘、释放人力资源能量的适合中国国情的管理机制和环境而出力献策!

西 安 交 通 大 学 副 校 长
教育部高等学校工商管理类学
科专业教学指导委员会主任
管 理 教 授 、博 士 生 导 师

2006 年 8 月于交大管理学院

# 前　　言

　　人力资源是企业的第一资源,人力资源管理是企业管理的重要职能之一。如何有效地进行企业人力资源开发与管理,关系到企业的生存与可持续发展。我国改革开放以来,企业管理的变革不断推进和深化。传统计划经济条件下的人事管理正在向现代市场经济条件下的人力资源管理转变,培养和造就一大批具有国际化、科学化、专业化和本土化的高素质人力资源管理研究者、教育者和实践工作者,是不断提高我国企业管理水平和市场竞争力的一项基础性、战略性的工程。

　　人力资源管理学科兴起和发展于西方发达国家,是改革开放以来引入我国的一门新兴管理学科。如何在引进、借鉴的基础上,紧密结合中国经济发展、企业管理和社会文化背景,实现集成创新和引进消化吸收再创新,是我国人力资源管理领域所面临的一项重大课题。我们在长期的研究、教学和管理实践的基础上,通过大量深入的调查研究,为了适应人力资源管理教学和培训的新需要,组织相关人员编写了这套《英豪21世纪人力资源管理专业系列教材》。丛书的作者都是来自高等院校长期从事人力资源管理教学和研究的专业教师以及企业人力资源管理工作者,他们一方面在人力资源管理理论与方法上有一定的研究和积累,在人力资源管理的咨询、教学和企业培训方面有着丰富的经验;另一方面在长期的企业人力资源管理实践工作中,形成了许多宝贵的有效的实践技能和方法。这些都为编写这套富有特色的丛书提供了有利的条件和基础。这套丛书具有以下几方面的特色:

　　一是体系的系统性和重点性相结合。丛书的整体策划和分册的设计基本涵盖了这门学科的整个框架,具有系统性;同时,各分册的选题和体例设计中,注重突出人力资源管理学科的核心内容,进行合理选择,力求实现人力资源管理各个核心模块的内容系统、原理准确、重点突出、方法与技术实用、技能性和可操作性强。

　　二是内容的前沿性和作者的研究性相结合。在各分册的编写中,作者尽量收集、整理了国内外相关领域的最新研究成果,并努力恰当地融入写作中,使读者能够通过本书的阅读了解国内外人力资源管理研究的最新进展和创新成果;同时,由于人力资源管理学科是一门还不成熟的学科,许多方面还处于研究和不断完善之中,尤其如何结合我国的实际创造性地应用和发展,是值得深入研究的问题,作者在对某些问题的长期思考和研究中已经形成了自己的看法和成果积累,在写作中也有选择性地在内容中有所体现。尽管某些成果还不成熟，但是也希望与读者共同分享和思索，体现了作者的研究特色。

三是原理的一般性与本土实践经验的提炼原创性相结合。人力资源管理作为一门国内外公认的管理学科，就具有它自身基本原理的一般性、共同认可性，在编写中必须准确地反映。同时，由于人力资源管理实践在不同经济、文化背景下又体现了自己的特殊性。因此，作者在写作中将自己为企业的咨询、培训、管理实践的一些体会和有效的做法进行了一定的总结提炼，并在书中给予恰当的反映，体现了一定的本土性和原创性。

四是体例设计上体现了新的风格。在编写中，我们在各章中按照问题引导、材料阅读思考、原理与方法工具介绍、思考题和案例讨论的顺序进行体例设计。在案例选择上尽可能新颖、典型，使读者在阅读中循着提出问题、分析问题、解决问题、案例讨论、总结反思的逻辑过程做到理论与实际相结合，原理与案例相结合，传授知识与培养技能相结合，讲授与讨论相结合，以此达到学习目标与实践效果的统一。本丛书适合高等院校的经济学、管理学的研究生、大学生教学之用，也适合各类企业的专业培训和社会有关人员自学。

五是作者的团队合作。本套丛书的作者均是来自高等院校和企业中专门从事人力资源管理教学、研究、培训和管理实践的人员。他们在人力资源管理领域均有较高的造诣，富有思索和创新精神，知识结构合理，实践经验丰富，从而保证了丛书的编写质量。

本套丛书由陕西英豪人力资源管理公司策划组织。公司在工作人员保障、经费支持、组织运作中提供了条件。丛书由七个分册组成，分别是《人力资源管理概论》、《工作分析与职位评价》、《员工招聘》、《绩效管理》、《薪酬管理》、《培训与开发》、《人才测评与职业生涯管理》。作者分别来自西安交通大学、西北大学、西安电子科技大学、西北工业大学、西安石油大学、西安理工大学、西安工业大学、陕西科技大学、湖南理工学院以及一些知名的管理咨询公司和企业。丛书由西北大学经济管理学院教授、博士生导师杜跃平任总主编。他提出选题和体系安排，在经过编辑委员会成员讨论通过后，由分册主编负责组织编写。初稿完成后，由总主编对各个分册书稿进行审查、修改、定稿。

特别值得一提的是，在丛书的策划与编写过程中，我们得到了我国著名管理学家、西安交通大学副校长、博士生导师、教育部高等学校工商管理类学科专业教学指导委员会主任席酉民教授的大力支持和悉心指导。他在百忙之中欣然同意担任这套丛书学术指导，并且为丛书作序，使我们感到莫大的荣幸和鼓励。在此，我们全体策划、编写人员谨向他表示最衷心的感谢。

当然，这套丛书的质量和水平还有待读者去评判。作为一种探索和尝试，本套丛书自然还有许多值得探讨和改进的地方，但是我们毕竟走出了第一步，希望读者和同行专家对丛书提出宝贵的修改意见。我们将在不断修改和完善中努力提高水平，以期能为人力资源管理理论和实践水平的提高贡献我们的一份力量。

《英豪21世纪人力资源管理专业系列教材》
编辑委员会
2006年8月于西安

# 第二版前言

　　《绩效管理》第一版于 2006 年 9 月出版，截至 2013 年 8 月，已累计印刷 7 次。经过全国部分高等院校和企业的使用，均肯定本书是一本内容全、材料新、体系好的教材。

　　绩效管理的基本理论和方法引入我国较晚，企业在近年来的实践中遇到很多问题，主要是国外绩效管理方法在我国企业应用过程中的水土不服，企业成长的背景和实践基础决定了绩效管理水平的提高需要经历一定的发展过程。本书第二版力求结合我国企业实际，在章节内容结构的编排、阅读资料的选取、案例背景的编写与参考方面，尽量考虑我国企业实际情况，使读者能够在学习的过程中有更多的思考、体会、实践和收获。修订时，我们在保持第一版特色的基础上，努力更新教材内容，特别着力于增加教材的实践性，以利于各院校和企业在使用本教材时，辅以必要的实践活动，来达到提高读者理论水平和实际能力的目的。

　　本教材是为高等院校人力资源管理专业以及管理类其他专业在校学生编写的，同样适用于企业人力资源管理部门专业人员结合工作实际阅读。本书的目的是从理论和观念上引导学生和企业人力资源管理专业人员理解、掌握绩效管理的基本理论，从绩效管理技能培养训练上学会绩效管理的基本方法，形成灵活运用、全局把握的系统绩效管理思想。另外，我们也力争将一些新的研究成果增加进来，加强理论分析和实践策略的可操作性。

　　本书由西安理工大学林筠教授担任主编，胡利利、冯伟担任副主编，具体编写分工如下：第 1 章、第 2 章由林筠、冯伟编写，第 3 章、第 4 章、

第 7 章由许刚全编写,第 5 章、第 6 章、第 8 章由胡利利编写,第 9 章、第 10 章由冯重庆编写。全书的章节设置、整体结构编排及统稿工作均由林筠负责。

本书在修订过程中得到西安交通大学出版社魏照民编辑的大力协助,葛欢编辑为书稿的文字处理付出了辛劳,在此一并致以深切的谢忱。

我们衷心期望继续得到广大读者、同行专家的批评、指正,使我们能再接再厉,不断完善本书,不断创新本书。

编　者

2013 年 9 月于西安

# 目　录

总序

前言

第二版前言

1　**第 1 章　绩效管理概述**

2　1.1　绩效

6　1.2　绩效管理

15　1.3　绩效管理系统的职责划分

17　1.4　建立绩效管理系统的战略意义

20　本章思考题

20　案例分析

26　**第 2 章　绩效计划**

27　2.1　绩效计划概述

33　2.2　制定绩效计划的基本程序

37　2.3　绩效标准的确定

41　2.4　绩效目标的确定

49　本章思考题

49　案例分析

51　**第 3 章　绩效实施与管理**

52　3.1　绩效管理培训

59　3.2　持续绩效沟通

72　3.3　绩效信息收集与分析

78　本章思考题

78　案例分析

| | |
|---|---|
| 81 | **第 4 章　绩效考核** |
| 81 | 4.1　绩效考核的难点 |
| 86 | 4.2　绩效考核的实施 |
| 95 | 4.3　绩效考核主体与绩效考核频率 |
| 104 | 4.4　考核者误差及其应对策略 |
| 110 | 本章思考题 |
| 110 | 案例分析 |
| | |
| 113 | **第 5 章　绩效考核方法** |
| 114 | 5.1　绩效考核方法分类 |
| 118 | 5.2　绩效考核主要方法 |
| 145 | 本章思考题 |
| 146 | 案例分析 |
| | |
| 149 | **第 6 章　绩效考核指标体系构建** |
| 150 | 6.1　基本概念 |
| 159 | 6.2　绩效考核指标设计 |
| 174 | 6.3　绩效考核指标权重设置 |
| 181 | 6.4　绩效考核表的设计 |
| 186 | 本章思考题 |
| 187 | 案例分析 |
| | |
| 192 | **第 7 章　绩效反馈与绩效改进** |
| 192 | 7.1　绩效反馈 |
| 201 | 7.2　绩效面谈计划与准备 |
| 207 | 7.3　绩效面谈的实施 |
| 215 | 7.4　绩效面谈的失误与技巧 |
| 223 | 7.5　绩效改进 |
| 227 | 本章思考题 |
| 227 | 案例分析 |

232 | **第8章 绩效考核结果的应用**

232 | 8.1 支持人力资源管理决策

246 | 8.2 支持个人发展计划

253 | 本章思考题

253 | 案例分析


255 | **第9章 绩效考核实务及绩效管理制度**

255 | 9.1 高层管理人员的绩效考核

261 | 9.2 中层管理人员绩效考核

267 | 9.3 一般员工绩效考核

271 | 9.4 绩效管理制度

280 | 本章思考题

280 | 案例分析


296 | **第10章 绩效管理的发展**

296 | 10.1 管理理论变革与绩效管理的发展

299 | 10.2 当代绩效管理发展的趋势

303 | 10.3 绩效管理信息系统的发展

307 | 10.4 文化差异对绩效管理的影响

310 | 本章思考题


311 | **参考文献**

# 第 *1* 章

# 绩效管理概述

绩效管理是人力资源管理的核心。成功实施绩效管理,不但能帮助企业提高管理效率,帮助管理者提升管理水平,而且能够通过有效的目标分解和逐步逐层绩效任务的落实,实现组织的战略目标,提升每个员工的绩效。

因此,绩效管理决不是单一层面的对员工的年终绩效考核,它涉及到在充分沟通基础上对组织战略目标分解而制定的绩效计划,根据绩效计划开展绩效实施和管理,进行绩效考核、绩效反馈与面谈、绩效结果的应用等。本章从理解绩效的概念入手,阐述绩效的性质,详细论述绩效管理的概念与绩效管理的循环过程,明晰绩效管理与绩效考核的区别与联系;论述绩效管理对组织、管理者和员工的作用,以及各类人员在绩效管理中的职责,从员工对组织的价值创造和组织获得竞争优势方面指出绩效管理对组织的战略意义。

## 重点问题

⇨ 绩效的内涵与性质
⇨ 绩效考核与绩效管理
⇨ 绩效管理循环与绩效管理的作用
⇨ 绩效考核与绩效管理的关系
⇨ 绩效管理的职责划分
⇨ 绩效管理的战略意义

# 1.1　绩效

## 1.1.1　绩效的内涵

对于绩效的理解,学者们主要有三种观点:第一种是把绩效看作结果;第二种则把绩效看做个体行为;第三种把绩效看作是素质。

**1. 把绩效看做是结果的观点**

伯纳丁(Bernadin,1995)等学者认为,"绩效应该定义为工作的结果,因为这些工作结果与组织的战略目标、顾客满意感及所投资金的关系密切"。还有学者在吸取前人研究结果的基础上,把绩效定义为"在特定的时间里,由特定的工作职能或活动产生的产出记录"。把绩效定义为产出的结果与人们日常的感受相符合,便于人们理解;同时结果作为绩效在进行绩效衡量时操作性强,有利于明确具体的指标,如生产总量、次品率、销售量等,容易保持客观性。

**2. 把绩效看做是行为的观点**

不同意把绩效作为产出或结果的学者对上述观点提出了以下质疑:

质疑1:绩效结果受多因素影响。在许多情况下员工的工作结果不一定由员工自己行为产生,也可能是与工作的人无关的其他因素在起作用,如营销人员所在区域经济发展状况不同,绩效很有可能受到影响。

质疑2:绩效结果受工作性质的限制。有些岗位很难将结果作为衡量员工绩效的标准,如组织中的职能管理人员、行政人员等。

质疑3:绩效结果忽略了过程和行为。单纯地追求结果,很可能导致员工一些不当行为,如追求短期利益行为,同事之间恶性竞争,忽视组织整体利益的行为等等。

坎贝尔(Campbell,1990)指出,"绩效是行为,应该与结果区分开,因为结果会受系统因素的影响",他在1993年提出"绩效是行为的同义词,它是人们实际的并能观察到的行为表现。就定义而言,它只包括与组织目标有关的行动或行为,能够用个人的熟练程度(即贡献水平)来测量。绩效不是行为后果或结果,而是由行为本身决定的,绩效由个体控制下的与目标相关的行为组成,不论这些行为是认知的、生理的、心智活动的或人际的"。

伯曼和莫特维多(Borman & Motowidlo,1993)则提出了绩效的二维模型,认为行为绩效包括任务绩效和关联绩效两方面。任务绩效指所规定的行为或与特定的工作熟练有关的行为,是正式定义的工作的各个方面;关联绩效指自发的行为或与非特定的工作熟练有关的行为,属于超职责行为。

任务绩效与关联绩效的提出更加符合社会发展与管理发展的现实。在 20 世纪末,任务绩效更加强调组织对员工绩效的要求是完成本职工作,即按照工作说明书中规定的工作职责来完成任务;关联绩效的提出,与组织变革和组织再造中的组织结构扁平化所倡导的团队协作,与工作丰富化的多技能要求、合作与奉献的要求相适应。由此,任务绩效与关联绩效的提出也为传统的考核结果的方法增加了新的内容,即考核行为的方法,如关键事件法、行为锚定法等(详见 5.2)。

### 3. 把绩效看做是素质的观点

这一观点在伯姆瑞(Brumbrach,1988)的定义中得到很好的体现,即"绩效指行为和结果。行为由从事工作的人表现出来,将工作任务付诸实施,行为不仅仅是结果的工具,行为本身也是结果,是为完成工作任务所付出的脑力和体力的结果,并且能与结果分开进行判断"。该观点强调员工潜能与绩效的关系,不再认为绩效是对历史的反应,而更关注员工素质,关注未来发展。对绩效概念的这一认识,实际上已将个人潜力、个人素质纳入了绩效评价的范畴。

事实上,绩效各种观点的发展,表现了人们对绩效认识不断深化的过程,这一过程是员工绩效产生的客观存在。图 1-1 反映了三种观点之间的关系:"潜在绩效"或"素质绩效"是员工绩效产生的动力和源泉,员工只有在投入知识和技能的基础上才能具备产生与组织目标一致的行为;"行为绩效"是员工知识、技能与态度的表现,是显现的、可观察的;员工通过不同的方式,使用不同的方法将个人知识和技能转换为工作结果,从而实现提高组织和个人的绩效的目的。

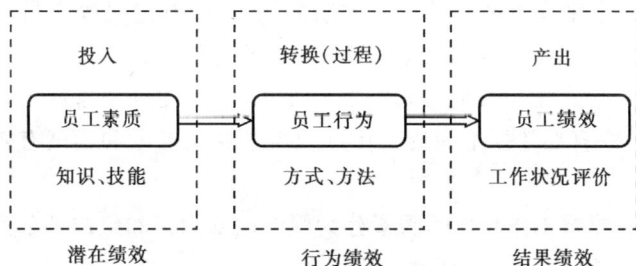

图 1-1　绩效产生的过程

由于人们对员工绩效研究不断深入,绩效内涵也越来越丰富,在不同时期、不同发展阶段,针对不同对象,绩效有其不同的含义和适用对象。当员工的工作更适合用结果来衡量时,结果导向的绩效观点更适合解释;当员工个人的工作结果不明显或受很多因素影响时,行为导向的观点更适合解释;同理,更加关注员工未来能做什么,能给组织带来什么价值时,素质导向的绩效观点更适合解释。

从上述观点可以看出,绩效是一个多义的概念,在不同情景下有不同的解释和侧重。从管理实践的历程来看,人们对于绩效的认识是不断发展的:从单纯地强调结果绩效到强调行为绩效,从强调绩效是过去历史的反映发展到强调绩效在未来的潜力。因此,应综合考虑素质、过程、方式、结果以及时间的因素来理解绩效的概念,将上述观点结合起来,就能够对绩效有一个比较完整的认识:绩效是员工在一定时期内以个人知识、技能等的投入,通过某种方式、方法实现某种结果的过程。

### 1.1.2　绩效的性质

根据绩效的定义,绩效可以理解为员工自身各项素质在具体条件下的综合反映,是员工素质与工作对象、工作条件等相关因素相互作用的结果。因此,绩效会因时间、空间、工作任务和工作条件(环境)等相关因素的变化而不同,从而呈现出明显的多因性、多维性与动态性。

**1. 多因性**

绩效的多因性是指绩效的优劣不是取决于单一因素,而是要受制于主、客观等多种因素的影响。其中四种主要因素是指技能、激励、环境与机会。

(1)技能。技能是指员工的工作技巧与能力。通常影响员工技能的因素有天赋、智力、经验、教育、培训等。员工技能是可以改变的,组织为了提高员工技能,投入大量资源对员工提供各种形式的培训,鼓励员工以各种方式主动来学习以提高其技能水平。

(2)激励。激励作为影响员工工作绩效的因素,是通过改变员工的工作积极性来发挥作用的。激励不仅对任务绩效,更重要的是对关联绩效有更大的影响和积极作用。为了使激励手段能够真正发挥作用,组织尤其是与员工直接接触的经理和主管人员,一直在依据不同员工特点和需求层次探索和尝试有效的激励手段和方式。

(3)环境。影响工作环境的因素分为组织内部因素和组织外部因素。组织内部的客观环境因素一般包括:劳动场所的布局与物理条件;工作设计的质量及工作任务的性质;工具、设备、原材料的供应;上级领导作风与监督方式;公司的组织结构与政策;工资福利水平;培训机会;企业文化和组织氛围等。组织外部的客观环境因素包括:社会政治、经济状况、市场的竞争强度等。

(4)机会。机会是指一种偶然性。对任何一名员工来说,被分配从事什么样的工作往往在客观必然性之外还带有一定的偶然性。在特定的情况下,员工如果能够得到机会去完成特定的工作任务,则可能达到在原有岗位上无法实现的工作绩效。

**2. 多维性**

绩效的多维性是指需要从多个角度或方面去分析与评价绩效。例如考察生产线上工人的绩效,不仅要求产量,而且要综合考虑产品质量、原材料消耗、出勤情况、团队意识、服从意识、纪律意识等,通过综合评价得出最终结论。但是,并不是所有的情况都需要全面考虑所有可能的评价维度,根据不同的评价目的,可能选择不同的维度和不同的评价指标,而且各个维度的权重也可能不同。因此在设计绩效评价体系时,往往要根据组织战略、文化以及岗位特征等方面的情况设计出一个由多维度评价指标、不同权重组成的评价指标体系。

**3. 动态性**

员工的绩效只是一段时间内工作情况的反映,绩效会随着时间的推移而发生变化。这就要求在评价员工的绩效表现时应充分注意绩效的动态性,而不能用一成不变的思维来对待绩效问题。

绩效的多因性、多维性为进行绩效考核与绩效管理提出了多角度、全面系统的绩效考核思路;绩效的动态性解释了为什么绩效考核和绩效管理中存在一个周期的问题。在确定绩效考核周期时,应该考虑到绩效的动态性特征,如能力指标和态度指标更适合长期考核,结果指标更适合短期考核等,应根据各类绩效指标的动态性强度进行分类设置,确定恰当的绩效考核周期,从而保证组织能够根据评价的目的及时充分地掌握员工的绩效状况。

## 1.1.3 绩效考核

绩效考核是指考评主体对照绩效标准和工作目标,采用科学的考评方法,评定员工的工作任务完成情况、员工的工作职责履行程度和员工的发展情况,并且将评定结果反馈给员工的过程,是对员工工作行为与工作结果全面、系统、科学地进行考察、分析、评估与传递的过程。绩效考核的本质是考核员工对组织的贡献,它是管理者与员工之间为提高员工能力与绩效,实现组织战略目标的一种管理沟通活动。

关于绩效考核的其他术语包括绩效评估、绩效评价、员工评价和员工评估等。

由于绩效考核本身不是目的而是手段,因此其概念的外延和内涵应该随经营管理的需要而变化。

(1)从内涵上说,绩效考核就是对人与事的考核,有两层含义:

①绩效考核是对人及其工作状况进行考核;

②绩效考核是对人的工作结果,即人在组织中的相对价值或贡献程度进行考核。

(2)从外延上说,绩效考核就是有目的、有组织地对日常工作中的人进行观察、记录、分析和考核,有三层含义:

①绩效考核从组织目标出发进行考核,并使考核以及考核之后的人事决策有助于组织目标的实现;

②绩效考核作为人力资源管理系统的组成部分,运用系统的制度性规范、程序和方法进行考核;

③绩效考核对员工在日常工作中所显示出来的工作能力、工作态度和工作成绩进行以事实为依据的考核。

在传统的人事管理中,绩效考核只停留在获取员工工作绩效的相关信息层面上,只注重个人考核和奖励的分配过程,是"立足现在看过去"的一种考核方法。而在现代人力资源管理中,绩效考核中的工作信息收集只是考核过程的一个步骤,关键在于信息如何以组织需求为衡量标准并及时反馈给员工,不断改进绩效才是最重要的。所以,现代人力资源管理中的绩效考核是"立足现在看将来"的考核方法,在注重数量的同时更注重工作的质量,在注重个人成就的同时更注重团队合作,在注重工作结果的同时更注重工作过程。因此,现代人力资源管理理论将绩效考核的过程上升为一种重要的管理方法,提出了绩效管理的概念。

# 1.2 绩 效 管 理

## 1.2.1 绩效管理的概念

关于绩效管理的定义有三种观点:

观点 1:绩效管理是管理组织绩效的系统。该观点将绩效管理理解为组织绩效,通过绩效计划、绩效考核、绩效改进等过程对组织绩效进行管理。它不仅强调结果导向,而且重视达成目标的过程。其核心在于决定组织战略以及通过组织结构、技术作业系统和程序等加以实施,更像战略或事业计划。个体因素及员工虽然受到组织结构、技术作业系统等变革的影响,但在此种观点看来,它不是绩效管理所要考虑的主要对象。

观点 2:绩效管理是管理员工绩效的系统。该观点将绩效理解为单纯的员工绩效,强调以员工为核心的绩效管理概念,将绩效管理看作组织对个人工作成绩及其发展潜力的评估和奖惩,假设组织目标已经确定,并在向所涉及的员工传达之后得到他们的认同。

观点 3:绩效管理是综合管理组织和员工绩效的系统。对任一组织进行绩效管理的目的是为了实现组织目标。因此对员工的绩效管理总是发生在一定的组织背景中,离不开特定的组织战略、组织目标;而对组织绩效进行管理,也离不开对员工的管理,因为组织的目标是通过员工来实现的。卡斯泰罗(Costello,1994)提出绩效管理通过将各个雇员或管理者的工作与整个组织的宗旨连接在一起,来支持公司或组织的整体事业目标。维尔特(Walters)提出绩效管理就是结合组织需要对雇员进行指导和支持,以尽可能高的效率获得尽可能大的成果。

　　绩效管理作为一种整合的观点出现,更适合人力资源管理行为和组织目标的配合。在此基础上我们认为,绩效管理是一个这样的过程:管理者用来确保员工的工作活动和工作产出与组织目标一致的手段和过程。绩效管理是一个完整的管理过程,它侧重于信息沟通与绩效提高,注重能力的培养,强调沟通与承诺,贯穿管理活动的全过程。

## 1.2.2　绩效管理循环

　　绩效管理是由六个相互联系、相互依存的部分组成的循环系统,是绩效管理反复经历的六个阶段。它们分别是:绩效计划、绩效实施与管理、绩效考核、绩效反馈与面谈、绩效改进、绩效结果应用,如图 1-2 所示。

　　**1. 绩效计划**

　　绩效计划是绩效管理的起点,也是绩效管理的关键。制定绩效计划的主要依据是组织的战略目标和工作的岗

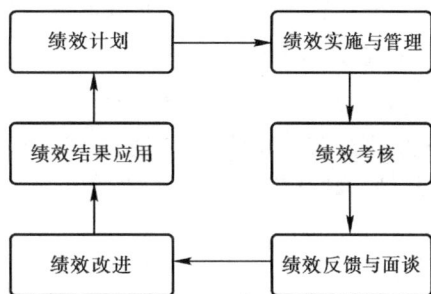

图 1-2　绩效管理过程

位职责。在绩效计划阶段,管理者和被管理者之间需要在对被管理者绩效期望问题上达成共识,在共识的基础上使各层次的人员都明白自己努力的目标,并要求员工对自己的工作目标做出承诺。

　　**2. 绩效实施与管理**

　　制定绩效计划后,被考核者开始按照计划开展工作。在工作过程中,管理者要对被考核者的工作进行指导和监督,对发现的问题及时予以解决,并对绩效计划随时进行调整。在整个绩效实施期间,都需要管理者不断地对员工进行指导和反馈,进行持续的绩效沟通。

　　**3. 绩效考核**

　　绩效考核一般按照绩效计划事先制定的考核标准及工作目标,考察员工实际完成绩效的情况。在定义绩效的基础上制定出一个合理的考核方案,主要包括:考核内容、考核方法、考核程序、考核主体等。在绩效实施与管理过程中所收集到的能够说明员工绩效表现的数据和事实,是判断员工是否达到绩效标准更客观、更准确的依据。

**4. 绩效反馈与面谈**

绩效考核结束后,主管人员与下属进行面对面的交谈。绩效反馈面谈可以使员工了解自己的工作情况,了解主管对自己的期望,认识自己有待改进的方面;员工也可以将其在工作中遇到的问题和困难请求主管的指导,达到提高绩效的目的。

**5. 绩效改进**

绩效改进是绩效管理过程中的一个重要环节,绩效管理的目的不仅限于将绩效考核结果用做确定员工薪酬、晋升、奖惩的依据,员工能力的不断提高、绩效的持续改进才是其根本目的。因此,该过程的成功与否是绩效管理过程是否发挥效用的关键。主管人员应根据绩效考核结果对员工进行有针对性的培训,对技能缺乏的员工安排特定的培训项目,及时弥补员工工作能力的不足。

**6. 绩效结果应用**

当绩效考核完成后,考核结果并不是被束之高阁或置之不理,而是要与相应的其他管理环节相衔接。如:通过沟通改进工作、薪酬奖金、职务调整、是否继续聘用、培训与教育等。

**阅读资料 1-1**

### 通用电气公司对绩效结果的应用

有关工作绩效结果应用的调查研究在通用电气公司进行。最初的研究结果表明:①批评对完成目标具有消极影响;②表扬收效甚微;③具体明确的目标可改进工作;④批评性的评估导致抵触和更差的工作业绩;⑤指导工作必须天天进行而非一年一次;⑥不加批评地共同制定目标,可提高工作;⑦以改善工作为主要目的的会议,不应与考虑薪酬或晋升的会议同时举行;⑧下属参与制定目标可改进工作。

根据这些研究结果,通用电气公司制定了一项新的考核方案,称为"工作计划与检查",简称"WP&R"。这种新的做法强调经常进行工作讨论,而不是简单地评等、分级,薪酬的增减则单独开会讨论。通用电气公司的经验表明,工作业绩考评的两个目的必须分开,这是因为,如果考评被用作薪酬调整的依据,上级则担任法官的角色;而假如旨在激励职工,那么管理人员则担任辅导员的角色,只有认识到工作考核的双重作用及上下级共同制定具体目标的重要性,劳动生产率才能得到提高。

　　主管人员为了做好组织的绩效管理工作,首先要制定好绩效计划,为了实现绩效计划中的目标就要分析员工在工作计划执行过程中的绩效现状、存在的问题、问题形成的原因、需要提出哪些改进措施等。进行绩效考核是对员工一个阶段的绩效评价与总结,通过绩效反馈与面谈,使员工客观地了解自己的成绩、进步与不足,绩效改进为每个员工能力与业绩的提升创造了条件,在下一期的绩效计划中,提出新的、更高的绩效目标,开始完成新一轮的绩效实施、绩效考核、绩效反馈、绩效改进等。每一期绩效管理的六个阶段完成后,都要对绩效计划的执行情况进行分析,总结经验教训,巩固成绩,改进缺点。绩效管理的过程就是这样一个往复循环的过程,每经过一轮循环,员工的工作绩效和组织绩效就提高一步。因此,绩效管理循环的过程,就是人们在认识问题和解决问题中不断螺旋式上升的提高员工绩效和组织绩效的过程。

　　绩效管理循环,具有以下三个特点:

　　(1)绩效管理循环的连续性。每一次循环都从组织的战略目标分解开始,制定绩效计划,对绩效计划进行实施与管理,定期考核与反馈,以达到绩效改进的目的,最后以绩效结果应用结束一个周期的绩效管理循环。每次循环有先有后,有始有终,循环的六个阶段是连续的,不能割裂地考虑。

　　(2)绩效管理循环的同步性。绩效管理循环是大环套中环,中环套小环的体系,如图1-3(a)所示。一个组织的绩效管理可以是一个大循环,一个部门或科室的绩效管理是中循环,一个班组的绩效管理是小循环。部门或科室根据组织总体战略要求,结合本部门的实际情况,制定具体的绩效计划,形成其绩效循环,并把目标、任务落实到班组、员工,形成更小的绩效管理循环。这样大、中、小循环一环套一环,每个循环都运转起来同步进行,使员工、班组、部门的绩效管理工作一步一步地提高,最终保证整个组织目标和计划的实现。

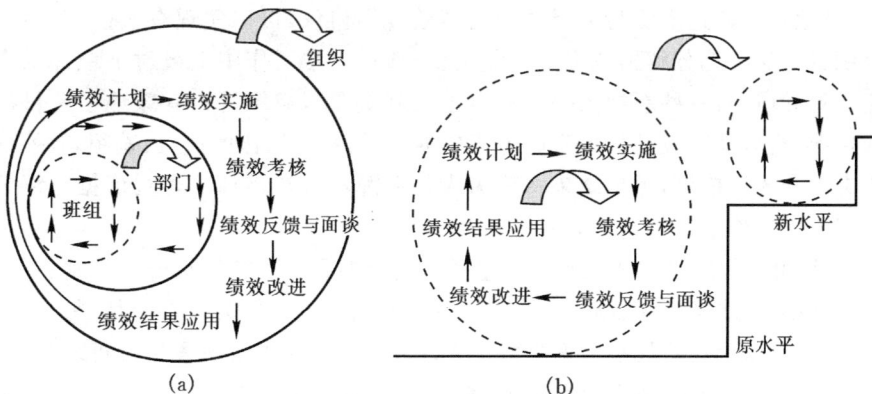

图 1-3　绩效管理循环示意图

(3)绩效管理循环的上升性。绩效管理循环每循环一次,员工的工作质量和部门业绩就应该提高一步,如图1-3(b)所示,正像转动的车轮,每转动一周就上升一级,达到一个新的更高的水平,不停地转动,不断地提高。这种循环过程就是绩效的管理过程,使组织建立起健康、良性的绩效管理机制,逐步提高个人与组织的绩效。

### 1.2.3　绩效管理的作用

**阅读资料 1-2**

　　长期以来,管理人员不大愿意考评下属人员。然而,我们必须毫不犹豫地、尽可能正确地衡量下属的表现,因为这和管理本身同等重要。差不多在所有的群体场合,不论是工作或消遣,都存在着某种形式的对表现的评价。而且,大多数人,尤其是那些有能力的人,都想了解自己工作得如何。

因为对绩效管理存在一些误解,很多主管或员工不喜欢绩效管理,但组织仍然需要对绩效进行管理,因为无论从组织的角度还是从管理者和员工的角度,有效的绩效管理会给管理工作带来益处。

**1. 绩效管理对组织的作用**

面对越来越大的竞争压力,组织必须将战略目标迅速转化为行动,将有限的资源进行合理配置,不断提升获利能力。绩效管理为组织战略贯彻落实提供了有效途径,绩效目标通过上级与下级之间的绩效目标协议,可以实现有效的工作授权,将组织目标切实地分解到各个部门和岗位;通过日常工作中上级对下级提供有效的工作指导(这对一些新加入公司的员工尤其重要),组织可以有效地了解目标的达成情况,可以及时发现目标实施过程中的问题,找出工作的优点、差距,有效确定改进方向和改进措施,考核结果将成为人员调配和人员培训的客观依据。绩效管理为组织的工作带来的益处有:

- 将组织战略转化成实际的定量目标与定性目标。管理报告更完整、更清楚地反映重要经营活动。因为,一方面部门和职责的关系很清楚;另一方面,部门和绩效的关系也很清楚。管理的重点放在了组织重要的问题上。
- 组织战略能够根据外部的环境变化,迅速调整并反映到员工的任务绩效中,很快得以实施。

- 有效的绩效管理程序具有预警功能,一旦发现潜在的问题即发出信号,避免重大问题发生。
- 学习型组织的理念得到加强。员工注重不断进步,不断发展,不断提高绩效,因此充实知识、提高技能的学习意识加强,有利于学习型组织的建立。
- 组织文化受到影响。因为绩效管理程序要求组织提倡的价值和它实际衡量的价值保持一致,所以组织文化因绩效管理的实施受到影响。
- 通过对高绩效员工贡献的认可,形成良好的组织氛围,留住高绩效人才。

在国外,一项为期 4 年的研究分析了 437 家上市公司的绩效管理程序和财务结果。其中 232 家公司声称没有正式的绩效管理程序,205 家使用了正式的绩效管理程序。该课题研究了这些公司 3 年的财务表现,结果表明,注重绩效管理的公司具有很强的竞争优势,如图 1-4 所示。

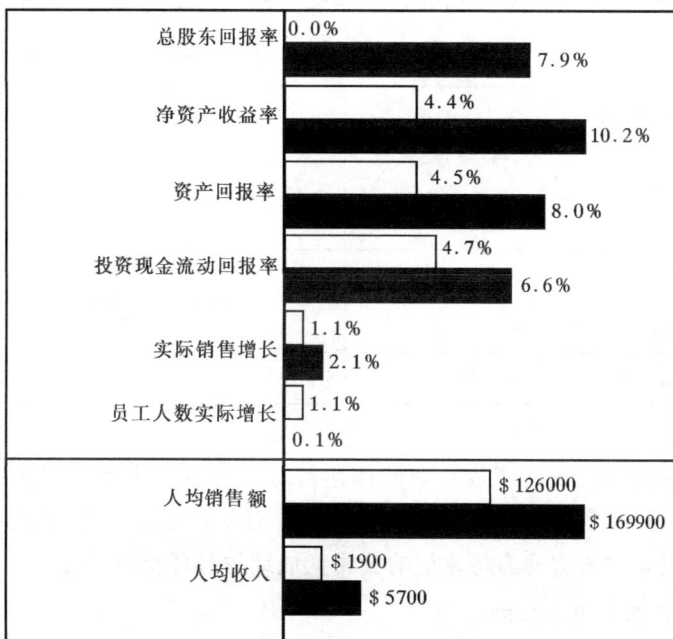

总股东回报率 0.0% / 7.9%
净资产收益率 4.4% / 10.2%
资产回报率 4.5% / 8.0%
投资现金流动回报率 4.7% / 6.6%
实际销售增长 1.1% / 2.1%
员工人数实际增长 1.1% / 0.1%
人均销售额 $ 126000 / $ 169900
人均收入 $ 1900 / $ 5700

□不注重绩效管理的公司　■注重绩效管理的公司

图 1-4　不注重绩效管理的公司与注重绩效管理的公司比较

该课题研究还比较了一家运行绩效管理程序的公司执行程序前后的财务比率变化,见表 1-1。

表 1-1　执行正式绩效管理系统前后的财务表现

| 财务比率 | 执行前平均值 | 执行后平均值 | 平均变动 |
|---|---|---|---|
| 总股东回报率(%) | -5.10 | 19.70 | 24.80 |
| 股票回报率(相对于股指)(%) | -0.13 | 0.18 | 0.31 |
| 价格/总资产账面价值(%) | 0.03 | 0.26 | 0.23 |
| 实际价值/成本(%) | -0.06 | 0.13 | 0.19 |
| 人均销售(千美元) | 98.8 | 193.0 | 94.2 |

　　在国外最近的一次学术研究中,来自正式执行绩效管理程序的公司的人力资源经理们被问及这些程序对提高公司整体绩效有多大作用,其结果见表 1-2。

表 1-2　绩效管理程序对公司绩效的影响程度

| 绩效管理的作用 | 占总数比率% |
|---|---|
| 很有作用 | 7 |
| 较有作用 | 41 |
| 作用很小 | 29 |
| 没有作用 | 8 |
| 不知道/未表态 | 15 |

　　大多数被问及的人对绩效管理的作用持肯定态度。作用特别体现在财务目标、开发技能、提高客户服务和提高管理质量方面。研究结论是,被调查的大多数人认为很值得花费人力物力将他们的公司变成绩效管理驱动型公司。

**2. 绩效管理对管理者的作用**

　　对各级管理人员而言,他们常常因为事务的冗繁和时间不够用而烦恼:员工对自己的工作缺乏了解,工作显得不够积极主动;员工们对谁应该做什么和谁应该对什么负责有异议;员工们给经理提供的重要信息太少;问题发现太晚以致无法阻止其扩大;员工重复犯相同的错误,等等。

　　尽管绩效管理不能直接解决所有的问题,但它为处理好其中大部分管理问题提供了工具。只要管理者投入一定的时间与员工形成良好的合作关系,绩效管理就可以为管理者的工作带来极大的便利:

- 上级主管不必介入到所有的具体事务中,因为员工知道自己应该做什么。
- 上级主管通过赋予员工必要的权力来帮助他们进行合理的自我决策:员工知道上级希望他们做什么,自己可以做什么样的决策,必须把工作做到什么程度,何时上级必须介入,从而为管理者节省时间。
- 上级主管减少员工之间因职责不明而产生的误解。
- 上级主管及时得到来自下级的信息。
- 上级主管通过帮助员工找到错误和低效率的原因,减少错误和偏差(包括重复出错的问题)。

## 阅读资料 1-3

　　英特尔公司总裁安迪·格罗夫(Andy Grove)曾说:"在英特尔公司,我们估计一位主管可能将 8 小时中的 5 小时用于作每个雇员的评价,如果这种昂贵的工作能改进一个雇员的工作绩效,哪怕是一年中的一小段时间的绩效,这难道不值得主管支出时间吗?"格罗夫的话阐明了考核是管理者一项非常重要的工作,因为绩效考核不仅回答了员工的基本问题:我做得如何? 而且更重要的是回答了员工到底怎么才能做得好。

　　对主管人员工作的评价要视其员工的表现而定:当你的员工成功时,你就是一名成功的经理;当你的员工失败时,不管你做了多少事,你都会被认为是失败的经理。因此下属员工的表现对主管来说特别重要,这也就是主管人员为什么要对下属员工的绩效进行管理的一个重要原因。

### 3. 绩效管理对员工的作用

　　绩效管理对员工是一件有压力的事情,然而很好地理解了员工对工作的需求之后,绩效管理对于员工成长也是必需的,是"激励因素"的体现。员工希望了解自己的绩效表现,更多是为了提高自己的绩效,提高自己的能力,增强自身的竞争力。因此,工作中产生的诸多烦恼,包括不了解自己工作做得怎样,不知道自己有什么权力,工作完成很好时没有得到认可,没有机会学习新技能,缺乏完成工作所需要的资源等等,这些问题都需要由绩效管理的方式来解决。

　　绩效管理要求为提高工作质量定期进行面谈,这一环节能使员工得到有关他们工作业绩和工作现状的反馈。有了定期交流,员工对自己得到的评价非常清楚,而且,由于绩效管理能帮助员工明确他们应该做什么和为什么要这样做,因此能够使员工了解自己的权力,即进行日常决策的能力,从而提高工作效率。员工在绩效管理中得到的益处有:

- 了解自己的绩效,提高个人能力。
- 使个人的职业规划更切合实际。
- 了解别人眼中的自己。
- 得到与自己贡献相匹配的薪酬。

### 1.2.4　绩效管理与绩效考核的关系

绩效管理是主管与员工就绩效目标的完成进行沟通、协商的过程,目的是帮助员工确定绩效目标、完成绩效计划和提高绩效能力,使员工的努力与组织远景规划和任务目标一致,使员工和组织实现共同发展。

绩效考核是对员工一段时间的工作结果、绩效目标进行考核、评价,是对一段时间工作的总结,同时考核结果可以为相关人事决策(晋升、解雇、加薪、奖惩等)提供依据。二者的区别见表1-3。

表1-3　绩效管理与绩效考核的区别

| 绩 效 管 理 | 绩 效 考 核 |
| --- | --- |
| 完整的管理过程 | 管理过程中的一个环节或手段 |
| 结果与过程并重 | 阶段性总结 |
| 组织与个人双赢 | 排序、确定优劣 |
| 规划性、前瞻性 | 回顾过去 |
| 完善的计划、监督、控制手段 | 只有考核一个手段 |
| 注重能力的培养 | 注重成绩的大小 |
| 事先的信息沟通和承诺 | 判断和评估,强调事后评价 |

二者的联系是:绩效考核是绩效管理的一个不可或缺的组成部分。绩效考核可为组织绩效管理的改善提供依据,帮助组织不断提高绩效管理的水平和有效性,使绩效管理真正帮助管理者改善管理水平,帮助员工提高绩效能力,帮助组织获得理想的绩效水平。

# 1.3 绩效管理系统的职责划分

## 1.3.1 高层管理者的职责

在绩效管理体系建立与实施的过程中,高层管理者往往是绩效管理系统重要的倡导者和推动者,从组织层面决定绩效管理的政策,引领绩效管理的方向。其在绩效管理中的主要职责为:

- 传达并解释组织的战略目标、经营重点和绩效衡量的标准。
- 确定组织的中长期发展战略与绩效管理结合的方式。
- 确定绩效管理的总体原则。
- 推进绩效管理系统的实施以提升企业核心竞争力。
- 协调各方面在绩效管理过程中的努力程度。

## 1.3.2 人力资源部的职责

人力资源部是绩效管理体系的设计者和实施者,其扮演的是政策的制定者和参谋的角色,主要负责在设计过程中选择绩效管理工具,决定由谁来进行考核,使用怎样的表格、采用何种方式进行绩效管理,整个绩效管理系统从哪些方面保证和提高员工的满意度,绩效管理体系是否需要与组织中的其他信息管理系统匹配,员工的历史绩效信息如何纪录,绩效考核结果与晋升、培训、报酬等联系的形式。人力资源部在绩效管理中被授权以协助和建议的方式支持部门主管去实现组织的基本目标,履行的是协助的职能,负责确保既定的绩效管理政策以及绩效管理程序确实被部门主管认真、连续地加以执行。其在绩效管理中的主要职责为:

- 组织和统筹安排绩效管理系统的开发。
- 提供系统实施的技术培训。
- 帮助主管解决绩效管理中的操作问题。
- 监督和评估绩效管理系统的实施情况并不断改进系统。
- 将绩效管理系统与其他人力资源管理实践联系起来。

**阅读资料 1-4**

在一项调查中,大约 80% 的企业回答说人力资源部所起的作用是建议和协助的作用,它们只能建议使用何种绩效评价方法,至于与绩效评价程序有关的问题则留给经营部门的主管人员自己去作决定。在其他被调查的企业中,人力资源部则为经营部门准备好绩效评价表格,制定出绩效评价程序,并要求所有的经营部门按照自己的要求进行绩效评价;人力资源部还负有对主管人员进行培训以提高他们的绩效评价技能的责任;人力资源部还要监督本企业的绩效评价体系的运行。

### 1.3.3　部门主管的职责

部门主管在绩效管理中的职责举足轻重,是高层主管意图和组织战略目标实现、绩效管理方案制定与实施的关键,起着承上启下、沟通与衔接的作用。战略目标制定得是否恰当,目标是否能够完成,离不开处于基层管理一线的主管。在绩效计划制定的过程中,部门主管协助和参与方案制定是必要的,他们熟悉工作,熟悉岗位要求,熟悉员工的工作能力和特长,在目标分解、职责划分方面是高层管理者和人力资源部所不能代替的。与此同时,部门主管对员工在绩效管理整个过程中的沟通、指导以及任务的完成负主要责任。

- 向员工说明组织目标,并与员工共同制定具体可衡量、通过努力可以实现的目标。
- 引导员工主动提高个人能力,以适应组织的发展,为组织创造更大的价值。
- 经常与员工进行沟通,了解员工工作的困难和想法,并及时提出自己对员工的要求。
- 给予适当的指导,激励员工在工作中不断学习。
- 评价员工绩效并给予反馈,提出改善绩效的建议。

### 1.3.4　员工的职责

员工在绩效管理中并不是被动的执行者,让员工参与绩效标准与目标的讨论和制定、了解不同时期组织的发展需要是必要的。在绩效实施过程中,员工的绩效是团队绩效和组织绩效创造的源泉。及时了解自己的绩效状况并主动调整绩效行为,有助于组织目标的实现和个人职业生涯的发展。员工在绩效管理中的主要职责为:

- 理解当前的组织战略,清楚自己的绩效目标。
- 了解直接主管对自己的期望与对自己的工作绩效评价。
- 主动发展和提高自己的能力以满足组织的期望并适应未来的发展要求。
- 制定与组织目标相一致的工作目标和工作计划。
- 客观地对待绩效管理的评价结果。

# 1.4　建立绩效管理系统的战略意义

　　将绩效管理与战略相联系,是近年来绩效管理的一个显著特点。战略是对未来结果的一种期望,这种期望要依靠组织的所有成员按一定的职责和绩效要求,通过持续努力和发挥创造性来实现。因此,绩效管理系统已成为战略管理控制系统中不可缺少的管理工具和手段之一。

## 1.4.1　绩效管理与员工价值创造

### 1. 价值链的构成

　　1985 年麦克尔·波特(Michrel. E. Porter)在其所著《竞争优势》一书中提出价值链的概念。他将价值链视为一系列连续完成的活动,价值链是原材料转换成最终产品并不断实现价值增值的过程。他认为企业是一个综合了设计、生产、销售、运送和管理等活动的集合体,其创造价值的过程可分解为一系列互不相同但又相互关联的增值活动,即"价值系统",如图 1-5 所示,价值链又分为"基本活动"与"辅助活动"。

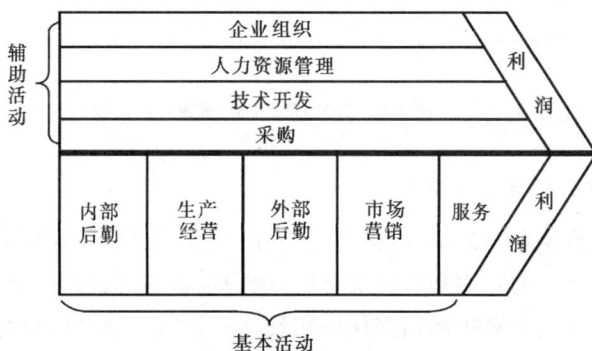

图 1-5　企业价值链

　　生产经营的各个环节,如材料购进、产品开发、生产加工、成品发运、市场营销和售后服务等直接创造价值的部分称为"基本活动",企业组织、人力资源管理、技术开发和采购称为"辅助活动"。人力资源管理被视为"辅助活动",而目前企业所处的环境表现为高速、创新、注重质量和客户满意度等特征,人力资源对企业价值增值的作用日益明显。

**2. 员工在价值创造中的作用**

一个组织中或在不同的组织之间,存在着一系列相互联系又相互制约的人力资源层,各层级的活动是增值的,是组织价值创造的根源。他们分布于组织价值链的"基本活动"和"辅助活动"中,是组织价值形成的推动力。这些推动力来自于企业家、经理和员工(如图1-6所示),他们创造的价值形成了横向推动的人力资源价值链;而员工职业生涯各个阶段创造的价值又构成了纵向提升的人力资源价值链。纵、横两个维度的推动和提升,是组织价值创造的源泉。

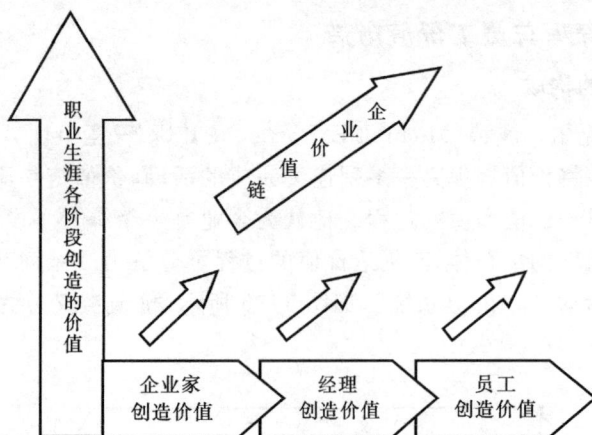

图1-6　人力资源价值链

**3. 员工价值评价面临的问题**

员工是组织价值创造的源泉,但CEO和高级直线部门的经理们对人力资源在企业取得成功时所起的作用却持怀疑态度,他们也认为"人力资源是组织最重要的资产",但不能理解人力资源部门如何去实现这一想法,人力资源价值链中的"价值评价"出现了问题。通常,组织人力资源价值评价是通过员工绩效考核来体现的,但对于大多数组织来说,人力资源绩效管理体系和战略性人力资源驱动力之间并不匹配,组织高层主管们也常常不认为人力资源驱动力能确切反映员工如何创造价值的过程,组织的"绩效评价"或"绩效考核内容"难以衡量人力资源对组织价值的创造及贡献,组织价值如收入、利润等难以与组织中所有员工的绩效组织挂钩。

**4. 问题形成的原因**

(1)绩效管理与企业战略脱节。由于组织中各纵向层级(如高层、中层和普通员工)利益的差异,没有完整的战略导向型绩效管理体系控制与协调,导致组织中绩效在纵向层级和横向部门间分解时产生磨擦和分歧；由于同一层级的职能部门之间关注的利益与责任不同，组织在横向部门的绩效评价中，彼此绩效衔接出现了冲突和混乱，导致绩效难以衡量。主要原因是组织绩效管理系统与战略目标脱节，各层级员工绩效测量在纵向、横向上无统一的"价值源"，指标分解出现混乱。

(2)孤立研究人力资源管理职能，割裂价值传递关系。价值链是以收入、利润等财务指标来表现最终的价值，而人力资源管理一直沿用传统的、划分职能的思路进行管理，绩效管理、薪酬管理、员工培训等相互之间缺乏衔接，孤立、割裂地实施各项人力资源管理职能，忽略了职能间的主次关系、相关关系，使利润等价值指标分解缺乏传导机制，导致对员工价值衡量时"价值源"分解"断链"，最终的财务指标难以分解到各层级员工的贡献，其创造的价值难以衡量，也难以让高层管理者信服。

设计有效的绩效管理体系、评价员工驱动力对企业绩效的影响，是最终改变高层经理态度、调动各个层级员工积极性的关键。组织通过建立和不断完善绩效管理系统，不仅可以进行有效的战略思考和资源优化配置，将战略目标转变为可量化、可行为化的绩效指标，而且通过各个层级关键绩效指标的逐级分解及目标达成，将绩效指标分解到各个层级岗位，在一定程度上诠释了员工对组织的贡献，明确了"价值源"，强化了"价值链"，员工对组织的贡献更加清晰。绩效管理在部门绩效、岗位绩效与组织战略、目标和价值之间建立了清晰的联系，有利于保证组织目标的实现。

### 1.4.2 组织获得竞争优势对绩效管理系统要求

核心竞争力是组织生存和发展的关键。在现实中，组织都在努力提高各部门的过程绩效，如提高质量、降低成本、缩短响应时间、加快资金周转率等，但是却没有把这种努力和绩效管理挂钩。一个组织要想获得成功，不仅要保证过程绩效的可靠性，而且要为组织战略成功地设计绩效管理系统——建立旨在提高组织核心竞争力的绩效管理系统。

绩效管理有其自身的规律性，在运用绩效管理手段帮助组织获得竞争优势的具体实践过程中要注意以下五个方面：

(1)绩效管理必须从组织的战略出发，围绕提升组织核心能力进行。美国的两个期刊曾对数百家实施绩效管理的组织进行调查，分析结果表明，实施绩效管理失败的原因，主要是这些组织的绩效管理是围绕组织年度预算和运营计划建立的，鼓励的是短期的、局部的和战术性的行为，忽视了组织战略目标的实现及核心能力的培养。

(2)组织核心能力的培养是全体员工的责任。组织在确定绩效计划时要注意从培养组织核心能力的角度出发，将核心能力指标分解成下一层次的竞争力要素，层层分解，直到落实到具体的工作岗位上，使核心能力的培养成为全体员工的共同行动。制定绩效计划,确定考核指标的过程就是一个对组织进行竞争优势分析的过程,通过这个过程可以对组织的核心能力有一个更清楚的认识。

(3)组织的核心能力是指组织在一个特定时期的核心能力。随着外部环境的变化,外部环境对核心能力的要求会有所变化,这种变化应反映在绩效评价计划中。绩效评价标准要随组织外部环境的变化及组织自身的发展需求而改变,不同时期有不同的标准。

(4)组织的核心能力是各种能力和知识的综合运用。组织的核心能力由很多竞争力要素相互作用而形成。因此,绩效管理要反映这种要求,不仅要有定量指标,而且要有定性指标,要能全面反映核心能力的要求。

(5)核心能力的培养需要组织持续不断地努力。核心能力的培养是一个艰苦的过程,绩效管理要反映这一过程应注意两个环节:一是绩效管理指标的确定。指标确定的过程是对组织竞争能力的分析讨论过程,是组织管理人员统一认识的过程。二是绩效管理过程中要注意沟通。沟通反馈应贯穿于绩效管理的各个环节,而且沟通反馈要站在战略高度,不能只是一些琐碎的战术性信息的沟通。只有这样,绩效管理才能被员工接受,整个过程才能得以顺利进行。

## 本章思考题

1. 如何理解绩效内涵的三种观点? 三种观点的发展说明了什么?

2. 绩效具备怎样的性质? 这些性质对绩效考核指标的设置提出了怎样的要求?

3. 你是如何理解绩效管理循环的上升性的? 其对个人和组织绩效的提升有怎样的意义?

4. 简述绩效管理与绩效考核的区别与联系。

5. 绩效管理从哪些方面帮助组织获得竞争优势?

## 案例分析 1-1

### 绩效管理仅仅是人力资源部门的事吗?

人力资源部的郝主任在职读完了 MBA,在学校他学到了很多新的管理知识和管理方法。由于自己从事的工作是人力资源管理,所以他对人力资源方面的专业知识和目前的发展状况也特别感兴趣。毕业了,他想好好整理一下思路,希望将公司的人力资源管理工作向前推进一步。

在公司,人们一直认为绩效管理仅仅是人力资源部门的人应该考虑和应该做的事情,而没有把它视为整个管理过程中的一个有效的工具。绩效管理工作是由人力资源部门来推动的,当然由人力资源部来做,做得不好就拿人力资源部试问。

又到年底了,全公司开始实施绩效考核,为全年评优、绩效奖金发放提供依据。

生产部的张经理见到了郝主任就开始埋怨:"你们人力资源部设计的是什么考核表,叫我们怎么给员工评价,你们懂生产过程吗? 你们知道我们要抓的重要工作是什么吗?"郝主任说:"考核当然要做,绩效管理还需要……"没等郝主任说完,张经理提高了嗓门说:"考核了一些没用的东西! 我叫办公室的秘书去做了,每年都做这些无用的事,不是在浪费纸张吗? 都倡导节约型社会,你们不懂吗? 还有,浪费我们的时间,难道你们不做这些无聊的事就要下岗吗?"说完张经理急匆匆地走了,留下了满脸尴尬的郝主任。

郝主任回到办公室,决定下午 4 点召开人力资源部会议,就今年的绩效考核工作谈谈他的想法和今后的工作打算。

"上午生产部的张经理就他们的绩效考核工作给我发了一通牢骚……"郝主任将上午的事情原原本本地告诉了大家。人力资源部的员工纷纷开始反映公司绩效考核中员工的意见、批评和建议。

"技术部也提出了很多问题,说我们的绩效考核不科学、操作性差。考核等级是优、良、中、合格、不合格,非要他们提出不合格,将被扣的人的奖金发给评优的人。怎么办才好呢? 他们商量好了,大家轮流坐庄,他们说都挺不容易的,干吗要得罪人。只是这样做大家认为干好干坏都一样,贡献大小都一样,哪有什么激励性,技术部本来就缺人,今年又走了两个人,新来的接不上,等到技术熟练了、有经验了,就跳槽了,技术人才再这样流失下去,公司就难以有发展的后劲了。"

"大楼里的管理部门也有意见,他们认为德、能、勤、绩是考核的方面,也很必要,但是很难公平考核。老赵年年评优,就是因为他资历老和领导关系好。评优的人应该是有创新的人、有创造的人、有贡献的人,怎么能是年年平庸,年年评优,如果这样别人哪有上进的念头? 为什么年年有那么多人评优,年年公司的业绩并不令人满意? 人力资源部为什么不动脑子想一想,有些方面是可以想办法公正、客观一点的。"

"昨天我和我家邻居一起下班的,他说他每年都被评为良,今年还是良,也不知道这么多年在公司里自己到底干得怎么样,虽然不会巴结领导,但也没有得罪谁,人缘不错年年评良,过的稳稳当当,到也挺滋润,只是觉得这么多年自己的专业没有太大长进,再这样过几年好像就要被社会淘汰了,他有些担心,这几年公司的业绩也在往下走,将来怎么办? 都快 40 岁的人了,自己没有太大长进,公司也没有大的起色,虽然年年考核是良,比上不足,比下有余,但心里总是空空的,好像没有奔头,也看不到希望,天天周而复始地工作,当和尚撞钟吧!"

听着同事们反映的这么多问题,郝主任非常着急,他认为应该对公司实施了多年的、一成不变的绩效考核体系改一改了,这是公司发展的要求,也是市场竞争的要求。

郝主任认为自己有责任向总经理建议进行绩效管理改革,他将自己的思路整理了一下,找到公司总经理,将公司在绩效考核中出现的现象、问题进行了汇报。总经理听后很关心,要求人力资源部重新设计一套切实可行的绩效方案,一周后拿给他看,就急忙去财务处了。看着总经理离去的背影,郝主任很迷茫,他决定写一份如何进行绩效管理改革的报告交给总经理,而不是一周后的绩效考核方案。

**案例讨论**

1. 为什么公司员工总是觉得绩效管理是在完成人力资源部门交给他们的作业?

2. 怎样调动各部门管理者、员工的积极性和创造性来完成绩效管理系统设计?

3. 如何评价该公司总经理对待绩效管理的态度? 一周后的绩效考核方案能拿出来吗? 为什么?

4. 如果你是郝主任,请你写一份给该公司总经理的关于如何做好绩效管理改革工作的报告。

## 案例分析 1-2

### 摩托罗拉公司的绩效管理

关于管理与绩效管理,摩托罗拉公司有一个观点,就是企业＝产品＋服务,企业管理＝人力资源管理,人力资源管理＝绩效管理。可见绩效管理在摩托罗拉公司地位的重要性。摩托罗拉公司将绩效管理上升到了战略管理的层面,并给予高度的重视。

摩托罗拉公司给绩效管理下的定义是:绩效管理是一个不断进行沟通的过程,在这个过程中员工和主管以合作伙伴的形式就下列问题达成一致:

- 员工应该完成的工作;
- 员工所做的工作如何为组织目标的实现做贡献;
- 用具体的内容描述怎样才算把工作做好;
- 员工与主管怎样才能共同努力帮助员工改进工作;
- 如何衡量绩效;
- 确定影响绩效的障碍并将其克服。

摩托罗拉公司认为绩效管理有如下五个组成部分:

1. 绩效计划

在这部分里,主管与员工就下列问题达成一致:

(1)员工应该做什么?

(2)工作应该做多好?

(3)为什么要做该项工作?

(4)什么时候要做该项工作?

(5)其他相关问题:环境、能力、职业途径、培训等。

在这个过程中,主管和员工就上述问题进行充分沟通,最终形成签字的纪录,即员工的绩效目标,它是整个绩效管理循环的依据和考评依据,其作用非常重要,需要花费必要的时间和精力来完成,在摩托罗拉公司大约用一个季度的时间来完成,第一季度就是绩效目标制定季度。

摩托罗拉公司的绩效目标由两部分组成:

一部分是业务目标(business goals),另一部分是行为标准(behavior standards),这两部分组成员工全年的绩效目标。两部分相辅相成,互为补充,共同为员工绩效提高和组织绩效实现服务。

2. 持续不断的沟通

沟通贯穿绩效管理的整个过程,不仅年终考核需要沟通,其他时间一样需要沟通,而且一次、两次的沟通远远不够。因此,摩托罗拉强调全年沟通和渠道畅通。

主要包括以下几个方面:

(1)沟通是一个双向过程,目的是追踪绩效进展,确定障碍,为双方提供所需信息;

（2）防止问题出现或及时解决问题（前瞻性）；

（3）定期或非定期、正式或非正式就某一问题专门对话。

在这个过程中也要形成文字记录，必要时需经主管和员工双方签字认可。

3. 事实的收集、观察和记录

为年终的考核作准备，主管需要在平时注意收集事实，注意观察和记录必要的信息。包括以下两点：

（1）收集与绩效有关的信息；

（2）记录"好的"以及"不好的"行为。

收集信息应全面，而且要形成书面文件，必要时经主管与员工签字认可。

以上两个过程一般在二、三季度完成。进入第四季度，也就到了检验一年绩效的时候了。

4. 绩效评估会议

摩托罗拉公司的绩效评估会议非常讲究效率，一般集中一段时间，所有主管在一起进行年终绩效评估。主要包括以下四个方面：

（1）做好准备工作；

（2）对员工绩效达成共识，根据事实而不是印象；

（3）评出绩效级别；

（4）不仅是评估员工，而且要评估解决问题的机会。

最终形成书面讨论结果，并以面谈沟通的形式将结果告知员工。

5. 绩效诊断和提高

这个过程用来诊断绩效管理系统的有效性，用来改进和提高员工绩效，主要包括以下四个方面：

（1）确定绩效缺陷及原因；

（2）通过指导解决问题；

（3）绩效不只是员工的责任；

（4）绩效诊断应该不断进行。

关于这一点，摩托罗拉公司也有一个非常实际有效的工具衡量，包括以下 10 个方面：

①我有针对我工作具体、明确的目标；

②这些目标具有挑战性，但合理（不太难，也不太容易）；

③我认为这些目标对我有意义；

④我明白我的绩效（达到目标是如何评估的）；

⑤我觉得那些绩效目标是恰当的,因为他们评测的是我应该做的事情;

⑥在达到目标方面我做得如何,我能得到及时反馈;

⑦我觉得我得到足够的培训,使我能得到及时准确的反馈;

⑧公司给我提供了足够的资源,使我达到目标成为可能;

⑨当我达到目标时,我得到赞赏和认可;

⑩奖励体系是公平的,可以因为自己的成功而得到奖励。

每一项有五个评分标准,这样通过打分可以得知一年以来的绩效管理水平如何,差距在哪里,从而做到拾遗补缺,改进和提高绩效管理的水平。

——资料来源:王雁飞,朱瑜. 绩效与薪酬管理实务[M]. 北京:中国纺织出版社,2005.

**案例讨论**

1. 摩托罗拉公司给绩效下的定义有何特点?

2. 摩托罗拉公司的绩效管理步骤,在员工和公司绩效螺旋式上升过程中起到了怎样的作用?

3. 摩托罗拉公司的绩效管理过程对你有哪些启发?

4. 你对摩托罗拉公司"第一季度就是绩效目标制定季度"有何看法?

# 第 *2* 章

# 绩效计划

组织制定绩效计划的目的是使组织各层级都有明确的、上下一致的目标，以保证组织战略的实施和目标的实现。因此，主管与员工共同制定的绩效标准和绩效目标要与组织目标相一致。绩效计划可以认为是指导员工行为的一份计划书，通过制定这样一份计划，员工可以了解本绩效周期的工作安排和目标，并了解将会遇到的障碍和可能的解决方法，当计划期结束时，绩效计划是考核员工的重要依据。

绩效计划需要组织的高层管理者与部门主管、部门主管与员工就未来需要完成的工作任务确定绩效标准，找出每个岗位应该重点完成的工作要项，并在绩效目标上与员工达成一致。要做到这些必须理解绩效计划的概念，明确绩效标准与绩效目标是绩效计划的重要组成部分，并掌握制定绩效计划的基本程序。本章从绩效计划的含义入手，揭示了绩效标准与绩效目标的作用与不同，阐述了绩效计划的程序以及制定绩效标准的步骤和方法，明确了绩效目标制定的依据，指出管理者应注意的问题。

## 重点问题

⇨ 绩效计划的内涵
⇨ 绩效计划的参与者
⇨ 绩效计划制定的程序
⇨ 绩效标准确定的步骤与方法
⇨ 绩效目标的类型与层次体系

# 2.1 绩效计划概述

## 阅读资料 2-1

### 小张的困惑

销售部的小张今年干得不错,他按照去年的考核办法,对照"销售业绩量化考核表"自己计算了一下,估计应当是全销售部得分最高的,他想到今年的奖金兑现和一系列的奖励措施,心里美滋滋的。因为自己今年的"销售收入"指标完成量非常大,超过标准很多,"销售回款"指标完成得也相当不错。

但是,当小张拿到今年的"销售业绩量化考核表"时,脸色"唰"地变了。原来表中的"销售收入"权重变了,降得很低,使小张今年的销售业绩在总分中所占的比重很低,即使他完成得很好,对总分的影响不大。考核表中又增加了一项"老客户保持率",这项对小张极不利,他今年的大订单都是新客户,此项失分不少,考核表中还新增了一项"产品订货项数",对小张也极不利,他的订单很大,主要集中在几个产品上,如果按项数计分,小张又失分很多。

看着今年的考核标准小张感到很失落,自己辛苦了一年,按照去年年底的考核标准,本以为能评"优",不仅收入增加,而且个人价值也可得到体现。现在倒好,评上"良"都很危险。

小张很气愤。为什么去年的标准说改就改了呢?而且还是在年底考核的时候才改?想一想也有道理,企业抓品种订单也是对的,不然大家都争着订产值高的产品订单,对企业发展有影响;老客户是企业持续发展的保证,对客户的服务意识应加强,也没错。小张想来想去:"难道是自己错了?可是自己今年这么努力也没错呀!'良'都评不上,岂不太冤!"

"为什么年初不订标准?为什么到年底了改变标准?"小张终于想通了,不是自己的错!他和销售部经理吵了起来。

企业改变量化考核标准,有其道理,是为了企业良性发展,小张按照去年的标准努力也是对的,问题出在了绩效管理的第一个环节:绩效计划。企业在年初没有绩效计划,到年底想修改就修改,让员工无所适从,挫伤了员工的积极性。

绩效考核是绩效管理最重要的环节,但是要想很好地实现对员工绩效的考核,必须知道依据什么来考核绩效。如果在绩效考核之前没有能够就什么是好的绩效、什么是不好的绩效达成一致的标准,那么在绩效考核过程中就很容易产生争议和矛盾。考核依据应当"有言在先"。

一些组织的绩效考核工作之所以失利,主要是因为被评价的员工没有被事先告知他们如何做才能得到良好的评价结果。这就要求我们在绩效管理过程中做好第一项工作——绩效计划。

### 2.1.1 绩效计划的内涵

绩效计划是由管理者与员工根据既定的绩效标准,共同制定并修正绩效目标以及实现目标的过程,是主管和员工共同沟通,对员工的工作标准和目标达成一致意见,并形成协议的过程。绩效计划包括:员工应该做什么,即绩效标准;员工在什么时间、做到什么程度,即绩效目标;工作中的重点是什么,即绩效权重;绩效计划的表现形式,即绩效协议。这些都是绩效计划的重要组成部分。

**1. 绩效标准**

绩效标准实际上是针对特定的岗位工作而言的,是要求员工在工作中应达到的各种基本要求。绩效标准反映了岗位本身对员工的要求,是以岗位工作为基础制定的一项客观标准,该标准与岗位工作对应的人无关。在成功的绩效计划中,部门主管和员工应该以同样的答案回答下列关于绩效标准的问题:

- 员工在本绩效期内的工作职责是什么?
- 员工在本绩效期内具体的绩效标准是什么?
- 员工绩效标准中关键绩效指标是什么?
- 员工绩效标准中关键绩效指标各自的权重是多少? 哪些是最重要的,哪些是次要的?

**2. 绩效目标**

绩效目标与绩效标准不同,标准是针对工作制定的,而目标则是考虑到组织的发展战略和发展计划针对部门和个人设定的。绩效目标是在绩效标准的基础上,考虑各部门和员工现有的绩效水平,体现了管理者对部门与员工的具体要求,目标的典型特征是必须具有挑战性。对同一类工作,应该只制定一套工作标准,但对每个员工则可能制定出不同的目标,该项目标依据每位员工的个人经验、技术和过去的表现而有所不同。在成功的绩效计划中,部门主管和员工应该以同样的答案回答下列关于绩效目标的问题:

- 员工在本绩效期内所要完成的工作目标是怎样的？
- 如何判断员工的工作目标完成得怎么样？
- 员工应该在什么时候完成这些工作目标？
- 员工的工作绩效完成状况将对整个组织或特定的团队有什么影响？
- 员工在达到目标的过程中可能遇到哪些困难和障碍？
- 部门主管会为员工提供哪些支持和帮助？

**3. 绩效权重**

并不是所有的绩效标准对岗位或组织都是同等重要的。在一个绩效期内，组织中的重点目标有哪些，即组织在这段时期内最重要的是做哪几件事，员工最重要的工作职责是什么，要在员工最重要的工作职责上设立较高的权重。

对被考核者来说，如果在每个绩效指标上所设的权重都一样，那么人们往往都会首先去选择那些容易达到的指标去做，这样最后总体的绩效考核分数会比较高。但是如果绩效指标的权重不一样，比较容易完成的任务所占的权重比较小，而较为困难的任务所占的权重比较大，那么即使员工在那些容易完成的任务上做得再好，权重较大的目标没完成好，最终绩效考核结果也不会太好。权重起到了引导员工向哪个方向努力工作的作用，权重大的绩效标准，也是要引导员工花费较多时间和精力去完成的工作。

绩效标准、绩效目标和绩效权重共同构成了绩效计划的主体，它们是指导员工在新的计划期内努力工作的依据。在每一个绩效计划期，三者的内容和要求有所变化，但变化的频率不同。

- 绩效标准低频变化。因为绩效标准是针对特定的岗位工作而制定的，当岗位的工作职责和工作内容较稳定时，绩效标准在每个绩效计划期内的变动很小，即绩效指标的变化不大。
- 绩效目标高频变化。绩效目标是根据组织的发展战略和发展计划以及部门与员工现有的绩效水平来确定的，因此，绩效目标在每一个绩效计划期内都会有较大的变动，它是组织目标是否能够完成的关键。
- 绩效权重中频变化。每个绩效计划期内，绩效权重也有较大的变化，因为根据上期组织目标的完成情况以及存在的问题，组织会在一些指标权重方面作相应的调整，以利于下一期目标的完成。

需要指出的是，不论绩效标准、绩效目标和绩效权重如何变化，都应当在绩效计划期开始的时候完成修改和变更，而不是在绩效计划执行的期末准备开始实施绩效考核时才修改。这样不仅使员工明确本计划期的努力目标，保证组织战略计划的实现，也是绩效管理公平、公正实施的基础，是减少和避免矛盾、有效激励员工的重要环节。

### 2.1.2　制定绩效计划的参与者

绩效计划是通过实现个人的绩效,促进组织目标实现的手段,因此组织中必须有一个相关的委员会(通常是一个矩阵式的组织,主要由高层管理者和人力资源管理部门的相关人员组成),对每期的绩效计划工作进行统筹安排、协调和指导。另外,由于绩效计划涉及如何控制实现预期绩效的整个过程,部门主管和员工本人都必须参与绩效计划的制定。因此,绩效计划需要委员会与部门主管的共同参与,需要部门主管与员工的共同参与。

**1. 委员会与部门主管的共同参与**

委员会在整个绩效计划的制定过程中,有责任向部门主管提供必要的指导和帮助,以确保整个组织绩效计划具有相对的稳定性,从而保证整个绩效管理系统的战略一致性。但是,由于绩效计划过程要求掌握许多有关的职位信息,而部门主管最了解每个职位的工作职责和每个绩效周期应完成的各项工作,所以部门主管在整个过程中承担了十分重要的角色,委员会要与部门主管一起设计一个符合各个部门情况的绩效标准框架,确保绩效计划工作更好地实现组织目标。

**2. 部门主管与员工的共同参与**

委员会与部门主管共同制定了各部门的绩效计划后,需要部门主管将其分解到各个岗位,部门主管根据每个绩效周期的特定工作安排修订各个职位的工作职责和绩效标准,以确保本绩效周期员工工作任务的完成以及部门工作任务的完成。部门主管在分解目标和制定绩效计划目标的过程中,更重要的是让员工也参与其中,共同制定绩效计划,使员工更容易接受绩效计划并产生满意感。通过部门主管与员工的共同参与过程,将个人目标、部门或团队目标与组织目标结合起来。因此,绩效计划的制定是一个员工全面参与管理、明确自己的职责和任务的过程,是绩效管理的一个至关重要的环节。只有员工知道了组织或部门对自己的期望是什么,他们才有可能通过自己的努力达到期望的结果。

### 阅读资料 2-2

　　1957 年,对行为科学卓有贡献的道格拉斯·麦格雷戈(Dosuglas M. Mc Gregor)在他发表在《哈佛工商评论》上的经典论文中,批评了传统的评价方法——把评价下属人员的焦点放在个性特征标准上。他提出了一种以德鲁克的目标管理概念为基础的评价方法,明确提出下属人员承担为自己设置短期目标的责任,并具有同上级领导人一起检查这些目标的责任。这样,主要由下属人员自己,对照预先设立的目标来评价业绩,用这种激励自我评价和自我发展的方法提高员工业绩。管理人员就像教练一样,吸引下属人员积极参加这个评价过程,从而导致对工作的投入,并创造出一种激励的环境。

**3. 绩效协议的形成**

组织的高层管理者根据战略目标的分解,在与部门协商沟通的基础上,与部门主管就一年的绩效任务签署绩效协议,一般该协议的计划期限为 1 年。表 2-1 是对营销中心经理的绩效目标要求;表 2-2 是营销中心经理与大客户部经理的绩效协议示例,与表 2-1 不同之处是,表 2-2 每项目标的完成期限更具体、灵活,计划期可以是 1 年也可以是 1 个月、3 个月等,是根据任务目标的要求而定的。大客户部经理再与其下属员工签订绩效协议,其期限和形式将更加灵活多样。

表 2-1　营销中心经理绩效协议示例

| 受约人姓名:周 峰<br>职　　位:营销中心经理 | | 发约人姓名:张世俊<br>职　　位:公司总经理 | | | 合同有效期:<br>2009 年 1 月 1 日至<br>2009 年 12 月 31 日<br>签署日期:_____ | | |
|---|---|---|---|---|---|---|---|
| 指标类型 | 绩效标准 | 单位 | 权重 | 绩效目标 | 实际完成值 | | 得分 |
| 财务/效益 | 净营运资产贡献率<br>通信业务收入<br>预算网络成本贡献率<br>责任成本<br>欠费率 | %<br>万元<br>%<br>万元<br>% | 10%<br>25%<br>15%<br>10%<br>10% | 根据上下级<br>沟通的实际<br>情况而定 | | | |
| 服务/经营 | 客户满意度<br>大客户收入/总收入 | 评分<br>% | 10%<br>10% | | | | |
| 学习成长 | 核心员工管理<br>劳动生产率 | 人<br>万元/人 | 5%<br>5% | | | | |
| 扣分指标 | 重大投诉<br>安全生产 | 件<br>件 | 扣分<br>扣分 | | | | |
| 受约人签名:　　　　　　　　　发约人签名: | | | | | | | |

### 表 2-2　大客户部经理绩效计划协议示例

| 受约人姓名:李庆生<br>职　　位:大客户部经理 | 发约人姓名:周　峰<br>职　　位:营销中心经理 | 合同有效期:<br>2009 年 1 月 1 日至<br>2009 年 12 月 31 日<br>签署日期:_____ |
|---|---|---|

| 工作目标 | 主要产出 | 完成期限 | 衡量标准 | 所占权重 | 评价主体 |
|---|---|---|---|---|---|
| 完善《大客户管理规范》 | 修订后的《大客户管理规范》 | 2009 年 3 月底 | 大客户管理责任明确<br>大客户管理流程清晰<br>大客户的需要在管理规范中得到体现 | 20% | 主管 |
| 调整部门内的组织结构 | 新的团队组织结构 | 2009 年 4 月 15 日 | 能够以小组的形式面对大客户<br>团队成员的优势能够互补和发挥 | 10% | 主管下属 |
| 完成对大客户的销售目标 | 大客户的数量<br>销售额<br>客户保持率 | 2009 年 12 月底 | 大客户数量达到 30 个<br>销售额达到 2.5 亿元<br>客户保持率不低于 80% | 50% | 销售记录 |
| 建立大客户数据库 | 大客户数据库 | 2009 年 7 月底 | 大客户信息能够全面、准确、及时地反映在数据库中<br>该数据库具有与组织 MIS 的接口<br>数据安全<br>使用便捷<br>具有深入的统计分析功能模块 | 20% | 主管 |

受约人签名:　　　　　　　　发约人签名:

**阅读资料** 2-3

### 关于参与和承诺

在绩效计划中员工参与和做出正式承诺非常重要。社会心理学家进行了大量关于人对某件事情的态度形成与改变的研究,其中有一个重要发现就是当人们亲身参与了某项决策的制定过程时,他们一般会倾向于坚持立场,并且在外部力量作用下也不轻易改变。大量的研究发现,人们坚持某种态度的程度和改变态度的可能性主要取决于两种因素:一是他在形成这种态度时参与的程度;二是他是否为此进行了公开的表态,即做出正式的承诺。

社会心理学家多伊奇和杰勒德做了一个非常著名的实验,结果是没有将自己的意见表明出来,即没有做出承诺的一组受到群体压力的影响而改变自己最初意见的百分比最高;而做出了公开承诺的非常倾向于坚持自己最初的意见。这个实验的启示是:在绩效计划阶段,员工参与计划的制定,并且签订非常正规的绩效协议,让其感到自己对绩效计划中的内容是作了公开承诺的,这样他们就会更加倾向于坚持这些承诺,履行自己的绩效计划。如果员工没有参与到绩效计划的制定过程中,仅仅是主管人员强加给他们的计划,或者他们的计划只是口头确定的,没有进行公开签字,那么就很难保证他们坚持这些承诺的计划。

## 2.2 制定绩效计划的基本程序

绩效计划通常包括准备阶段、绩效标准的确定阶段、绩效目标的确定阶段、沟通阶段、审定和确认阶段,见图 2-1。由于绩效标准与绩效目标的确定是绩效计

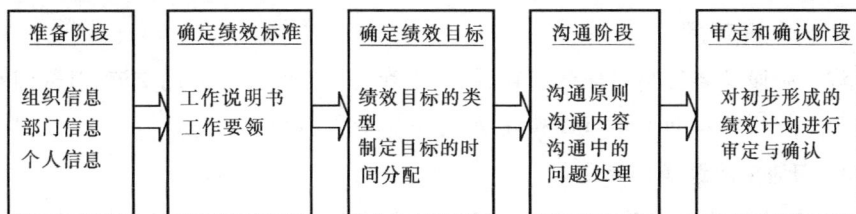

| 准备阶段 | 确定绩效标准 | 确定绩效目标 | 沟通阶段 | 审定和确认阶段 |
| --- | --- | --- | --- | --- |
| 组织信息<br>部门信息<br>个人信息 | 工作说明书<br>工作要领 | 绩效目标的类型<br>制定目标的时间分配 | 沟通原则<br>沟通内容<br>沟通中的问题处理 | 对初步形成的绩效计划进行审定与确认 |

图 2-1 绩效计划制定的基本步骤

划的核心,将在下面两节中详细介绍,本节只介绍准备阶段、沟通阶段、审定和确认阶段。

## 2.2.1 准备阶段

绩效计划是由包括组织高层管理者在内的委员会与部门主管共同协商、部门主管与员工共同协商而制定的,为了使协商取得预期的效果,事先必须准备好相应的信息。

### 1. 组织信息

为了使员工的绩效计划能够与组织的目标结合在一起,在进行绩效计划协商之前,主管和员工都需要重新回顾组织目标,保证在绩效计划协商之前双方都已经熟悉了组织目标。对于员工来说,了解关于组织发展战略和经营计划的信息是非常必要的,而且对组织信息了解越多,就越能在自己的工作目标中保持正确的方向。

### 2. 部门信息

每个部门的目标都是根据组织的整体目标逐渐分解而来的,不但经营性的指标可以分解到生产、销售等部门,而且对于业务支持性部门,其工作目标也与整个组织的经营目标紧密相连。

### 3. 个人信息

关于个人信息主要是指两方面的信息,一是工作说明书的信息,二是上一个绩效期的考核结果。岗位的工作说明书通常规定了岗位的主要工作职责,将工作职责做为出发点设定员工工作目标,可以保证个人的工作目标与职位的要求联系起来。员工在每个绩效计划期的工作目标通常是连续的或有关联的,因此在制定当期绩效计划时,有必要回顾上一个绩效期的工作目标和评价结果。而且,在上一个绩效期内存在的问题和有待进一步改进的方面也需要在本次的绩效计划中得到体现。

## 2.2.2 沟通阶段

沟通阶段是委员会与部门主管、部门主管与员工经过充分地交流,对部门和员工在绩效计划期内的工作目标和计划达成共识的过程。

### 1. 沟通中应遵循的原则

(1)平等沟通的原则。委员会与部门主管在沟通中是一种相对平等的关系,不应该在计划协调会议上委员会以组织或高层领导的意愿强加给部门主管,应充分听取他们的意见和建议,共同制定各个部门经过努力能够实现的绩效目标;部门主管和员工在沟通中也是一种相对平等的关系,他们共同为了部门的成功而做计划。

(2)听取被考核者意见的原则。在委员会与部门主管的沟通中,由于部门主管对部门和岗位的熟悉,多听取他们的意见,有利于绩效计划制定得更加客观;在部门主管与员工的沟通中,有理由承认员工是真正最了解自己所从事工作的人,员工是其所在工作领域的专家,因此在制定工作的衡量标准时应该更多地发挥员工的主动性,更多地听取员工的意见。

(3)指导与协调的原则。委员会对各部门主管的沟通,更多的是协调各部门绩效指标之间的关系,以确保整个组织内绩效计划的平衡,对部门主管提供必要的帮助;部门主管对员工的影响也主要是在如何使员工个人工作目标与整个业务单元乃至整个组织的目标结合,以及员工如何在组织内部与其他人员或其他业务单元中的人进行协调配合方面。

(4)共同决策的原则。委员会与部门主管共同作决策,部门主管也应该与员工一起作决定,不是代替员工作决定。被考核者所作决定的成分越多,绩效管理就越容易成功。

**2. 沟通的内容**

绩效标准、绩效目标和绩效权重的确定过程是一个双向沟通的过程,管理者和被管理者双方都负有责任。在这个过程中,管理者主要向被管理者解释和说明的是:

- 组织整体的目标是怎样的?
- 为了完成这样的整体目标,部门的目标是什么?
- 为了达到这样的目标,对被管理者的期望是什么?
- 被管理者的工作应该达到什么样的标准?完成工作的期限应该如何制定?

被管理者应该向管理者表达的是:

- 自己对工作目标和如何完成工作的认识。
- 自己对工作的疑惑和不理解之处。
- 自己对工作的计划和打算。
- 在完成工作中可能遇到的问题和需要的支持。

沟通的过程有多种形式,这里介绍的只是最普遍的一种过程。

(1)回顾有关信息。在进行绩效计划沟通时,管理者往往首先需要回顾已经准备好的各种信息,包括组织的经营计划信息、员工的工作描述和上一个绩效期间的评估结果等。

(2)确定绩效目标。在组织的经营目标基础上,各个部门和每个员工需要设定自己的工作目标。部门要根据部门的工作职责确定绩效目标,员工要针对自己的工作目标确定个人目标,并要注意这些目标的可衡量性,而且应该有完成时间限制的要求。

(3)讨论主管人员提供的帮助。在制定绩效计划过程中,委员会要了解部门在完成计划过程中可能遇到的问题和需要的资源支持,部门主管也需要了解员工在完成计划时可能遇到的困难和障碍,并对被考核者遇到的困难提供可能的帮助。

**3. 沟通中有关问题的处理**

在沟通中双方会因为绩效目标设置的高低而出现以下问题:

(1)如果认为员工的绩效目标设置得太低。

- 调查员工设置如此低的绩效目标的原因。
- 努力找出员工认为阻碍他们做出更好成绩或完成绩效的障碍。
- 与员工一起,通过各种方法去克服这些障碍。
- 如果有条件,为员工提供额外资源或更多援助以帮助他设置并实现更有挑战性的绩效目标。
- 在仔细思考障碍和克服障碍所需的资源之后,重新评估绩效目标是否真的太低。

(2)如果被考核者提出的绩效目标不符合实际。

- 要求他对行动计划进行更详细的解释。
- 寻找更多的信息去判断是否有些估计或对资源的要求过于乐观或脱离实际。
- 探察为什么员工认为他能实现行动计划。
- 寻找不符合实际的设想,如供给、设备、服务支持和人力资源(包括来自其他部门的合作人员)的有效性。
- 重新考虑绩效目标是否真的不符合实际,如果是这样,共同协商一个更符合实际的绩效目标,并要让员工知道你赞赏他完成更高的绩效目标的愿望,向员工解释设置一个有挑战性但符合实际的绩效目标的重要性。

(3)如果被考核者不同意某个绩效目标,但这一目标对实现组织目标有重要作用。

- 重新表述他对情况的认识,把目标与组织的目标清楚地联系起来。
- 表示理解,但说明你需要他接受绩效目标,目的是符合组织的需要。
- 记住你对绩效目标负有最终责任,你有权做最后的决定。

### 2.2.3　审定和确认阶段

部门主管和员工在经过了周密的准备并且进行了充分沟通之后,初步形成了

绩效计划,但仍然需要审定绩效计划工作是否成功地完成了。当绩效计划结束时,部门主管需要看到如下结果:

- 员工的工作目标与组织的整体目标紧密相连,并且员工清楚地知道自己的工作目标与组织的整体目标之间的关系。
- 员工的工作职责和描述已经按照现有的组织环境进行了修改,可以反映本绩效期内主要的工作内容。
- 部门主管和员工对主要工作任务及其重要程度、完成任务的标准、员工在完成任务过程中享有的权限都已经达成了共识。
- 部门主管和员工都十分清楚在完成工作目标的过程中可能遇到的困难和障碍,并且明确部门主管所能够提供的支持和帮助。
- 形成了一个经过双方协商讨论的协议,该协议中包括员工的工作目标,实现工作目标的主要工作结果,衡量工作结果的指标和标准,各项工作目标所占的权重,以及完成目标的时间要求,并且部门主管和员工双方要在该协议上签字。

## 2.3 绩效标准的确定

绩效标准是制定绩效计划的基础,因此在制定和修订绩效计划之前,必须确定各个岗位的绩效标准。绩效标准反映了组织对岗位工作的要求,只有在确定绩效标准的基础上,才能根据员工的具体情况有针对性地制定出详细的绩效目标和计划。

### 2.3.1 制定绩效标准的一般步骤

绩效标准与员工的各个岗位职责密切相关,如果组织没有建立完善的工作说明书,制定绩效标准的过程就必须从最基础的工作分析开始。

(1)收集与工作有关的背景信息,确定岗位工作说明书。如收集组织机构图、工作流程图等信息。组织机构图显示了当前工作与组织中其他工作的关系,以及岗位在整个组织中的位置;工作流程图则提供了与工作有关的更为详细的信息,将组织机构图中各个部门的职责进行分解,根据工作流程图找出部门人员为了实现部门职责应完成的各种工作任务。在这个过程中,人们往往首先根据现有的情况进行汇总和归纳,之后再进行必要的调整。

(2)确定工作规范。工作规范即每个岗位所需要的知识、技能、经验、资格(文凭、资格证书)等,全面反映该岗位对员工的品质、特点以及工作背景或经历等方面的要求,尽可能写得具体,并划分出相应的等级。

（3）组织根据工作说明书与工作规范确定岗位的工作量、主要工作事项，并根据每位员工的工作内容，确定相应的绩效标准。

（4）主管与员工就所确定的职务标准进行沟通和磋商，并对绩效标准进行修正，最终达成共识。

### 2.3.2　确定绩效计划标准的方法

确定绩效标准的方法很多，早在 20 世纪初期，学者们就开始对工作方法进行研究，人们通过程序分析、操作分析和动作分析，确定各个岗位的工作标准。现代人力资源管理中的工作分析，将岗位的工作内容分解成为较小的任务，使我们能够更容易地对工作进行评价和管理。根据岗位的工作说明书来制定工作标准，成为较常用和简便的一种方法。

#### 1. 根据工作说明书确定岗位工作要项

在工作说明书中，岗位工作中所包含的重要工作职责被逐条陈述，这种陈述被称为工作要项。工作要项是确定岗位标准的准备，是针对岗位工作而言的。确定岗位标准的首要步骤就是确定每个岗位的工作要项，工作说明书中工作的内容与职责是制定工作要项的基础。工作要项的数量无一定规则，下面是依据工作说明书，提取工作要项的具体实例。见表 2-3、表 2-4、表 2-5、表 2-6。

**表 2-3　工作要项提取实例一**

| 职位名称：出纳 |
| --- |
| 工作说明书中列明的工作职责：<br>　　1. 办理现金收付和银行结算业务<br>　　2. 审核有关原始凭证，据以收付各种款项<br>　　3. 办理外汇出纳业务<br>　　4. 编制及打印现金和银行存款余额日报单，核对库存<br>　　5. 核对银行账目，编制银行存款余额调节表<br>　　6. 掌握货币资金余额，及时提供有关数据<br>　　7. 保管库存现金及各种有价证券<br>　　8. 保管有关印章、空白收据和空白支票 |
| 工作要项：<br>　　1. 结算；2. 审核凭证；3. 出纳；4. 对账；5. 保管 |

表 2 - 4　工作要项提取实例二

| 职位名称:法律事务管理 |
| --- |
| 工作说明书中列明的工作职责: |
| 　　1. 负责处理公司内外各项法律事务,处理公司内外法人授权事宜<br>　　2. 审查公司对外各种合同、协议,提出修改意见<br>　　3. 参与重大经济合同的谈判与签约工作<br>　　4. 负责公司法人授权委托书、公司合同印章和用印管理<br>　　5. 建立合同统计台账,负责合同文本管理和归档,监督、检查、指导基层单位合同管理<br>　　6. 办理公司及其下属单位的工商营业执照、企业代码证的注册登记、年检及相应的法律文书等事宜<br>　　7. 指导公司各单位的普法工作,建立健全法律事务档案 |
| 工作要项:<br>　　1. 处理法律事务;2. 审查管理合同;3. 参与谈判;4. 办理营业执照;5. 普法 |

表 2 - 5　工作要项提取实例三

| 职位名称:电信土建计划管理 |
| --- |
| 工作说明书中列明的工作职责: |
| 　　1. 根据公司规划和基本建设计划,确定建设项目<br>　　2. 根据现有机房规模、设备容量及线路资源情况,完成机房建设的选址<br>　　3. 确定机房的建设方案,包括建筑面积、结构类型、建筑形式等<br>　　4. 确定建筑的投资规模和需要采用的主要安装设备,提出较准确的投资估算<br>　　5. 负责土建项目的前期审核,将计划上报主管领导及部门<br>　　6. 监管土建项目的实施情况 |
| 工作要项:<br>　　1. 项目选址;2. 建设方案;3. 确定投资规模;4. 前期审核;5. 土建监管 |

**表 2 - 6　　工作要项提取实例四**

| |
|---|
| 职位名称:行业客户经理 |
| 工作说明书中列明的工作职责:<br>　　1. 发掘客户各种潜在业务需求,提出相应的方案和建议<br>　　2. 制定行业产品组合方案,并提出定价意见<br>　　3. 收集、整理、分析其他运营商的营销服务策略与相关市场信息<br>　　4. 制定行业营销计划及方案,并组织实施<br>　　5. 负责行业客户的业务收账<br>　　6. 制定并监督重点行业客户的营销预案<br>　　7. 建立和提升行业内客户关系 |
| 工作要项:<br>　　1. 挖掘客户需求;2. 制定产品方案;3. 收集市场信息;4. 制定营销计划;5. 建立客户关系 |

### 2. 将工作要项转化为绩效标准

　　绩效标准是在管理者和员工双方沟通协调取得认同的基础上制定出来的。让员工参与制定他们的绩效标准不仅有利于避免双方在评价中产生分歧,而且可以通过员工参与来激励他们达到甚至超过标准。表 2 - 7 是根据表 2 - 3 中的工作要项,通过管理者与员工共同协商制定的绩效标准。

**表 2 - 7　　绩效标准确定实例**

| 工作要项 | 绩效标准 |
|---|---|
| 结算 | 1. 每月两次办理银行结算业务,不得有差错<br>2. 能够按要求完成,不拖期 |
| 审核凭证 | 1. 审核每单原始凭证,不得有遗漏<br>2. 对不符合规范的凭证,要求及时修改<br>3. 定期将原始凭证整理、归类 |
| 出纳 | 保证现金满足日常经营使用需要 |
| 对账 | 核对银行账目,编制银行存款余额调节表 |
| 保管 | 1. 保管库存现金及各种有价证券,使其安全有保障<br>2. 保管有关印章、空白收据和空白支票,严格按规定使用 |

如果某项工作只有一个人在做,那么管理者与该员工共同制定绩效标准;如果该工作不止一个人做,则这些员工中起码应有相当人数的代表参与到制定绩效标准的工作中。当管理者和员工的意见出现分歧时,管理者必须作出最后决定。

### 2.3.3  制定工作标准应注意的事项

(1)绩效标准是基于工作本身而非工作的人制定的。组织在制定绩效标准时应根据对该职务固有的职责来制定,依据工作本身的要求,而不管是谁在做这项工作。例如,在通常情况下,做相同或类似工作的一群人,他们的绩效标准只应有一套。

(2)绩效标准体现的是工作执行情况平均的绩效水平。标准是一般员工可以达成的,员工有更多的机会超过标准,从而获得他人与自我的认同。一般不主张制定过高的绩效标准,使员工在工作中面对不必要的心理压力。

(3)绩效标准应为众人所知,并且是十分明确的。绩效标准应清楚明了,能够让管理者和员工明确其含义。这样,员工能够明确自己的努力方向,在绩效评价中由于评价双方对绩效标准的理解一致,也能够减少不必要的冲突和矛盾。

(4)绩效标准应尽可能地经过管理者和员工双方的沟通协调并取得认同后再制定出来。因为绩效标准是管理者进行员工绩效评价时所使用的评价标准,在标准不能得到认同的情况下,任何评价活动都可能引发双方之间的争执与矛盾。

(5)绩效标准是可变的。变动的原因是因为新方法或新设备的引进,或因为其工作要项发生了变化。需要指出的是,在正常的情况下,绩效标准不应该仅仅因为员工无法达成或超过而轻易改变。

(6)将绩效标准以书面的形式表现出来。管理者与员工个人在对绩效标准取得认同之后都应得到一份写好的绩效标准,用以随时提醒管理者跟踪任务的完成情况,对于员工而言,能够经常用绩效标准对照自己的工作,形成良好的自我反馈过程。

## 2.4  绩效目标的确定

### 阅读资料 2-4

工作说明书通常并不足以说明员工如何去做自己的工作。这是因为大多数工作说明书并不是为某一特定工作而编写的,其适用对象往往是某一工作群(前面已经提到)。比如,一家企业中的所有销售经理可能都有一份同样的工作说明书,尽管作为这样的销售经理人员的老板,你希望他们每个人去做的事情可能并不完全一样。如工作说明书上所列举的职责也许有"监督销售队伍"和"对本部门产品的各个推销阶段负有责任",但实际上希望销售经理去做的却可能是:每个人通过经营本部门的两个最大账户每年至少完成价值为 60 万美元的销售额;保持一支心情舒畅的销售员队伍;使客户不会来投诉。

　　为了使这些销售经理能按照你所希望的方式去工作,最好是为你所期望的所有活动都确定一个可衡量的绩效目标。"个人销售"活动可以由个人独立完成的总销售额来衡量。"保持一支心情舒畅的销售员队伍"则可以通过销售人员流动率来进行衡量(假设在某一年士气很高的话,其人员流动率会低于 10%)。而"使客户不会来投诉"则可以用"每年接到顾客向高层管理人员的投诉不超过 10 人次"来衡量。

绩效目标的确立是提供一种翻译工具或语言,它以宽泛的、直接的意图为起点,然后向可能实现这些意图的具体的步骤或任务迈进。当目标相对简单并且只涉及一个人时,把宽泛意图转换成以特定方式表达出来的目标或责任是很简单的。然而,在组织实际情境中,工作和任务要复杂得多,而且会涉及到很多人。这种宽泛的、直接的意图就是 2.3 节中介绍的绩效标准。例如,一个组织希望在将来 12个月内把销售量提高 5%,它只表述一个宽泛意图,为了尽一切可能实现这一点,就需要确立一些目标,用来把这个意图转换成个人或多人的共同努力来推动组织实现这个总目标。

把意图转换成为特定的目标仅仅是工作的开始。如果不采取其他步骤,目标本身的激励作用就非常有限。现在的任务是把这些步骤一个接一个地展开,通过做这些工作,激励每个人完成任务(见图 2-2)。

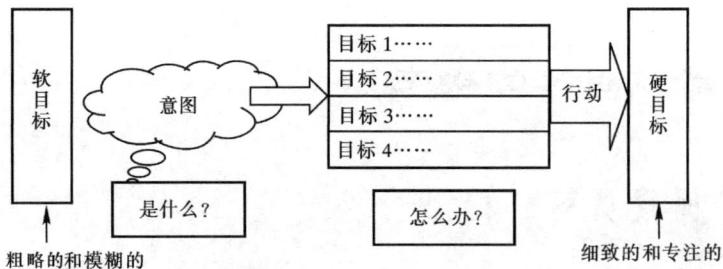

图 2-2　目标建立的过程

组织中一定时期的目标(objectives)或各项具体目标(goals),是指活动所针对的最终目标。虽然组织的目标是最基本的目标,但每个部门也可以有它自己的目标。部门目标自然有助于达到企业的目标,但这两套目标可能是完全不同的。例如,一家企业的目标可能是通过生产一类既定的家用娱乐设备而获得一定的利润;而制造部门的目标也许是要按既定的成本,以及按既定的设计和质量,生产所需数量的电视机,这些目标是一致的。但是,由于制造部门不能单独确保公司的目标,所以这些目标有时是不相同的。

## 2.4.1　绩效目标的类型

### 1. 为员工选择最合适的目标类型

绩效目标的类型很多,在制定绩效目标的过程中,应考虑什么类型的绩效目标对于员工的特定工作是最合适的。

（1）短期目标。短期目标能在绩效周期内完成,通常是在几个星期或几个月内完成的目标。

（2）长期目标。长期目标可能要在整个绩效周期或更长的时间内完成(可能要分成 2～3 个目标,或分散于多个关键阶段中)。

（3）常规或维持目标。常规或维持目标维持目前可接受的绩效水平,或使工作保持在最低标准。

（4）问题解决目标。确立问题解决目标的目的是提高已经降到可接受水平以下的绩效。

（5）创新目标。创立创新目标的目的是刺激创造力、新思维或采取新方法。

（6）个人发展目标。个人发展目标强化员工的发展和员工的长期绩效结果。

### 2. 投入目标与产出目标的不同效果

在确立员工绩效目标的过程中,投入目标与产出目标对于绩效计划的执行效果是不同的,如表 2-8 中所列的目标。

表 2-8　投入目标与产出目标举例

| 投入目标 | 产出目标 |
| --- | --- |
| 部门工时增加 10% | 在将来 12 月内使收入增加 5% |
| 设计一个新程序 | 每月至少实现 5 个客户的建议 |
| 雇佣一个顾问来指导一项研究 | 在 6 个月内使支出减少 10% |
| 今年重视员工道德问题 | 明年在欧洲建立另一个零售业务 |
| 执行产品的调查研究 | 使员工生产率提高 15% |

如果在确立绩效目标的时候关注投入目标,可能占用很多时间,而结果可能是没有价值的。但是产出目标,不管投入是小还是大,却是清晰的。因此,组织在选择目标时应更多地关注产出目标。

### 2.4.2　建立目标的层次体系

#### 1. 不同层次管理者建立目标的类型

在组织的层次体系中,不同层次的管理人员参与不同类型目标的建立。

(1)董事会和最高层管理人员建立目标的类型。一般情况下董事会和最高层管理人员更多地参与确定组织的宗旨、任务、总体目标,以及关键成果领域中更多的具体的总目标。

(2)中层管理人员建立目标的类型。中层管理人员如副总经理或营销经理或生产经理,主要是建立关键成果领域的目标,分公司的和部门的目标。

(3)基层管理人员建立目标的类型。基层管理人员主要关心的是部门和单位的目标以及下属人员目标的制定。

虽然目标层次体系的最低层是包括业绩和个人发展目标在内的个人目标,但对于较高层次的管理人员,也应设立自己的业绩和个人发展的目标。

一个组织应该用自上而下还是自下而上的方法来建立目标,尚有争议。自上而下的方法是上级管理人员为下属人员确定目标;自下而上的方法,则是下级人员先确立他们岗位上的目标,然后呈报上级。主张自上而下方法的提议者指出:整个组织需要通过总经理(与董事会协力)提出公司目标,指明方向。而主张自下而上方法的人则认为,最高层管理人员必须要从下一层次取得信息才能建立目标。再者,下层人员对他们自己制定的目标可能具有高度的激励而愿承担为实现目标做出努力。许多专家认为自下而上的方法还不够完善,但二者之中的任何单一方法也都不够好,因此把二者结合起来是必要的,但侧重在哪一种方法则要视情况而定,如组织规模、组织文化、管理人员的领导方式和计划的紧迫性等。

#### 2. 主管人员如何帮助员工制定绩效目标

部门主管帮助员工制定绩效目标的作用是极其重要的。部门主管应该问的问题有:

- 你能做出什么贡献?
- 我们怎样来改进你的工作,同时也有助于改进我的工作?
- 是什么阻碍你取得高水平的业绩?
- 我们能怎样帮助你?

这样做可以使许多阻碍业绩的问题得到解决,而且可以从员工的经验和知识中吸收到许多建设性的意见。

　　同时,员工制定绩效目标的时候,并不意味着想干什么就干什么,主管必须听取他们的想法并同他们一起工作。但是最后他们必须对批准员工的绩效目标承担责任。主管的判断和最后批准必须依据实现绩效目标是否有合理程度的“紧张”和“费力”,是否同上一层次的绩效目标充分配合,是否同其他部门的目标协调一致,并且是否同本部门、本公司的长期目标以及利益协调一致。

## 2.4.3　绩效目标的书写

　　目标应该是可考核的,表2-9列举了一些将不可考核的目标转化为可考核目标的例子。

表2-9　可考核与不可考核的目标举例

| 不可考核的目标 | 可考核的目标 |
| --- | --- |
| 1. 取得合理的利润 | 1. 在本会计年度终了实现投资收益12% |
| 2. 加强信息沟通 | 2. 自1988年7月1日开始发行两页新闻月刊,包括不多于40个小时的准备时间 |
| 3. 提高生产部门的生产率 | 3. 到1988年12月31日,增加产品的产出量5%,不增加成本,并保持现有质量水平 |
| 4. 培养更好的管理人员 | 4. 设计并开办一个“管理学基础”班,室内课程40小时,在1988年10月1日前完成包括不多于200个小时的管理开发人员配备,至少有90%的管理人员通过考试 |
| 5. 安装一个计算机系统 | 5. 在1988年12月31日前,生产部门安装一个计算机控制系统,要求不多于500个工作小时的系统分析,在投入运行的最初三个月间,停机时间不超过10% |

　　——资料来源:哈罗德·孔茨,海因茨·韦里克. 管理学[M].10 版. 北京:经济科学出版社,1998.

　　在书写绩效目标时,应做到以下几点:

　　(1)绩效目标应该是明确的。绩效目标应该用容易理解的语言准确地描述要实现的成就——完成什么,什么时候,怎样完成。

　　(2)绩效目标的数量是有限的。既然绩效目标是对工作描述的补充,它们应该被控制在一定数量以内(3～5个),并且只对主要工作任务或要执行的项目书写绩效目标。把注意力集中在有限的几个目标上,把焦点放在解决问题的行动和革新上,可以使个人有更大的发展,使生产力有更大的提高。

(3)绩效目标应该富有挑战性。好的绩效目标预示着显著的成果,它们表示着在过去绩效基础上的进步,所以需要有一定的难度。

(4)绩效目标应该是现实的。尽管有意义的绩效目标需要一定难度,而且应该用提高的方式表达,但是它们仍应该具有实现的可能性。如果目标定得过高,完成目标的期望值降低,有可能挫伤积极性,激励反而下降,不利于目标的完成。

(5)绩效目标应该具有连贯性。绩效目标应该有目标日期或完成日期,不应该仅仅指向"未来"。尽管绩效考核每年进行一次,但绩效目标可以设定短于1年。

(6)绩效目标应该具有灵活性。为了适应业务条件或其他不可预见的环境变化,绩效目标应该有一定的灵活性。一些目标可以放弃或修改,另一些可以增补,时间进度表也可能需要变动。尽管目标是对行动的承诺,但不应过于严格或僵硬。

(7)绩效目标应该是可衡量的。绩效目标应该是可以根据数量或质量的标准进行衡量和证实的。员工和监督者在结果水平和这些结果将被怎样衡量上达成一致是非常重要的。书写绩效目标时,就应该对这些衡量标准达成共识。表 2-10 提供了一些绩效目标范例。

表 2-10　绩效目标范例

| 结果承诺 | 目　　标 |
|---|---|
| 1. 在组织中提高质量 | a) 在……之前<br>b) 浪费的工作量(或返工的工作量)不超过 X% |
| 2. 降低 XYZ 部门的维修成本 | a) 定义一个预防性维修程序(在某日期之前)<br>b) 减少 X% 的维修超时(在某日期之前)<br>c) 降低 Y% 的成本(日期) |
| 3. 在保持传输和运送效率的同时提高内部邮件服务的经济性 | a) 成本减少 X%(在某日期之前)<br>b) 减少用户抱怨 |
| 4. 安装一种可以为客户、组织及服务功能提供连续分析的,改进的会计系统 | a) 截止日期<br>b) 为制定正确决策及时提供有效的准确信息 |
| 5. 缩短保险声明的平均回收期 | a) 截止日期<br>b) 15～20 个月 |

| 结果承诺 | 目　标 |
|---|---|
| 6. 制作计算机评估程序 | a) 截止日期<br>b) 对历史成本设计的正确性保持在 X% 的范围内 |
| 7. 雇佣 4 名销售代表 | a) 截止日期<br>b) 与特定要求一致 |
| 8. 完成 XYZ 项目 | a) 截止日期<br>b) 在预算范围之内完成,并与已建立的质量、安全和操作标准相一致 |
| 9. 改善安全记录 | a) 按照 OSHA 的定义,减少 X% 的可记录事件(在某日期前)<br>b) 按照 OSHA 标准降低 Y% 工作日事件发生频率(在某日期前)<br>c) 减少 Z% 的资产流失 |
| 10. 把新产品的程序从"探险"阶段转到"开拓市场"阶段签约 | a) 在某日之前签订新的合同<br>b) 在某日之前至少与两个新的客户签订新的合同<br>c) 证实每年至少有 X 的潜在销售量 |

——资料来源:乔恩·沃纳. 双面神绩效管理系统[M]. 徐联仓,等,译. 北京:电子工业出版社,2005.

### 2.4.4　管理者确立绩效目标应注意的问题

**1. 明确应该做与不应该做的事项**

管理者在确立绩效目标时应该做与不应该做的事项列于表 2-11 中。

**2. 明确绩效目标设置中的时间分配**

管理者在制定绩效计划过程中,各个阶段所花的时间和付出的努力呈现金字塔形状(图 2-2)和倒金字塔形状(图 2-3),而理想的情况应该是倒金字塔形状。这并不意味着管理者不要花很多的时间在行动和对进展的跟踪上。在这里只是建议,管理者在准备阶段目标准备得越好、越清晰,对目标的资源和交流思考越多,实现目标就越容易。

**表 2 - 11　　管理者确立绩效目标清单**

| 应该做的 | 不应该做的 |
|---|---|
| • 把个人目标与部门和组织目标相联<br>• 共同设置目标并让被考核者知道<br>• 如果环境变化,绩效目标也能进行修改<br>• 收集信息以至可以设置与发展水平相适合的目标<br>• 设置特定的、可测量、有挑战性的且符合实际的目标<br>• 设置可控数目的目标,讨论每个目标的重要性和优先顺序<br>• 讨论为实现绩效目标个体所需的能力<br>• 要求个人提出实现复杂绩效目标的行动计划<br>• 设置考察目标进展情况的检查点<br>• 对完成目标的标准达成共识<br>• 设置能提高未来绩效的目标<br>• 设置目标时考虑到发展的需要<br>• 赢得员工对每一个绩效目标和能力的理解和接受 | • 设置目标只顾岗位要项,忽略整体情况<br>• 不经讨论就将绩效目标提交给员工<br>• 设置太难或太容易的目标<br>• 设置太多或不重要的目标<br>• 没有讨论个人计划如何完成目标就设置太复杂的绩效目标<br>• 忽略完成目标的方法<br>• 假设被考核者能明白管理者的意图或知道什么对组织更重要<br>• 设置目标时对被考核人过去的绩效太苛刻<br>• 接受不能导致持续发展的目标,或不能实现却要由员工负责的绩效目标 |

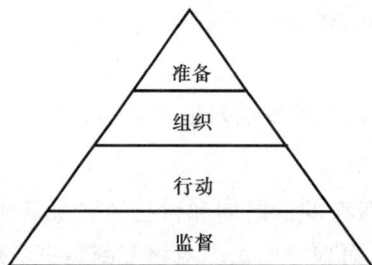

图 2-2　金字塔形

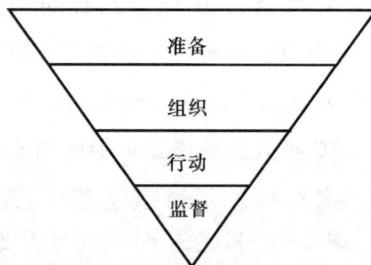

图 2-3　倒金字塔形

**本章思考题**

1. 为什么要制定绩效计划？你认为绩效计划包含哪些内容？
2. 简述绩效计划中绩效标准与绩效目标的区别和联系。
3. 简述制定绩效计划的程序。
4. 绩效目标设置中的时间分配有何特点？对倒金字塔形状你有何看法？
5. 列出你所在单位或实习单位的总体目标，分厂总体目标以及各个部门的总体目标，并指出这些目标如何交织在一起组成一个网络。

# 案例分析

## 拟订可考核的目标

一位分公司经理最近听了关于目标管理的讲座，这场讲座当时就激发了他的热情，更加增强了他关于目标管理的思想。最后他决定，在下一次员工会议上介绍这个概念并且看看能有什么进展。

员工会议上，他细述了这种方法的理论发展情况，列举了在这个分公司使用它的好处，并且要求下属人员考虑采纳他的建议。

然而事情并不像他所想象的那样简单。在下一次会议上，参会者提出了好几个问题。财务主任要求知道："你是否有由总裁分派给你的明年分公司的目标？"

分公司经理回答说："不，我没有。我一直在等着总裁告诉我，他期望我做些什么。但是他们装得好像与此事毫不相干一样。"

"那么分公司要做什么呢？"生产主任问道，他不希望限制下属人员的活动。

"我打算列出我对分公司的期望"，这位分公司经理说，"这没有什么神秘的，我希望销售额达 3000 万美元，税前利润率达到 8％，投资收益率为 15％，一项正在进行的项目 6 月 30 日前投产，我以后还会列出一些明确的指标，选拔我们自己未来的管理人员，今年年底前完成我们的 XZ 型的开发工作，以及雇员的流动率稳定在 5％。"

与会人员对他们的上级经过考虑提出的这些可考核目标，以及如此明确地和自信地来陈述这些目标有点目瞪口呆。他们为他要求实现这些目标的诚意也感到惊奇。

　　"下个月,我要求你们每个人把这些目标转换成你们自己职能的可考核目标。不用说,这些目标对财务、营销、生产、工程和经营将是不同的。不管你们如何把这些目标表示出来,我希望它们加起来,就实现了分公司的目标。"

　　——资料来源:双面神——绩效管理系统[M].北京:电子工业出版社,2005.

**案例讨论**

　　1. 当他们没有得到公司总裁指派的目标时,分公司经理能够拟订可考核的目标或目的吗? 怎样制定? 你认为对于分公司经理来说,上级领导给予的重要信息和帮助是什么?

　　2. 这位分公司经理设置目标是不是最佳方法? 换作是你,你会怎样做?

# 第 *3* 章

# 绩效实施与管理

绩效管理的效果不仅取决于绩效管理系统本身的科学性与可靠性，还取决于管理者与员工对绩效管理的态度，以及对绩效管理的操作技能的掌握情况。绩效管理培训可以使员工和管理者对绩效管理有一个正确认识，并掌握绩效管理技巧，是保证绩效管理有效实施的前提。

在绩效管理的过程中，绩效计划、绩效考核和绩效反馈都是可以在规定的时间内完成的，而耗时最长的中间环节是绩效实施与管理，它贯穿于整个绩效周期。绩效实施与管理不但是绩效管理各环节中耗时最长的活动，而且绩效计划能否落实和完成要依赖于绩效实施与管理，绩效考核的依据也是来自于绩效实施与管理的过程中，所以绩效实施与管理是一个重要的中间过程，这个过程做得怎样将直接影响着绩效管理的成败。绩效实施与管理包括两方面内容：一方面是持续绩效沟通，另一方面是绩效信息收集与分析。

## 重点问题

⇨ 绩效管理培训的目的
⇨ 绩效管理培训的主要内容
⇨ 绩效管理培训计划的制定
⇨ 绩效实施与过程管理的主要内容
⇨ 持续绩效沟通各种方式的特点
⇨ 主管如何进行持续绩效沟通
⇨ 绩效信息收集与分析的内容和渠道
⇨ 如何做好绩效信息收集与分析工作

# 3.1 绩效管理培训

## 3.1.1 绩效管理培训的目的

**阅读资料** 3-1

### 华泰公司部门主管错误的绩效观

华泰公司去年新制定了一套绩效管理体系。该绩效管理体系从绩效管理框架的搭建,绩效考核指标的确定,绩效考核流程的制定,绩效考核结果的运用,绩效考核体系优化等方面为华泰公司的发展提供了解决方案。

华泰公司从今年年初按照各种流程确定绩效考核的指标,并在今年年终进行了全员的绩效考核。但是,绩效考核结果并没有预期的那么理想:绩效考核结果不能恰当地反映员工的工作成绩;员工工作态度、工作能力的信息呈现出集中的趋势;每个部门根据员工考核结果制定的培训计划也非常雷同;唯一能作为薪酬调整的依据就是客观的业绩。

得到这样的绩效考核结果,华泰公司的总经理很不满意。通过人力资源部的调查发现,绩效管理结果不理想,主要来源于各部门主管对绩效考核的不重视。华泰公司的部门经理普遍认为绩效考核是人力资源部的事情,进行绩效考核增加了自己的工作量,影响了自己的日常工作,而且和下属对考核结果进行沟通感觉很别扭。

组织为什么要投入大量人力、物力对主管人员和员工进行绩效管理培训?其目的主要有两个方面:

**1. 增进员工和主管人员对绩效管理的了解和理解,消除各种误解和抵触情绪**

员工和主管人员对于绩效管理往往都会有一定的认识上的偏差,如果不消除这些偏差,将会给绩效管理的实施带来很大隐患。当实施了绩效管理之后再做纠正,会带来很大消极影响。

员工对绩效管理可能会有各种各样的想法:

· 有的员工认为绩效管理是形式主义,走过场,抱着无所谓或反感的态度。

· 有的员工对任何正式的评价都会很敏感,认为是在找自己的缺点,内心会感觉自己的品格和能力受到质疑。
- 有的员工希望绩效管理公正、公平和公开。
- 有的员工对上司缺乏信任感，害怕自己受到不公正和不公平的评价，内心有抵触情绪。
- 有的员工非常想了解上司的评价，想知道上司对他们的特别要求，希望了解上司的期望和发展设想。
- 有的员工可能会因此产生升职和加薪的期望。
- 有的员工把绩效管理本身作为衡量上司管理能力的指标，想看看上司的水平到底怎样。

主管人员对绩效管理也有各种各样的想法：
- 有的认为自己只不过是走个过场，关键的责任还是在人力资源部门。
- 有的认为绩效管理是利用自己权力的机会，可以整一些人，也可以拉拢一些人。
- 有的想借此机会树立自己的权威。
- 有的担心给某些员工打不好的分数会影响相互之间的关系。
- 有的想借此机会在部门内部树立一些榜样。
- 有的担心下属给自己打不好的分数。
- 有的想借此激励先进，鞭策后进。
- 有的想借此机会与某些员工好好交流沟通。

主管人员和员工对绩效管理有这么多不同的看法，有些是对的，有些是错的，有些是好的，有些是不好的。绩效管理培训可以增加员工和主管人员对绩效管理的了解和理解，消除各种误解和抵触情绪；否则，将严重影响绩效管理实施的效果。

**2. 掌握绩效管理的操作技能，保证绩效管理的有效性**

绩效管理有许多操作技能，例如，如何设定绩效指标和标准，如何评分，如何进行绩效沟通等。如果实施绩效管理的人不能掌握这些技能，就很难保证他们正确地运用绩效管理这个管理工具，绩效管理的目的就无法达到。这些技能当中，有些是需要主管人员掌握的，有些是主管人员和员工都应该掌握的。

### 3.1.2　绩效管理培训的内容

绩效管理培训通常由人力资源部负责，主管人员和员工共同参与来完成。一般来说，绩效管理培训包括广泛层面的理念、制度等的培训和具体操作层面的培训。

**1. 绩效管理广泛层面的培训**

（1）对全体员工渗透绩效管理理念的培训。绩效管理系统的运行效果如何，除了与系统本身有关外,更重要的还在于实施的过程和执行的力度。许多管理者和员工认为绩效管理就是在月末、季末或年末,针对过去的表现和业绩进行的管理行为,而实际上通过绩效管理,对被管理者的能力提升和职业生涯规划会起到更有效的推动,并进一步促进管理规范和改进组织绩效。这是实施绩效管理系统的真正目的和意义所在。所以管理者和员工不应把实施绩效管理系统看做一种负担,而应当看做一种先进的管理方式。

因此,要对员工进行培训和渗透绩效管理的理念,使管理者和员工双方认识到:①实施绩效管理唯一的目的是提供一条管理者与员工之间真诚合作的途径,帮助员工和组织改进绩效,更为及时有效地解决问题,并非为了批评和指责员工;②通过培训和渗透使组织所有成员明白虽然绩效管理表面上关注的是绩效低下的问题,却旨在成功与进步;③绩效管理虽然平时需要投入大量的沟通时间,但它却能使组织防患于未然,最终将给组织带来长远效益。

(2)对全体员工绩效管理制度的培训。通过系统教育和培训,使员工明确以下问题:组织为什么推行绩效管理制度?组织如何进行绩效管理?绩效管理采用的技术和方法是什么?绩效管理能帮助组织、部门和个人达到什么样的目标,能提出什么样的改进计划?只有当员工明确这些问题,才会予以广泛的支持。

(3)对主管操作方法与沟通技巧的培训。通过教育培训,澄清主管对绩效管理的错误及模糊认识:绩效管理不是为了制造员工之间的差距,而是实事求是地发现员工工作的长处和短处,从而扬长避短,使员工绩效得以改进提高。通过教育培训,使他们真正掌握绩效管理的操作方法和沟通技巧,让他们在组织绩效管理中发挥牵引力的作用,这样才能保证绩效管理的顺利进行。

**2. 绩效管理操作技能层面的培训**

(1)绩效标准的培训。绩效标准培训指的是通过培训向考核者和被考核者提供考核时的比较标准或者是参考的框架。考核者如何理解绩效标准将在很大程度上影响他们对每个被考核者的考核结果,被考核者如何理解绩效标准将对其绩效完成影响很大。进行绩效标准培训是实现绩效管理程序公平的前提条件。

(2)绩效信息收集方法的培训。为了使考核的结果更有说服力,为了给考核之后的绩效反馈提供充分的信息,考核者必须在绩效实施期间充分收集各类与员工的绩效表现相关的信息。这方面培训一般以讲座的形式进行,另外还可以通过生动的录像来进行现场的演示或练习。需要注意的是,收集绩效信息不仅要依靠上级的观察,更重要的是要通过员工自发的口头汇报或书面的工作进展报告来收集。事实上,由于不同岗位的工作性质不同,能够获取有关工作绩效信息的渠道各不相同。这方面培训应根据被考核者的不同情况有针对性地进行。

(3)绩效考核指标培训。绩效考核指标培训指的是通过培训考核者和被考核者,让他们熟悉在考核过程中将使用的各个绩效指标,了解它们的真正含义。绩效考核体系中所使用的各个绩效指标,只有在双方正确理解的基础上,才能将绩效考核体系所要表达的信息传达给员工。另外,针对员工的绩效考核指标往往是由人力资源部门在与管理者进行充分沟通的基础上确定的。

(4)绩效考核方法培训。绩效考核中可能采用的具体方法是多种多样的,每种方法都有其优点和缺陷。绩效考核方法的培训应该通过考核者培训使考核者充分掌握在实际进行考核时需要采用的各种操作方法,填写表格的注意事项等,以充分发挥该考核方法所具有的优势,并使考核者对考核方法产生认同和信任感。这种认同将有助于绩效考核结果得到管理者乃至所有被考核者的认同。

(5)考核者误差培训。绩效考核中发生不准确的问题最常见的解释就是考核者的主观错误。因此,考核者培训中的一项重要内容,就是通过培训告诉考核者在考核过程中可能会产生的考核误差都有哪些,以及如何减少这些误差的发生。

(6)绩效反馈培训。绩效反馈是考核者与被考核者之间的沟通过程。通过这一过程,考核者将绩效信息反馈给员工,从而帮助他们改进自己的绩效。绩效反馈并不是一个简单的谈话,考核者应该通过这样一个沟通的过程帮助被考核者更好地认识自身在工作中存在的问题。通过考核者培训,管理者应该能够掌握绩效反馈中应当运用的各种技巧。

应该注意的是,绩效培训的主要内容要根据不同组织的情况而确定,并没有统一的模式,每一次的培训内容可以针对不同的问题来进行计划和安排。

### 3.1.3 绩效管理培训计划

绩效管理培训之前,人力资源管理部门应制定完善的绩效管理培训计划。我们用一个实例来说明绩效管理培训计划整个过程。该实例将整个绩效培训分为 8 个单元,每个单元的主题、内容、形式、时间等各个方面都是不同的,表 3 - 1、表 3 - 2、表 3 - 3、表 3 - 4 详细地阐述了这 8 个单元的课程设置。

表 3 - 1　绩效管理培训单元 1 和单元 2

| 课程设置项目 | 单元 1 | 单元 2 |
|---|---|---|
| 课程主题 | 绩效管理介绍 | 绩效考核中考核者的责任 |
| 培训目标 | 使受训者了解绩效管理的目的和操作方法,获得员工对绩效管理的接纳 | 使考核者了解和理解考核者对绩效管理操作过程的影响,以便更好地实施绩效管理 |

| 课程设置项目 | 单元 1 | 单元 2 |
|---|---|---|
| 行为性目标 | 1.了解组织关于绩效管理的政策和程序<br>2.了解自己在绩效管理中的角色<br>3.了解考核者和被考核者在绩效管理中的互动关系<br>4.列出绩效考核信息的用途<br>5.了解进行有效绩效管理应注意的事项 | 1.讨论正确进行工作描述和较好的定义绩效标准的重要性<br>2.识别考核者的错误和偏差<br>3.掌握如何减少考核误差的方法 |
| 授 课 者 | 咨询顾问、专业培训师等 | 咨询顾问、专业培训师等 |
| 授课时间 | 1～2 小时 | 8～14 小时 |
| 授课形式 | 讲授与问答 | 讲授、角色扮演、案例分析、团队互动 |
| 受 训 者 | 参加绩效管理的所有员工 | 参加绩效管理的考核者和审核者(主要是主管人员) |
| 受训者准备 | 阅读《员工绩效管理手册》 | 预习资料"绩效评价中常见误差" |
| 辅 助 材 料 | 影视设备、投影仪 | 影视设备、投影仪、案例 |
| 课程内容介绍 | 1.这是大多数绩效管理的培训课程都有的开始性课程。对任何绩效管理课程来说,比较符合逻辑的开端都是向员工解释组织为什么要使用绩效管理系统、它的目的是什么、有什么用途、以及组织现在要使用的是一套怎样的绩效管理系统等<br>2.课程概要性地讲解关于绩效管理整个过程的知识。讲师将通过讲解、举例让学员了解绩效管理的目的和过程,消除由于不了解绩效管理而带来的紧张和焦虑 | 1.讲师将与学员讨论和分析目前绩效考核中存在的阻碍准确性的因素,包括绩效考核方法的设计、工作描述的准确性和绩效标准设定中的问题等<br>2.通过实际操作性的活动使学员学会如何做好工作描述<br>3.识别考核者的错误和偏差,掌握如何减少考核误差 |

### 表 3 - 2　　绩效管理培训单元 3 和单元 4

| 课程设置项目 | 单元 3 | 单元 4 |
|---|---|---|
| 课程主题 | 如何设定关键绩效指标 | 如何对行为施加积极的影响 |
| 培训目标 | 使学员了解关键绩效指标的定义、内容;学会设定关键绩效指标 | 使考核者了解员工绩效中出现的问题和障碍,学会怎样克服它们 |
| 行为性目标 | 1. 讨论设定关键绩效指标的重要性<br>2. 了解设定关键绩效指标的原则,学会建立客户关系示图和定义工作产出<br>3. 学会设定关键绩效指标和标准 | 1. 识别员工存在的绩效方面的有关知识和技能、兴趣、动机、努力程度等方面的问题<br>2. 掌握针对各种具体问题如何给予督导和帮助 |
| 授 课 者 | 咨询顾问、专业培训师等 | 咨询顾问、专业培训师等 |
| 授课时间 | 6～8 小时 | 4～6 小时 |
| 授课形式 | 讲授、案例分析、分组讨论 | 讲授、角色扮演、案例分析、小组练习 |
| 受 训 者 | 参加绩效管理的考核者和被考核者 | 参加绩效管理的考核者和审核者(主要是主管人员) |
| 受训者准备 | 阅读预习资料"什么是关键绩效指标"和"客户关系示图" | 回顾和识别自己在为下属提供教导和咨询时所遇到的问题 |
| 辅 助 材 料 | 投影仪、案例、讲义 | 案例和关于教导的讲义 |
| 课程内容介绍 | 学习和讨论目前绩效指标设定中的问题,通过实际操作活动使学员学会如何利用客户关系示图的方法定义工作产出和关键绩效指标 | 教导和咨询的技能是主管和考核者必备的基本技能。讲师将帮助学员了解员工在绩效方面存在问题的可能原因,以及如何给下属提供一些教导和帮助 |

表 3-3　　绩效管理培训单元 5 和单元 6

| 课程设置项目 | 单元 5 | 单元 6 |
|---|---|---|
| 课程主题 | 正确使用考核工具 | 记录工作现场的行为 |
| 培训目标 | 使考核者了解绩效考核中常用的考核工具,学会正确使用这些考核工具 | 使考核者了解如何识别和记录实际工作现场的行为 |
| 行为性目标 | 1.描述考核工具的设计<br>2.解释如何将被考核者的行为对应到考核量表中<br>3.了解不同评价者之间的差异 | 1.如实记录工作现场的行为<br>2.如何存储和提取行为记录 |
| 授 课 者 | 咨询顾问、专业培训师等 | 咨询顾问、专业培训师等 |
| 授课时间 | 6~8 小时 | 2~3 小时 |
| 授课形式 | 讲授、个人演说、小组练习 | 讲授、角色扮演、团队互动 |
| 受 训 者 | 参加绩效管理的考核者和审核者(主要是主管人员) | 参加绩效管理的考核者(主要是主管人员) |
| 受训者准备 | 回顾当前的考核工具,识别它们存在的问题,所存在的优势和不足 | 预习资料"记录工作现场的行为的必要性" |
| 辅 助 材 料 | 考核工具 | 视听设备、角色扮演脚本、案例、讲义、工作表现记录表 |
| 课程内容介绍 | 本课程通过讲解、练习等方法使考核者正确掌握考核工具的使用,并了解考核者对考核结果的影响 | 通过讲解、练习等方法使考核者正确掌握如何在工作现场记录员工的工作表现 |

表 3-4　　绩效管理培训单元 7 和单元 8

| 课程设置项目 | 单元 7 | 单元 8 |
|---|---|---|
| 课程主题 | 准备绩效反馈面谈 | 实施绩效反馈面谈 |
| 培训目标 | 使考核者了解如何有效地准备绩效反馈面谈 | 使考核者了解如何有效地实施绩效反馈面谈,提高面谈技巧 |

| 课程设置项目 | 单元 7 | 单元 8 |
|---|---|---|
| 行为性目标 | 1.列出绩效反馈面谈中所要做的活动<br>2.计划绩效反馈面谈的时间 | 1.对照有效的和无效的绩效反馈面谈技巧<br>2.描述非言语行为在绩效反馈面谈中的作用<br>3.掌握如何控制面谈的过程,使之不偏离预期的轨道 |
| 授 课 者 | 咨询顾问、专业培训师等 | 咨询顾问、专业培训师等 |
| 授课时间 | 2 小时 | 8~12 小时 |
| 授课形式 | 讲授、问答、个人作业 | 讲授、角色扮演、团队互动 |
| 受 训 者 | 参加绩效管理的考核者(主要是主管人员) | 参加绩效管理的考核者(主要是主管人员) |
| 受训者准备 | 预习绩效反馈面谈准备检核表 | 预习资料"如何有效的实施绩效反馈面谈" |
| 辅 助 材 料 | 案例、绩效考核工具、绩效管理政策和程序手册 | 视听设备、角色扮演脚本、案例、讲义、投影仪、幻灯片、录像设备 |
| 课程内容介绍 | 通过讲解、练习等方法,使考核者正确掌握如何有效地准备绩效反馈面谈,预计绩效反馈面谈中可能出现的问题,以及如何计划时间等 | 通过讲解、练习等方法使考核者正确掌握如何实施绩效反馈面谈,掌握面谈中的各种技巧。例如,如何建立双向沟通关系、如何利用非言语交流、如何控制谈话的方向等 |

# 3.2　持续绩效沟通

　　持续的绩效沟通就是主管人员和员工共同工作,以分享有关信息的过程。这些信息包括工作进展情况,潜在的障碍和问题,可能的解决措施以及主管人员如何才能帮助员工等。但是,在绩效管理过程中,最常见的问题恰恰就是缺乏持续的绩效沟通。在绩效考核之前,考核者与被考核者之间缺乏对绩效标准的沟通和承诺。这主要体现在被考核者不能清晰地了解自己的工作标准和目标,或者对工作标准有不同的看法。而在绩效考核之后,主管人员和员工缺乏深入的交流,往往是仅仅把考核的分数告诉员工而已。这是许多组织绩效管理效果不佳的重要原因。

### 3.2.1　持续绩效沟通的目的

主管人员和员工通过沟通共同制定了绩效计划,形成了员工个人绩效协议,但这并不意味着后面的绩效计划执行过程就会完全顺利,不再需要沟通。主管人员需要考虑的问题有:员工会完全按照计划开展工作吗? 计划是否足够周全? 是否考虑到全部需要考虑的问题? 主管人员是否可以高枕无忧地等待员工的工作结果? 很显然,答案是否定的。

在绩效实施的过程中,主管人员与员工进行持续地绩效沟通的目的主要有以下四点:

**1. 通过持续地绩效沟通对绩效计划进行调整**

市场的竞争是激烈的,市场的变化也是无常的。不论是工作环境还是工作本身的内容、重要性等都随着市场的改变而不断变化,这导致了绩效计划有可能过时甚至完全错误。例如:由于竞争对手的产品变化而不得不改变对自身产品性能的要求;由于意外的困难或障碍而不得不将工作业绩的数量降低或时限变得更加宽松;各项工作目标的权重可能也会随着环境因素的改变而发生改变;等等。除了客观原因所致以外,员工本身工作状态好坏、主管人员监督指导力度大小等都有可能影响绩效结果的达成。进行绩效沟通,就是为了保持工作过程的动态性,保持它的柔性和敏感性,及时调整目标和工作任务。

**2. 通过持续地绩效沟通使员工了解计划执行中的信息**

员工都希望在工作过程中能不断地得到关于自己绩效的反馈信息。工作内容是否有所变动? 进度是否需要调整? 所需要的资源或帮助能否得以满足? 出现的问题该如何解决? 目前的工作状况是否得到赏识? 没有反馈与沟通,员工的工作就处于一种封闭的状态,久而久之,就容易失去热情与干劲。

**3. 通过持续地绩效沟通主管获得员工工作情况的信息**

作为主管人员,也并非是与员工一起制定了绩效计划之后就可以高枕无忧,可以等待收获成功的果实,他们需要在员工完成工作的过程中及时掌握工作进展情况的信息。所有工作的进展情况如何? 项目目前处于何种状况? 有哪些潜在问题? 员工情绪和精神面貌怎样? 怎样才能有效地帮助员工? 如果不通过沟通,这些信息就很难既全面又准确的被掌握,那么也就无法在绩效考核的时候对员工做出恰当的考核。另外,及时了解信息还可以避免在发生意外的事情时措手不及,可以及早在事情变得棘手之前处理。

**4. 通过持续地绩效沟通对员工进行辅导**

员工在工作过程中，由于知识技能或工作经验等不足，难免会遇到各种问题和障碍，主管人员不仅要通过沟通及时了解和掌握员工的工作状况和存在的问题，还要针对员工的问题进行针对性的辅导，帮助员工不断改进与提高，这是实施绩效管理的最终目的。

因此，无论从员工的角度还是从管理者的角度，都需要在绩效实施的过程中进行持续的沟通，因为每个人都需要从中获得对自己有帮助的信息。

### 3.2.2　持续绩效沟通的内容

主管人员和员工保持绩效实施过程中持续的沟通是为了共同找到与达成目标有关的一些问题的答案。因此在沟通开始之前，主管人员应该思考的是"作为管理者要完成我的职责，我必须从员工那里得到什么信息？而我的员工要更好的完成工作的话，我必须给他们提供什么信息?"员工应该思考的是"为了更好的完成工作目标，我必须向主管人员提供什么信息？我应该从主管人员那里得到什么信息?"从这个基本点出发，管理者和员工可以在计划实施的过程中，试图就下列问题进行持续而有效的沟通：

- 以前工作开展的情况怎样？
- 哪些方面的工作进行得好？
- 哪些地方的工作需要纠正或改善？
- 哪些方面的工作遇到了困难或障碍？
- 员工和团队是在努力实现工作目标吗？
- 如果偏离目标的话，管理者该采取什么纠正措施？
- 主管人员可以采取哪些行动来支持员工？
- 是否有外界发生的变化影响着工作目标？
- 如果目标需要进行改变，如何进行调整？

### 3.2.3　持续绩效沟通的方式

**阅读资料 3-2**

刘云飞是一家公司的部门经理，在他手下有 12 名员工。公司对员工的绩效实施过程进行管理的方法,是要求员工每月月末向主管经理上交一份月报,然后主管经理再就这份月报的内容与员工进行 10 分钟左右的沟通。

　　在开始的一段时间,员工们都能准时的将月报交上来。但逐渐地,公司的业务进入了高峰期,每个人的工作都异常繁忙。这时,刘云飞收集每月的月报十分困难,上个月就有 5 名员工没有按时上交月报,而是经过了催促才上交的,这个月到了交月报的日子只有 3 个人交了上来。

　　于是刘云飞想到,员工不愿按时上交月报一定是有自己的原因的,或许是月报这种沟通的形式本身存在问题。因此,刘云飞决定与员工交流一下这个问题。在与员工的面谈中,当刘云飞问到员工们为什么不交月报时,员工们的意见是:"我们忙得根本没有时间做。""有些事情当面与您说就很清楚了,没有必要写成报告给您了吧?""我们每个月做月报至少要花费两个小时,而把这些情况与您讲一下只需要 15 分钟就够了。"

　　内容和形式是决定一个事物的两个最主要的方面。采取何种沟通方式在很大程度上决定着沟通的有效与否。我们将沟通的方式分为正式沟通和非正式沟通。正式沟通又可以分为书面报告、管理者与员工的定期面谈、管理者参与的小组会议或团队会议等。每种沟通方式都有其优点和缺点,都有其适合的情境,因此关键是在不同的情境下选用什么样的沟通方式。

### 1. 正式的沟通方式

　　正式的沟通方式是指在正式的情境下进行的事先经过计划和安排,按照一定规则进行的沟通。

　　(1)书面报告。书面报告是绩效管理中比较常用的一种正式沟通的方式。它是指员工使用文字或图表的形式向管理者报告工作的进展情况,可以是定期的,也可以是不定期的。定期的书面报告主要有:工作日志、周报、月报、季报、年报等。主管人员要求下属员工就某些问题准备的专项书面报告则是不定期的书面报告,例如,员工在执行某个项目的过程中对发现的一些问题和解决方案提交一份报告。

　　许多管理者通过这种形式及时地跟踪了解员工的工作开展状况,但也有一些管理者并未真正掌握这种方法的价值,而只是流于形式,不能起到实质性的作用,又浪费了大量的人力和财力,得到了一大堆束之高阁的表格和文字。表 3 - 5 列举了书面报告的优缺点。

表 3 - 5  书面报告的优缺点

| 优 点 | 缺 点 |
|---|---|
| • 节约了管理者的时间<br>• 解决了管理者和员工不在同一地点的问题<br>• 可以培养员工理性、系统地考虑问题，提高工作的逻辑性<br>• 可以锻炼员工的书面表达能力<br>• 可以在比较短的时间内收集到大量的关于员工工作状况的信息 | • 信息单向流动，缺乏双向的信息交流<br>• 大量的文字工作容易使沟通流于形式，也会由于书面报告浪费时间而使员工感到厌烦<br>• 适用性有限，不适合以团队为工作基础的组织，信息不能共享 |

对于表 3 - 5 中所列的这些缺点，我们通常可以采取一些其他措施配合使用以减小这种缺乏带来的影响。比如，我们可以辅之以面谈、电话沟通等方式使单向信息流变为双向沟通；可以省去繁杂的文字叙述，而用简单的表格或图形来反映情况；也可以采用现代化的网络设施，使信息在团队成员间得以共享。这样的话，书面报告就会体现出其他手段所不能代替的优越性。

（2）定期面谈。管理者与员工进行一对一的面谈沟通是持续绩效沟通中比较常用的一种沟通方式。管理者和员工面谈的优缺点如表 3 - 6 所示。

表 3 - 6  管理者和员工定期面谈的优缺点

| 优 点 | 缺 点 |
|---|---|
| • 主管人员与员工可以比较深入地沟通<br>• 面谈的信息可以保持在两个人的范围内，可以谈论不宜公开的观点<br>• 通过面谈这种方式给员工一种受到尊重和重视的感觉，比较容易建立主管人员与员工之间的融洽关系<br>• 主管人员在面谈中可以根据员工的处境和特点，因人制宜地给予帮助 | • 无法进行团队的沟通<br>• 容易带有个人的感情色彩<br>• 占用管理者较多的时间 |

在绩效实施的过程中进行面谈沟通，应该注意以下几个问题：

第一，力图通过面谈使员工了解组织的目标和方向。在面谈的过程中，主管人员不仅仅应把面谈内容停留在员工个人所做的工作上，还应该让员工知道他们个人的工作与组织的目标有什么样的联系。这样有助于使员工做出与组织目标相一致的行为。

第二，多让员工谈自己的想法和做法。主管人员应该借助面谈的机会更多地去倾听员工讲话，尽量去了解员工的真实想法，鼓励员工产生新的创意。

第三，及时纠正无效的行为和想法。主管人员倾听员工的想法，并不等于对员工听之任之。当主管人员在面谈过程中发现员工有一些无效的行为或想法时，应该及时地加以纠正或制止。

第四，让员工认识到主管人员的角色。员工对主管人员在绩效管理中的角色有时会存在有不正确的看法，例如认为主管人员应该替自己做出决策，或者认为既然主管人员把目标分解给了我们，那么他们就不应该干涉我们的工作了。主管人员应该通过沟通让员工认识到，在绩效管理的过程中，主管人员既不是对员工听之任之，也不能够替代员工作出决策。主管人员更多的是起到支持者和问题解决者的作用。

（3）管理者参与的小组会议或团队会议。书面报告不能提供讨论和解决的手段，而这一点对及早发现问题、找到和推行解决问题的方法又必不可少；一对一的面谈只局限于两个人之间，难以对公共问题达成一致意见。因此，有管理者参与的小组会议或团队会议就显示出了它的重要性。这种形式的优缺点如表3-7所示。

表3-7　管理者参与的小组会议或团队会议的优缺点

| 优　点 | 缺　点 |
|---|---|
| • 便于团队沟通<br>• 缩短信息传递的时间和环节<br>• 主管人员可以借助会议的机会向全体下属员工传递有关公司战略目标和组织文化的信息 | • 会议的组织比较耗费时间和精力，而且对主管人员的管理和沟通技巧要求较高<br>• 有些问题不便于在团队中公开讨论<br>• 与会者对会议的需求不同，因此他们可能会抱着各自的目的来参加会议，会对沟通中的信息进行选择性的过滤<br>• 会议必然要使很多员工放下手头的工作，因此如果时间安排不好会影响工作<br>• 如果对会议的组织不够理想，也会使得会议成为官僚的、繁琐的、形式主义的东西 |

因此，在会议沟通中，要把握以下原则：

• 注意会议的主题和频率，针对不同的员工召开不同的会议。
• 运用沟通的技巧形成开放的沟通氛围，不要开成批判会、训话会、一言堂、拌嘴会。
• 合理安排时间，以不影响正常工作为宜。
• 在会议上讨论一些共同的问题，不针对个人。
• 鼓励员工自己组织有关的会议，邀请主管人员列席会议。

　　怎样才能进行一次有效的会议沟通呢？如果做到以下几点,就应该能够把握住并用好这种沟通形式。

　　①在会议之前必须进行充分的准备:会议的主题是什么,会议以何种程序进行,会议在何时、何地召开,与会者需做哪些准备。

　　②会议过程的组织:会议开始时作好议程的介绍和会议的规则,当员工讨论偏离会议主题时,要含蓄地将议题引回来,鼓励员工多说话,不要随意打断或做出决策,在会议上就做出会后的行动计划并与员工取得共识,布置相应的职责和任务。

　　③做好会议记录:记录会议上谈话的关键点,在会议结束前将记录要点重申一遍,看是否有遗漏或错误,记录行动计划和布置任务的细节,明确任务完成时间、任务负责人和任务完成质量等。

### 2. 非正式的沟通方式

　　对于员工来讲,无论何种形式的正式的沟通方式,都会让他们产生紧张的感觉,在表达的时候都会受到限制,很多真实的想法都无法表达出来。而采用非正式的沟通方式则更容易让员工开放地表达自己的想法,沟通的气氛也更加宽松。

　　在工作开展的过程中,管理者和员工不可能总是通过正式的渠道来进行沟通。无论是书面报告、一对一的面谈还是小组会议,都需要事先计划并选取一个正式的时间和地点。然而,在日常的工作中,随时随地都可能发生着沟通,如非正式的交谈、吃饭时的闲聊、郊游或聚会时的谈话,还有"走动式管理"或"开放式办公"等,都可以随时传递关于工作或组织的信息。有专家认为,"就沟通对工作业绩和工作态度的影响来说,非正式的沟通或每天都进行的沟通,比在进行年度或半年度业绩考核会议时得到的反馈更重要"。可见,非正式的沟通更加普遍。正如有的员工声称,他们认为与主管喝咖啡时十几分钟的闲聊比任何长时间的正式会议更满意。作为好的主管人员除了善于利用正式的沟通方式之外,还应该充分利用各种各样的非正式沟通的机会。关于这种沟通方式的优缺点如表3-8所示。

表 3-8　非正式沟通的特点

| 优　点 | 缺　点 |
| --- | --- |
| • 非正式沟通的形式丰富多样,时间、地点灵活<br>• 利用非正式沟通解决问题可以非常及时,办事效率高<br>• 由于员工特别喜欢接受非正式的沟通,非正式的沟通往往是比较有效的<br>• 非正式沟通更容易增强员工与管理者之间的亲近感,利于沟通 | • 缺乏正式沟通的严肃性<br>• 并非所有情况都可采用非正式沟通 |

### 3.2.4　主管与员工沟通效果的提升

持续的绩效沟通可以使一个绩效周期里的每一个人,无论是主管或是员工,都可以随时获得有关改善工作的信息,并就随时出现的变化情况达成新的承诺。很多组织正是由于绩效沟通环节运行不畅,致使整个绩效管理体系出现问题。导致这一情况出现主要有两个方面的原因:一方面是员工对主管缺乏认同。研究表明,当人们信任反馈源,觉得反馈源是可靠时,反馈对员工的行为才会产生更大的影响。另一方面是很多主管缺乏沟通的技巧和方法。因此,可以考虑从以下几方面改善主管与员工的沟通效果。

**1. 减少员工的不满意**

在持续的绩效沟通环节中,主管人员的以下行为会引起员工不满,主管人员应力求避免。

(1)主管人员把坏情绪发泄到员工身上。有的主管人员往往由于自己部门的绩效问题受到上级领导的批评或者在其他方面遇到不顺心的事情,回到自己主管的部门后就将恶劣的情绪发泄到员工身上,过分夸大员工的小错误或者把错误全都归咎到员工身上。例如,某个部门主管刚刚参加了公司的部门主管例会,在会上,总经理批评了该部门工作中的问题,这个部门主管心里很不舒服,回来后就对员工大发脾气:“都是你们的责任,做事情怎么不用脑子想想呢?”员工通常不喜欢这种遇到问题首先不从自己身上找原因而是一味将责任推卸给下属的主管人员。

(2)主管人员在别人面前批评某个员工。员工总是希望主管人员能够单独与自己交流有关自己绩效的问题,而不希望主管人员当着其他员工或者其他主管人员的面批评自己的绩效问题,特别是当没有弄清事实之前就当众指责员工是最不能被员工接受的。

(3)主管人员与下属缺乏沟通。有的主管人员在绩效管理过程中很少与员工沟通。制定绩效计划时,有的主管是自己给员工下达一些任务,有的主管就让员工自己提出计划然后给员工签字。在整个工作实施过程中,主管人员整天在忙着自己的事情,或者坐在办公室里等着听员工汇报,从来不主动与下属沟通。

(4)主管人员言行前后不一致。有的主管人员对员工的工作要求前后不一致,经常让员工无所适从。最让员工无法接受的情况就是到了绩效考核的时候,主管人员突然对员工说:“我当初不是让你那样做的呀!”

(5)主管人员总以老眼光看人。有些主管人员喜欢给员工贴标签:××就是能力不行,他那个人就那样了,还能指望他什么? 这些主管人员不是尽自己的能力去寻找提高员工绩效的途径,而是一味将绩效不佳的原因归于员工本身的能力、个性等因素,而且认为员工的这些因素是固定不变的。

**阅读资料** 3-3

### 管理中的"皮格马利翁效应"

皮格马利翁是古希腊的一名雕塑家,他雕塑了一尊美丽的少女,爱不释手,对其倾注了全部的心血,结果少女活了。心理学家根据这个故事提出了"皮格马利翁效应",指的是有时候人们的期望会使奇迹发生。

教育学家罗森塔尔曾经做过一个实验:在一个小学班级里进行了一次测验,然后把测验的结果封存起来,只是告诉班主任其中某几个学生将来可能会有所作为。几年以后,果然那几个学生表现出众,再拿出当年的试卷,发现这几个同学与他人无异。原来罗森塔尔当初只是随机地点了这几个学生,真正让他们发生改变的是班主任对他们的关注。班主任想,既然专家经过测试发现这几个学生有潜力,那么他们一定不同寻常,于是老师总是会注意发现这几个学生的优点和潜力,给他们很高的期望,结果真的使这几个学生变得出类拔萃了。

如果你的一名员工总是让你感到很头疼,因为当你分配给他一项工作任务,他总是会把它搞砸,你甚至想过要解雇他。其实他自己也特别紧张,害怕被解雇,而且事实上他也努力想把事情做好,可不知怎么搞的总是出岔子。如果你能发现他做对的地方,并且称赞他,让其他员工知道他并不是完全没有能力做好,称赞多一些,批评少一点,绩效反而提高了。心理学家班图拉提出的一个概念叫"自我效能感",就是指一个人对于自己有能力完成一项任务的信念。员工要想做好一项工作,首先必须相信自己能够做好。主管人员不要总以老眼光看人,应该恰当地传达你对员工的期望,提高员工的自我效能感,帮助员工获得成功。

#### 2. 让员工更满意

绩效管理应使得员工的工作表现及时得到肯定。有人曾经调查过主管人员对员工工作成果的肯定频率,结果发现平均员工做出 4 项工作成果,主管人员才会表示出一次肯定。有时主管人员可能因为太忙就没有去关注员工的工作表现,或者没有养成及时认可员工工作成果的习惯。对于员工来说,及时得到他人对自己工作成就的认可,甚至会比给他们涨了多少工资或者发了多少奖金还令他们欣慰。

有几个具体的激励技巧可以让主管人员在绩效管理中获得员工的满意。

（1）提供倾听员工意见的机会。必须要在自己的部门中创造一种氛围，让员工不是在主管提出要求时才来找主管，而是主动与主管人员交流自己的见解。

（2）表示出对员工工作成果的兴趣和关注。当员工把一份花了几天心血做出的比较复杂的报表送到你的办公桌前时，你是轻描谈写地对她说"放在那儿吧"，还是当面仔细翻阅，并不时夸奖一些格式上的巧妙设计和内容的清晰性呢？如果你采取的是后者这样的做法，你会在以后的日子里发现这名员工比以前更加努力，更加积极主动了，并且不断给你一些惊喜。

（3）学会说"谢谢"。主管人员永远不要吝惜对下属说一声"谢谢"。当下属人员将准备好的会议资料交给你的时候，你可以对其说"谢谢"；当下属人员在会议上做了一个系统的汇报后，你可以对大家说"谢谢××细致的工作"之类的话。主管人员一句随口而出的肯定的话语，对于下属人员来说可能是莫大的认可和鼓励。

（4）积极赞扬。作为主管，对员工的努力给予褒奖通常是非常重要的。如果员工完成了工作任务或绩效目标，或工作进展顺利时，你要强调员工的出色表现。

大量调查显示，如果主管能够经常表扬员工，员工会更高兴、更多产。员工经常说如果主管能够偶尔表扬他们一次，他们会更加努力地工作。真诚的表扬能带来持久的激励效果。当员工感到自己和正在从事的工作受到别人的重视和赏识，当他们因为出色表现得到积极的结果时，他们就会在今后的工作中表现更加出色。

除了在员工工作出色的时候应该表扬他们之外，有以下情况也可以考虑表扬员工：

- 一贯能够完成绩效目标。
- 一贯能够出色完成日常任务。
- 正在学习从事新的工作和任务。
- 在短时间内明显提高绩效水平。
- 成功实现某一具体绩效目标或完成一项艰巨任务。
- 在实现一个复杂的或长期的绩效目标过程中取得了突破性进展。
- 出色表现出某种能力。

优秀的主管会经常给予员工表扬。表扬表明主管知道了员工的出色表现，并赏识他们的作为。同时员工也会感觉对他们整个绩效的评估可能是公正的。从长远讲，这意味着他们会建立员工对绩效管理系统的信任。

经常表扬员工是非常重要的，但是对有关积极和建设性的表扬，上级主管必须记住下面的指南：

- 真诚，具体。描述员工的行为，并解释为什么这些行为有帮助（也就是说，要解释他们的行为如何对他们自己或别人的绩效结果产生积极的影响）。

如果员工认为你的表扬并非出于真心,他们可能会对你所说的一切都感到不满。

- 要理解表扬有助于树立员工的信心和自尊,并导致员工良好的绩效表现再次出现。
- 通过表扬,你可以建立与员工相互之间的信任,并且能够避免让员工觉得只有在他们犯错误的时候才能够听到你的声音。经常表扬员工的主管会得到更加合作、有更高生产率、并更少出现抵触情绪的员工。

**3. 掌握必要的沟通技巧**

(1)绩效管理中沟通的几个原则:①沟通是一个双向的过程,目的是追踪绩效的进展,确定障碍,为双方提供所需信息。②防止问题的出现或及时解决问题(前瞻性)。③定期或非定期、正式或非正式地就某一问题专门对话。

在这个过程中也要形成必要的文字记录,必要时经主管和员工双方签字认可。

主管人员与员工的密切沟通,确保了在最终进行绩效考核时员工不会感到惊讶和意外。如果沟通做得好,许多问题在过程中得以解决或者达成共识,最后的考核将是一件水到渠成的事情。

(2)建设性沟通。绩效沟通应该是一种建设性的沟通——这种沟通是建立在不损害,甚至改善和巩固人际关系的前提下进行的、具有解决特定问题的作用的、具有建设性意义的沟通。

现实中,许多管理者仅仅关心员工是否能通过沟通理解自己的意图,并不真正关心员工的感受。在这种情况下,沟通往往是非建设性的,并不能取得应有的成效。有研究表明,管理者与员工之间的良好的关系会产生较高的工作绩效。例如,美国管理沟通学者汉森在 1986 年进行一项调查研究时发现,在预测 40 家大公司今后五年内的盈利能力时,管理者与员工良好关系的预测力是市场占有率、资本稀缺性、公司规模及销售增长率这四个重要预测变量预测力之和的 3 倍。因此,建设性沟通是实现组织绩效管理的关键。绩效管理系统的目标要求管理者充分掌握建设性沟通的技巧。这些技巧主要有:积极倾听技巧、反馈技巧、非语言沟通技巧等。

## 3.2.5 主管对员工的辅导

**1. 为什么要辅导员工**

如果主管除了完成上级领导安排的任务和对员工下命令之外,很少对自己所管辖的工作做前瞻性的规划,很少对员工进行有效地辅导与帮助,而是更多的与员工一起应付各种事务,忽略员工的能力开发与职业发展,那么他们就是与员工一起制造平庸而不是追求卓越。主管对员工的辅导可以起到以下作用：

- 帮助员工获得成功。
- 确保员工尽可能有效地处理即将出现的问题以及潜在的问题和挑战。
- 帮助员工提高能力。
- 使员工改进工作行为，使其符合公司的要求。
- 帮助员工加强某一特定领域的业绩表现。
- 认同员工良好的业绩，鼓励员工保持良好的工作表现。

**2. 主管对员工的辅导方法与辅导时机**

（1）主管对员工的辅导方法。当你辅导员工的时候，你必须清楚你为什么要指导员工，以及帮助员工学习和提高的适当程序和方法。这不仅因为不同员工有不同的需要和风格，也是为了使辅导更加有效，使辅导的方法尽可能符合实际情况。辅导方法很多，每种方法都有不同的用途，采用何种方法取决于辅导的目的。以下列举了常用的五种辅导方法：

- 角色模仿（示范和演示）："像我这样做。"
- 传授（吩咐和训导）："按照我说的做。"
- 设置绩效目标（有挑战性或能拓展员工的能力）："按照这个水平/标准完成任务。"
- 批判性思维/创造性地解决问题（共同发现问题并找到解决途径）："让我们来寻找解决问题的方法。"
- 热情激励/鼓舞（强烈地鼓励和支持）："你可以做得到！"

这些方法都不是独立的，如果必要的话，你可以在同一个人身上同时使用两种或两种以上甚至全部的方法。

（2）四种适当的辅导时机。

- 当员工需要帮助时。例如，员工在工作中遇到障碍或者难以解决的问题希望得到你的帮助时，你可以传授给员工一些解决问题的技巧。
- 当员工征求你的意见时。例如，员工向你请教问题或者有了新点子想征求你的看法时，你可以在这个时候不失时机地对员工进行辅导。
- 当员工通过培训掌握了新技能时。如果你希望他能够将新技能运用于工作中，就可以辅导他使用这种技能。
- 当你发现了一个可以改进绩效的机会时。例如，当你发现某项工作可以用另外一种方式做得更快更好时，就可以指导员工采用这样的方法。

**阅读资料 3-4**

　　有一位表演大师上场表演前,他的弟子告诉他鞋带松了。大师点头致谢,蹲下来仔细系好。等到弟子转身后,又蹲下来将鞋带解松。有个旁观者看到了这一切,不解地问:"大师,您为什么又要将鞋带解松呢?"大师回答道:"因为我饰演的是一位劳累的旅者,长途跋涉让他的鞋带松开,可以通过这个细节表现他的劳累憔悴。""那你为什么不直接告诉你的弟子呢?""他能细心地发现我的鞋带松了,并且热心地告诉我,我一定要保护他这种热情的积极性,及时地给他鼓励,至于为什么要将鞋带解开,将来会有更多的机会教他表演,可以下一次再说啊。"

**3. 主管在辅导中应该做的事情和不应该做的事情**

　　员工在完成工作的过程中,常常需要主管人员的辅导。员工通常需要的是一位能够信任自己,平等对待自己,同时在自己需要帮助时给予帮助的主管。对员工一味发号施令,或者百般呵护,不给其独立机会的管理方式都不利于员工发展。

　　(1) 主管在辅导中应该做的事情:

- 全年提供辅导。
- 对员工信任。主管人员首先要相信员工愿意把工作做好以及有能力做好。
- 注意发现每个人的正确表现,对做得好的工作给予认可。
- 建立积极的谈话语气和交流氛围,传达积极的期望,即每个人都是有价值的,都是可以进一步改善绩效的。
- 给员工独立工作的机会。主管人员应该让员工大胆尝试,而且对一些过程中的错误表示宽容。
- 除了讨论个体改善的必要性外,还要与之讨论其优势。
- 将传授和启发相结合。主管人员不应总是直接告诉员工该怎么做,还应该启发员工自己思考和探索解决问题的方法。
- 乐意去帮助别人,但记住每个员工应对改善绩效负责。
- 要有耐心,辅导要有建设性。
- 记住辅导是以发展为目的的,要以解决问题为核心。
- 当绩效有改善时要给予认可,并鼓励继续提高。

（2）主管在辅导中不应该做的事情：

- 不要到每年的绩效考核时才对绩效给予反馈。
- 不要只讨论错的地方。
- 不要让员工感觉自己是个失败者，是没有希望的，是你身边的障碍。
- 跟员工单独谈话、作报告或给其提建议时，不要使用"如果我是你，如何……如何……"的话。
- 不要太挑剔别人或只注意到消极面。
- 不要攻击个人。
- 不要把自己放在防御的位置。
- 不要在你生气时进行辅导，不要拿别人来发泄你的挫折和失望情绪。
- 不要把指导看做是对个人的治疗和惩罚。
- 不要把改进当做是想当然的事。

# 3.3　绩效信息收集与分析

　　在绩效实施的过程中，有些人常常认为员工是最忙碌的，而主管人员的主要职责仅仅是把任务分派下去。其实，主管人员有大量的事情需要做，至少为了在绩效期满进行考核时能够拿出事实依据来，他们应该做大量的记录。而有的主管人员则过分相信自己的记忆力，不愿花费时间做记录，这样在进行评估时只能依靠印象，难免有凭主观判断的倾向。

**阅读资料 3-5**

　　　建明公司是一家从事茶具制作与销售的公司，公司上下有 60 多人。大家忙忙碌碌地到了年底，领导提出要对员工的绩效进行一番考核。于是人力资源部门的员工费尽力气设计出了考核的表格，考核表中主要包括了对员工工作业绩、工作能力和工作态度等的考核。但是在主管人员填写考核表格时却遇到了困难，因为表格中的很多内容，他们感到无法填写。首先是员工的工作业绩方面，由于事先并没有将员工工作业绩的目标清晰的确定下来，因此在对业绩进行考核时很难判断做到什么程度算是"基本达到本职位的要求"，做到什么程度算是"超出本职位的工作要求"，只能凭借主管人员的主观感觉了。销售人员尚有一定的销售额标准,其他人员就基本上没有什么客观标准可言了。对于工作态度方面的考核就更加困难了,由于平常没有注意收集和记录下员工的一些工作表现,到了年底的时候,主管人员的印象就只有最近一两个月的一点记忆,前面 10 个月的工作表现的印象已经十分模糊了,那么对工作态度的考核就更是完全凭借主观印象了。可想而知,这样填写的考核表,基本上难以提供有帮助的信息,更不用说如何依据它来做一些重要的人事决策了。

绩效信息的收集和分析是一种有组织地系统地收集有关员工工作活动信息和组织绩效信息的过程。所有的决策都需要信息,绩效管理也不例外。没有充足有效的信息,就无法掌握员工工作的进度和所遇到的问题;没有有据可查的信息,就无法对员工工作结果进行考核并提供反馈;没有准确必要的信息,就无法使整个绩效管理的循环不断进行下去并对组织产生良好影响。

### 3.3.1　信息收集与分析的目的

管理者收集信息并不是无目的的,并不是为了显得很忙或为了打发时间。收集信息的目的是为了解决问题或证明问题。解决问题首先需要知道存在什么问题以及什么原因导致了这一问题,这两者由所收集到的信息来提供答案;证明问题需要有充足的事实证据、可靠的资料数据,这也要由收集到的信息来提供。总结起来,进行信息的收集与分析主要有以下目的:

**1. 提供绩效考核的事实依据**

在绩效实施的过程中对员工的绩效信息进行记录和收集,使绩效考核有充足的客观依据。在绩效考核时,将一个员工的绩效判断为"优秀"、"良好"或者"差",需要有一些证据做支持,也就是说我们依据什么将员工的绩效评判为"优秀"、"良好"或者"差",这绝对不是凭感觉,而是要用事实说话的。这些信息除了可以用在对员工的绩效进行考核外,还可以为晋升、加薪等人事决策提供依据。

**2. 提供绩效改善的事实依据**

进行绩效管理的目的是改善和提升员工的绩效和工作能力,那么当我们对员工说"你在这些方面做得不够好"或"你在这方面还可以做得更好一些"时,需要结合具体的事实向员工说明其目前的差距和需要如何改进和提高。例如,主管人员认为一个员工在对待客户的方式上有待改进,他就可以举出员工的一个具体的事例来说明。"我们发现你对待客户非常热情主动,这是很好的。但是客户选择哪种方式的服务应该是由他们自己做出选择,因为这是他们自己的权利。我发现你在向客户介绍服务时,总是替客户做决策,比如上次……我觉得这样做是不太妥当的,你看呢?"这样,就会让员工清楚地看到自己存在的问题,有利于他们的改善和提高。即便是表扬员工时也需要就事论事,而不是简单地指出"你做得不错"。

**3. 发现绩效问题和优秀绩效的原因**

绩效信息的记录和收集还可以使我们积累一定的突出绩效表现的关键事件。例如,收集绩效特别好的一些员工的工作表现和绩效特别差的员工的一些工作表现。一方面可以帮助我们发现优秀绩效背后的原因,然后可以利用这些信息帮助其他员工提高绩效,使他们以优秀员工为基准,把工作做得更好;另一方面还可以发现绩效不良背后的原因,是工作态度的问题还是工作方法的问题,这样就有助于对症下药的改进绩效。

**4. 在争议仲裁中的利益保护**

保留翔实的员工绩效表现记录也是为了在争议发生时有事实依据。一旦员工对绩效考核或人事决策产生争议时,就可以利用这些记录在案的事实依据作为仲裁的信息来源。这些记录既可以保护公司的利益,也可以保护当事员工的利益。

### 3.3.2　信息收集与分析的内容

并非所有的数据都需要收集和分析,也不是收集的信息越多越好。因为收集和分析信息需要大量的时间、人力和财力,如果像收藏家一样怀有强烈的热情投入到信息的海洋中去,反而会被淹没,抓不住最有价值的信息。

我们强调的主要是与绩效有关的信息,而绩效管理只是能使组织不断进步的一个环节而已。因此在收集信息的过程中,我们要考虑的目的如图 3-1 所示。

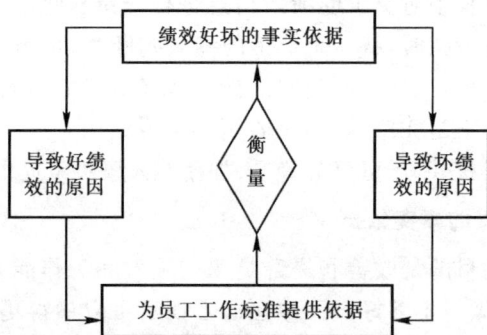

图 3-1　收集信息的流程

围绕这些目的,我们要收集的信息包括:
- 工作目标或任务完成情况的信息。

- 员工因工作或其他行为受到的表扬和批评的信息。
- 证明工作绩效突出或低下所需要的具体证据。
- 对你和员工找到问题(或成绩)原因有帮助的其他数据。
- 同员工就绩效问题进行谈话的记录,问题严重时还应让员工签字。

在收集的信息当中,有相当一部分是属于"关键事件"的信息。关键事件是员工的一些典型行为,既有证明绩效突出好的事件,也有证明绩效存在问题的事件。

## 阅读资料 3 - 6

　　　　关键事件 1:李东青是一家公司的销售员,刘伟是他的老板。一天,刘伟路过李东青的座位时,正好他在打电话。刘伟注意到李东青正在给买了产品的客户打电话,询问客户使用产品的情况:"您觉得用起来怎么样啊?""您觉得我们的产品还有哪些需要改进的方面吗?""除了我们的产品,您还用过其他品牌的产品吗? 他们在哪些方面比我们好?"并且看到李东青认真地记录下客户的意见。过了几天,一份整理完好的客户意见调查报告就呈现在刘伟的办公桌上。刘伟发现,李东青对客户使用产品的意见进行了详细地总结和归类,并且有自己的分析意见,这些意见对于产品的改进很有帮助。

　　　　关键事件 2:秦明将一份打印精美的月度报告交给了王经理。王经理非常认真地阅读了这份报告,他对报告中的有些数据感到有些怀疑,于是就重新计算了一下,果然发现有错误。王经理忽然想到秦明的报告与张成报告用的是同样的模板,于是他拿出了张成的报告与其对照了一下,结果发现秦明的报告中有些数据由于粗心没有被替换掉,用的还是张成原来的数据,这样就导致了数据的错误。

### 3.3.3　信息收集与分析的渠道与方法

信息收集的渠道可以是组织中的所有员工。有员工自身的汇报和总结,有同事的共事与观察,有上级的检查和记录,也有下级的反映与评价。如果组织中所有员工都具备了绩效信息反馈的意识,就能给绩效管理带来极大的帮助与支持。如果各种渠道畅通,信息来源全面,便于做出更真实客观的绩效考核,就能使组织的绩效管理更加有效。

信息收集的方法包括观察法、工作记录法、他人反馈法等。

**1. 观察法**

观察法是指主管人员直接观察员工在工作中的表现并将之记录下来的方法。例如,一个主管人员看到员工粗鲁地与客户讲话,或者看到一个员工在完成了自己的工作之后热情地帮助其他同事工作等。这些就是通过直接观察得到的信息。

**2. 工作记录法**

工作记录法是指通过工作记录的方式将员工工作表现和工作结果记录下来。例如财务数据中体现出来的销售额数量,客户记录表格中记录下来的业务员与客户接触的情况,整装车间记录下来的废品个数等,这些都是日常工作记录中体现出来的绩效情况。

**3. 他人反馈法**

他人反馈法是指主管人员通过其他员工的汇报、反映来了解某些员工的工作绩效情况。员工的某些工作绩效不是管理者可以直接观察到的,也缺乏日常的工作记录,在这种情况下就可以采用他人反馈的信息。一般来说,当员工的工作是为他人提供服务或者与他人产生关系时,就可以从员工提供服务的对象或产生关系的对象那里得到有关的信息。例如,对于从事客户服务工作的员工,主管人员可以通过发放客户满意度调查表或与客户进行电话访谈的方式了解员工的绩效;对于公司内部的行政后勤等服务性部门的人员,也可以向他所提供服务的其他部门的人员那里了解信息。

应该提倡各种方法的综合运用,因为单一的方法可能只能了解到员工绩效的一个或几个方面,不一定客观、公正。比如,有些员工的态度并不能从每次检查或表面上的观察中得知,这时候就需要通过与他共事的员工的反馈,这种方法得到的结果往往更真实可信。方法运用的正确、有效与否直接关系到信息质量的好坏,最终影响到绩效管理的有效性。

### 3.3.4　信息收集与分析中应注意的问题

收集信息的质量直接影响绩效管理的效果,信息收集与分析中应注意以下问题:

**1. 让员工参与收集信息**

作为主管人员,不可能每天 8 小时地盯着一个员工观察,因此主管人员看到的信息可能是不完全的或者是偶然性的。那么,教会员工自己做工作记录则是解决这一问题的一个比较好的方法。员工都不希望主管人员拿着一个小本子,一旦发现自己犯了错误就记录下来,或者将错误攒在一起到绩效考核的时候算总账。绩效管理是主管人员和员工双方共同的责任。因此,员工参与到绩效信息数据收集的过程中来就是体现员工责任的一个方面。而且,员工自己记录的绩效信息比较全面,主管人员拿着员工自己收集的绩效信息与他们进行沟通的时候,他们也更容易接受这些事实。

但值得注意的是,员工在做工作记录或收集绩效信息的时候往往会存在有选择性的记录或收集的情况。有的员工倾向于报喜不报忧,他们提供的绩效信息中体现成就的会比较多,而对于自己没有做好的事情,则持回避的态度。有的员工则喜欢强调工作中的困难,甚至会夸大工作中的困难。所以,当主管人员要求员工收集工作信息时,一定要非常明确地告诉他们收集哪些信息,最好采用结构化的方式,将员工选择性收集信息的程度降到最小。

**2. 要注意有目的的收集信息**

收集绩效信息之前,一定要弄清楚为什么要收集这些信息。有些工作没有必要收集过多的过程中的信息,只需要关注一个结果就可以了,那么就不必费尽心思去收集那些过程中的信息了。如果最后发现收集来的信息并没有什么用途而被置之不理,那么这将是对人力、物力和时间的一大浪费。

**3. 可以采用抽样的方法收集信息**

既然不可能一天 8 小时一动不动地监控员工的工作(如果有必要获得工作过程中的信息的话,也只好如此),那么不妨采用抽样的方式。所谓抽样,就是从一个员工全部的工作行为中抽取一部分工作行为做出记录。这些抽取出来的工作行为就被称为是一个样本。抽样关键是要注意样本的代表性问题。

常用的抽样方法有固定间隔抽样、随机抽样、分层抽样等。

固定间隔抽样就是每隔一定的数量抽取一个样本。例如,每 5 个产品抽取一个进行检查;每隔 30 分钟抽取客户服务热线接线生的一个电话进行监听等。这种抽样的方法比较固定,容易操作,但也容易被被考核者发现规律,故意做出某些服从标准的行为表现。

随机抽样就是不固定间距的抽取样本。这种方法不易让被考核者发现规律。例如,每一个小时中监听一个电话,但不固定是哪个电话。在有的情况下,可以利用随机数表选择抽取的样本。

分层抽样则是按照样本的各种特性进行匹配抽样的方法。这种方法可以比较好的保证样本的覆盖率。例如,在进行客户满意度调查的时候,到底选取哪些客户作为调查的对象呢?这时就可以把客户的年龄、性别、学历、收入状况、职业等因素作为匹配因素,保证不同年龄、性别、学历、收入、职业的客户都能被调查,这样得到的信息才会比较有代表性。

### 4. 要把事实与推测区分开来

我们应该收集那些基于事实的绩效信息,而不应收集对事实的推测。我们通过观察可以看到的是行为,而行为背后的动机或情感则是通过推测得出的。如果说"他的情绪容易激动",这是通过对事实的推断得出来的,其实事实可能就是这样的,"他与客户打电话时声音越来越高,而且用了一些激烈的言辞"。主管人员与员工进行绩效沟通的时候,也是基于事实的信息,而不是推测得出的信息。

### 本章思考题

1. 为什么要进行绩效管理培训? 绩效管理培训的重点是什么?

2. 绩效沟通的含义是什么? 怎样才能实现真正的建设性沟通?

3. 比较书面报告、定期面谈、团队会议和非正式沟通几种绩效沟通方式的优点和不足。

4. 如何保证绩效信息的质量?

5. 以你同学的实际学习或工作绩效为例,由你扮演管理者与他进行一次模拟的绩效沟通。

### 案例分析 3-1

#### 由绩效评估引起的纠纷

林某是一家高科技企业的年轻的客户经理,有着双学位的学历背景和较好的客户资源。但是个性较强的林某,常常是公司各种规章制度的"钉子户",果不其然在公司新的绩效考核方法推行的过程中,林某又一次"撞到枪口上"。

林某所在的公司所推行的考核办法是根据每个员工本月工作的工时和工作完成度对其工作进行考核的,考核结果与工资中的岗位工资和绩效工资挂钩,效益工资和员工创造出的相关效益挂钩。因为该公司有良好的信息化基础,工时是根据员工每日在信息化系统上填写的工作安排和其直接上级对员工工作安排工时的核定来累计的,员工的工作完成度也是上级领导对员工本月任务完成情况的客观反映。上月月末,该公司绩效考核专员根据信息化系统所提供的数据,发现林某上月的工时离标准工时差距很大而且林某的工作完成度也偏低,经过相关工资计算公式的演算,林某这个月的工资中的岗位工资和绩效工资要扣掉几百元钱。

拿到工资后的林某,面对工资数额的减少,非常激动,提出了如下几点质疑:①工作安排不写不仅是他的错,因为上级朱某没有及时下达任务;②没有完成相关的经济目标责任也不应该全由他承担,因为这和整个公司的团队实力有关;③和他同一岗位的同事相比,他认为自己的成绩比别人好,而拿到手上的工资却比同事低的多,这太不公平。

带着一身的怨气,林某走进了一向以严明著称的公司董事长赵某办公室……

——资料来源:中国人力资源网,网址:http://www.hr.com.cn

**案例讨论:**

1.林某绩效考核结果不好的原因可能有哪些? 谁该为此负责?
2.你认为应该如何防止类似的事情再次发生?

# 案例分析 3-2

### 绩效信息为何失真?

2003 年 1 月中旬,甲公司召开年度经营会议。新春气氛渐浓,一切都似乎很平静,然而经营会议上公布 2002 年度绩效考核结果,却令会场安静不下来。

甲公司是一家成立于 20 世纪 80 年代中期的高科技股份有限公司,1998 年 9 月公司股票在上海证券交易所上市。作为迅速发展中的生物高科技公司,甲公司围绕农化、医保、花卉三大产业已经形成一个高水平的、开放式的科技创新体系;形成一个以"千县万点工程"为主要内容的、技术服务导向的营销网络体系;形成围绕农化、医保、花卉三大产业链下属三十几家子、孙公司的企业集团。业务的发展令人欣喜,相反,绩效管理却令人力资源总监王先生苦恼不已。

果然,会议结束,王先生的电话就成热线电话了。

——"花卉产业是朝阳产业,用利润指标考核不能反映我们花卉公司取得的业绩。"

——"营销部自己委托市场调查公司,你说客户满意度能不高吗?"

——"王总,财务部员工的业绩肯定不是公司的中间水平! 我对员工要求严格,考核标准把握的尺度也紧,其他部门的领导尺度放得松。"

——"人力资源部也没有个把关的人,你叫我怎么向员工交代啊。"

——"王总,有个数据不知道能不能改改,我认为利润增长率的利润应当用 EBIT 值。EBIT 值是世界先进企业通用的指标,而且我一直以为我们公司用的是这一标准。财务部前几天告诉我用的是 EVA 值,我们企业用 EVA 值的条件还不成熟。"

王总监犯愁了,一个个都来抱怨,好象全是人力资源部的错。领导层也不满意,昨天总经理也提到:"公司经营业绩表现一般,勉强及格,怎么部门领导的绩效个个八九十分?"可是,这些分数都是按照绩效管理体系和制度执行得出的,绩效信息为什么又不准了呢?

——资料来源:中国人力资源网,网址:http://www.hr.com.cn

**案例讨论**

1. 绩效信息失真的原因有哪些?

2. 你认为应该如何解决这个问题?

# 第 *4* 章

# 绩效考核

谈到绩效管理，人们首先想到的就是对绩效的考核。到了每年年末，不同的公司都在上演着相同或相似的一幕，这就是在忙忙碌碌中进行的年终绩效考核工作。有时它可能只是走走过场，有时它又变得非常重要，晋升、奖金、出国培训都与它联系在一起。对于大部分企业而言，绩效考核被视为人力资源管理的一个工具，仅仅是人力资源部的人应该考虑和应该做的事情，而没有把它视为整个管理过程的一个有效的工具。而人力资源部门在进行绩效考核的过程中也是左右为难，既想把绩效结果真正有效地考核出来，同时又面临着巨大的压力。因为绩效考核会引起争执、纠纷、抱怨，所以主管人员和员工们对这种考核都抱有一种抵触的心理，不愿意花费时间去做这件事情。这样一来，人力资源部就显得一厢情愿，势单力薄，虽在实践中大力推行，但往往事与愿违，收到的效果并不很理想。

## 重点问题

⇨ 主管人员和员工对绩效考核的态度
⇨ 绩效考核的内容和过程
⇨ 如何选择恰当的考核者
⇨ 如何正确运用 360 度绩效考核
⇨ 考核者误差的类型与避免考核者误差的方法

## 4.1　绩效考核的难点

当一个人知道自己将要被别人考核时，或者当一个人考核别人时，他往往会感到有些焦虑。而绩效考核就是一个考核与被考核的过程,所以由此而产生的焦虑就是不可避免的。这种焦虑有时也会引起对考核的回避,甚至抵制。卷入绩效考核中的不同群体都会对考核产生焦虑,但他们感到焦虑的原因有所不同。被考核者是最容易感到焦虑的群体,另外考核者也会对绩效考核感到焦虑。

人们不喜欢绩效考核的另一个原因是他们没有意识到这件事情的必要性与重要性。许多主管人员对绩效考核持怀疑态度,他们始终在问的一个问题就是:绩效考核对我到底有什么用? 包括被考核者也常常不很清楚绩效考核的作用。当人们不清楚一件事情对自己有什么好处的时候,他就很难喜欢这件事情,尤其是要花费他很多时间和精力而他却不很确定能给自己带来什么好处时,人们通常采取的行动就是回避。

### 4.1.1　主管人员对考核的态度

主管人员在绩效考核中常常充当考核者的角色,是绩效考核的主要实施者。如果没有主管人员的积极参与,绩效考核也就无法开展了。然而主管人员常常是出于被迫不得不参与到考核中来,在他们的心中常常会有许多焦虑、不情愿、反感的情绪。

## 阅读资料 4-1

　　　林强最近情绪糟糕透了,坐在自己办公室,冲着墙上那张《2005 年度销售统计表》不断叹气。这也难怪,全公司十多个办事处,除自己负责的办事处外,其他办事处的销售绩效全面看涨,唯独自己办事处的统计表作犬牙状,不但没升,反而有所下降。可烦心的事还没完,临近年末,公司年终考核又来了。

　　　林强叹了一口气,自言自语道:"天天讲管理,天天谈管理,市场还做不做。管理是为市场服务,不以市场为主,这管理还有什么意义。又是规范化,又是考核,办事处哪有精力去抓市场。公司大了,花招也多了,人力资源部的人员多了,总得找点事来做。考来考去,考得主管精疲力竭,考得员工垂头丧气,销售怎么可能不下滑。可是还得应付啊,否则公司一个大帽子扣过来,自己吃不了还得兜着走。"

　　　好在绩效考核也是轻车熟路了。通过内部电子系统,林强给每位员工发送了一份考核表,要求他们尽快完成自评工作。同时自己根据

员工一年来的总体表现,利用排队法将所有员工进行了排序。排序是
件非常伤脑筋的工作,时间过去那么久了,下属又那么多,自己不可能
一一都了解,谁好谁坏确实有些难以区分。不过,好在公司没有什么特
别的比例控制,特别好与特别差的,自己还是可以把握的。

　　排完队,员工的自评也结束了,林强随机选取 6 名下属进行了 5～
10 分钟考核沟通,OK 啦! 问题总算解决了,考核又是遥远的下个年度
的事情了,每个人又回到"现实工作"中去了。

主管人员不喜欢绩效考核通常会有以下几个方面的原因:

### 1. 认为绩效考核没有意义,是在浪费时间

　　有些主管人员认为,在绩效考核中他们要填写许多表格,这纯粹是一种乏味的
文书工作,对自己的管理工作没有任何帮助,只会浪费时间。因此,在他们的心目
中,绩效考核不是管理工作中必不可少的一个环节,而是一件多余的事情。

　　如果主管人员认为绩效管理是在浪费时间,他们就往往以工作太忙为托词而
将绩效管理需要做的事情(填写各种表格、绩效面谈等)一拖再拖,或者敷衍了事。
绩效管理工作的确需要主管人员付出大量的时间,但是当他们能够清楚这些时间
的付出能给他们带来的回报时,他们还会说自己没有时间吗? 对绩效管理的一个
普遍的误解是认为它是"事后"讨论,目的是抓住那些犯过的错误和绩效低下的问
题。这实际上不是绩效管理的核心。它不仅是以反光镜的形式来找你的不足,更
是为了防止问题发生,找出成功路上的障碍,以免日后付出更大的代价。

　　这就意味着绩效管理可以节省时间。因为当员工们不知道他们应该做什么、
何时做和如何更好地做时,他们自然就可能将主管人员拖进本来他们自己可以处
理的事务当中。或者当员工们自认为清楚应该做某事而实际并不清楚时,他们可
能就会犯错误。一旦员工们决策失误,就等于放了一把需要主管人员介入的小火
(或大火)。这些常常是要花掉主管人员大量时间的地方,即介入到本来不需要处
理的事务当中去救火。

　　绩效管理实际是一种防止问题发生的时间投资,它将保证你有时间去做你自
己应该做的事。

### 2. 担心由于绩效考核与员工之间发生冲突

　　主管人员往往对考核别人感到忐忑不安。在考核的过程中,难免有时会发生
意见不一致的情况。许多人不喜欢发生冲突,对员工的考核有时会引起员工的争
论,或者考核结果会在员工之间引发矛盾,这些都是某些主管人员不愿看到的尴尬
局面。他们常常把绩效考核看做是一种对立的过程,在这种过程中员工与主管人
员是处在对立的地位上的。当把绩效考核看做是对员工的评判过程而不是对员工

的帮助过程时,就很容易产生冲突和焦虑。如何才能减少或避免绩效管理中的冲突?

**阅读资料** 4 - 2

- 如果经理认为绩效管理仅仅是他们要求员工做的事,员工在整个过程中是被动的,那么冲突将不可避免;反过来,如果看成是双方的一种合作过程,将会减少冲突。
- 有关绩效的讨论不应仅仅局限于经理评判员工,也应该鼓励员工自我考核以及相互交流双方对绩效的看法。
- 当员工认识到绩效管理是一种帮助而不是责备的过程时,他们会更加合作和坦诚相处。
- 绩效管理不是讨论绩效低下的问题,而是讨论成就、成功和进步的问题,重点放在这三方面时,冲突将减少,因为这时员工和经理是站在同一边的。

**3. 绩效管理体系设计的问题**

许多主管人员不喜欢绩效考核,也许是因为他们经历了一些设计得不好的绩效考核程序。在这些绩效考核过程中,他们花费了大量精力却没有获得任何益处,因此他们有理由不喜欢这件事情。主管人员不喜欢的绩效考核体系常常是:

- 程序过于繁琐。例如,每个月都要填写大量的表格,有些环节在做重复的工作。
- 缺乏公正性,特别是对自己部门的员工造成伤害。主管人员通常是很爱护自己的部下的。如果由于绩效考核造成了利益分配时对自己部门的不利,主管人员就不会喜欢这样的绩效考核。
- 缺少绩效考核所需的资源。例如,主管人员本身就不了解公司的战略目标,没有对主管人员进行绩效考核技能的培训。

### 4.1.2 员工对考核的认识

绩效考核常常引起被考核者的焦虑,这往往是由人的一些心理观念决定的。例如,人们常常处于一种矛盾的状态之中,既想成为"第一",又害怕由于杰出的绩效而遭到打击,俗话说"枪打出头鸟";人们也常常担心一次不良的绩效记录不仅会带来目前的惩罚,往往还会在主管心目中形成不良的印象,会影响对自己将来绩效的考核,甚至影响个人的职业生涯。所以当绩效考核开始时,员工往往心中充满焦虑。

## 阅读资料 4-3

### 员工的焦虑举例

- "干吗弄得这么紧张,像考试一样,其实考核不考核我都会努力工作的。"
- "也不知道领导按照什么标准打分,我能得高分吗?"
- "今年干的工作跟去年没什么区别,年复一年、日复一日的,干嘛又要考核了?"
- "最近业务进展不太顺利,这下可惨了!年终奖金要泡汤了。"
- "我和老板关系一般,他能给我个好分数吗?"
- "领导总是说要末位淘汰,我真担心自己会被淘汰。"
- "唉!还不知道这次涨工资有没有我的份呢?"
- "把大家放在一起一比较,我的销售业绩排在最后,多没面子呀!"
- "我觉得自己干得不错,可谁知道领导会不会偏心呢?平时默默地干了好多事,领导都没看见,可有些人却经常在领导面前表现自己。"

被考核者的焦虑常常表现在几个方面:

**1. 由于蒙在鼓里而带来的担心**

在很多组织的绩效考核当中,被考核者常常感到自己对工作的要求并不十分清楚,并且也不知道衡量工作绩效的标准,没有机会了解自己的工作结果,也没有人与被考核者沟通,提出对其完成某项工作的期望。这就让被考核者感觉到是否能在绩效考核中取得好的成绩完全不是自己所能控制的,绩效考核的标准是琢磨不清的,不知道自己到底该做到什么程度才算是好。

**2. 对批评或惩罚的焦虑**

很多员工害怕考核,主要是因为担心考核的后果。他们平常可能有些事情做得并不能让主管完全满意,因此到了考核的时候就担心主管人员会来个秋后算账。

很多员工都有不愉快的考核经历。例如,有家公司的考核标准几乎完全是采用倒扣分形式的。对员工绩效的每个方面,并没有给出做得好的标准是什么,给的全是怎样做是不好的标准,如:没有按时交计划,一次扣一分;迟到一次扣一分等,并按照扣分的情况进行罚款或扣奖金。这样员工就会对绩效考核的令人不愉快的后果倍感焦虑。

**3. 害怕自己的弱点暴露出来**

即使没有惩罚的后果,仅仅是被考核本身也足以使被考核者感到焦虑。任何人都害怕自己的缺点或弱点被别人知道,而考核恰恰提供了这样的机会。如果对考核的结果没有相应的保密措施,使其散布的范围过广,就会给某些被考核者带来不必要的伤害。

# 4.2　绩效考核的实施

相信大多数组织即使没有经过前面所介绍的绩效计划、绩效实施(培训、沟通、信息收集)等阶段,也会进入到绩效考核中来。一年一次或半年一次的绩效考核,大家都不会陌生,未经过计划和持续沟通的考核也就成为了主管人员与员工之间不和的原因之一。前面我们已经提到绩效计划的制定问题,也就是说预先给员工设立好了工作期望,包括应该做什么,应该遵循哪些规章制度,应该达成什么工作结果,应该具备哪些知识技能等等。而这一阶段,就是考核员工的实际工作是否达到了绩效计划的要求。

## 4.2.1　绩效考核的实施原则

所谓绩效考核就是评定和评估员工个人工作绩效的过程和方法。上级主管有责任考核并管理下属员工的绩效情况,并据此做出各种人事管理决定,即以考核的结果作为各种人力资源管理决策的依据。

在建立考核制度及实施人力资源考核时,必须遵循一些基本原则,这些原则既是人力资源考核制度建立的重要理论依据,同时又是良好的、行之有效的绩效考核体系应满足的基本条件。

**1. 公开与开放原则**

绩效考核不是某一个部门更不是某一个人的责任,而是组织内部各级管理者及其下属员工共同的责任,每个人都扮演着考核者和被考核者的角色。这就要求绩效考核必须遵循公开与开放的原则。只有公开,才能取得上下级认同,才能促进上下级之间的沟通与合作。在贯彻开放性原则时,应注意做到以下几点:

- 通过工作分析(或职务分析)确定组织对其成员的期望和要求,制定出客观的考核标准,以此将组织对其成员的期望和要求公开地表示和规定下来。这样就可以使绩效考核具有总体性、全局性的特点,成为人力资源管理的重要组成部分。
- 将绩效考核活动公开化,破除神秘观念,注重进行上下级间的直接对话,避免因缺乏沟通而引起对考核的抵触情绪。
- 引入自我考核及自我申报机制,对公开的考核做出补充。通过自我考核,有利于员工发现自身差距,弥补自身的不足。更重要的是降低了员工的不认同感,避免了分歧与冲突。
- 根据不同的组织,分阶段引入绩效考核的标准和规则,使员工有一个逐步认识、理解的过程。

**2. 反馈与提升原则**

反馈与提升即把考核后的结果及时反馈,好的行为坚持下来,发扬光大;不足之处,加以纠正和弥补。在现代人力资源管理系统中,关注员工绩效水平的持续提升是考核的出发点,缺少反馈的绩效考核体系不能发挥能力开发的功能,无法挖掘员工潜能,就不能实现组织的最大增值。因此,一个好的绩效考核体系必然要构筑反馈系统以对最终结果进行控制。

**3. 定期化与制度化原则**

绩效考核是一种连续性的管理过程,因而必须将其定期化、制度化。它既是对员工能力、工作结果、工作行为与态度等的考核,也是对他们未来行为表现的一种预测。因此,只有定期化、制度化地进行人事考核,才能真正了解员工的潜能,发现组织中的问题,提升组织绩效。

**4. 可靠性与正确性原则**

可靠性又称信度,是指某项测量的一致性和稳定性。绩效考核的信度是指绩效考核方法应保证收集到的人员能力、工作结果、工作行为与态度等信息的稳定性和一致性,它强调不同考核者之间对同一个人或一组人考核应该是一致的。提升绩效考核信度的要点在于,不同的考核者最好使用相同的考核尺度对员工进行考核。当然,前提是这些考核尺度应尽量客观公正。

正确性即效度,是指某测量反映其所测量内容的有效程度。绩效考核的效度是指绩效考核方法测量人的能力与绩效内容的准确性程度,它强调的是内容效度,即考核反映特定工作内容(行为、结果和责任)的程度。

可靠性与正确性是保证绩效考核有效性的必要条件,所以一种绩效考核体系要想获得成功,就必须具备良好的信度和效度。

### 5. 可行性与实用性的原则

所谓可行性是指任何一次考核方案所需的时间、物力、财力要为使用者的客观环境条件所允许。因此，它要求在制定考核方案时，应根据考核目标，设计合理方案，并对其进行可行性分析。对考核方案进行可行性分析时应考虑以下几个因素：

(1)限制因素分析。任何一项考核活动是在一定条件下进行的，必须研究该考核方案所拥有的资源、技术以及其他条件，分析考核方案的适用对象和适用范围。

(2)目标、效益分析。绩效考核应全面分析和确定考核所要实现的目标，全面考量考核为组织所能带来的直接和间接的效益，包括经济效益和社会效益。

(3)潜在的问题分析。绩效考核应预测每一考核方案可能发生的问题、困难、障碍，发生问题的可能性和后果如何，找出原因，准备应变措施。解决这一问题的办法是在实施考核活动前，对各种考核工具进行预试，通过预试发现问题，减少考核误差。

所谓实用性，包括两个方面的含义：一是指考核工具和方法应适合不同测评目的的要求，要根据考核目来设计考核工具；二是指所设计的考核方案应适应不同行业、不同部门、不同岗位人员素质的特点和要求。

### 阅读资料 4-4

　　　参观过大连三洋制冷有限公司生产现场的人们，经常会发现在生产工序旁边竖立的宣传看板上，张贴有写着员工姓名的各种表格，在表格的空格中有打勾打叉的，也有 A、B、C、D，还有一些是分数。这些都是什么意思呢？在管理上有何作用呢？

　　　原来这些表格都是制造部下属各课各班对员工的日常考核记录表，有每天填写更换的，有每周汇总的，有按月公布的，所涉及的内容涵盖了生产现场的质量、安全、环境、工时、纪律、成本等各方面的内容，它主要由班长对本班员工的每天或每周表现进行打分，由课长按月汇总统计，最后形成本课全体员工的月度考核分数表，并在看板上进行公示。

　　　在《制造部生产现场考核管理规定》中，对质量、安全和设备等相关内容给予了不同的分数，满分为 100 分，设定了 A、B、C、D、E 五个考核等级，大致上分为 A 级：90 分及以上，B 级：80～89 分，C 级：70～79 分，D 级：60～69 分，E 级：59 分以下，并且规定了每个级别所占的比例,从而有效地避免了考核人员喜欢打高分的倾向。在制造部,员工的表现是以分数来量化表示的,直接和月度奖金挂钩。在具体的考核方法上,实行的是上级对下级逐级考核的三级评分制,即:班长给员工打分,课长给班长打分,部长给课长打分,逐级对下级的业绩表现进行考核。在考核分数和奖金的对应方面,基本上以 80 分为基数,1 分对应着奖金若干元,对考核成绩在 80 分以上者进行嘉奖,低于 80 分者进行处罚。制造部各课在据此分数对员工进行考核后,各课汇总后的分数随月度考核奖金表一起提交给总务部存档。此外,一些职能部门,也按月对制造部员工进行质量、设备、安全、工艺、纪律等方面的考核,每月末把考核结果直接提交给总务部,并做出对具体员工或班组进行奖罚的建议。总务部在参考了制造部自身的考核情况和职能部门的考核报告后,最终确定员工的奖金,并把职能部门的考核结果张榜公布。

制造部在全部门推广了这一做法,要求课长和班长在考核后必须与员工进行谈话,说明奖罚的原因,并且要求各课按月公布考核分数,进行绩效反馈,增加透明度,同时确定把员工全年各月份的考核分数相加后除以 12 个月,就是该员工全年的平均分数,制造部将据此对员工进行年终奖金分配、晋级、评优、涨工资,以及出国和进修等。

## 4.2.2　绩效考核的过程

为了更好地理解绩效考核的过程,我们将给出一个绩效考核过程的一般做法。绩效考核过程的一般模型包括以下六个阶段:

**1. 观察**

考核者在日常工作中观察被考核者的行为。

**2. 记录**

考核者将这种行为作为被考核者整体绩效的一个部分而记录下来(即考核者形成了原始印象)。

**3. 储存**

考核者将这种信息储存在记忆里,这种信息会在短期以及长期中减退(即考核者不可避免地会忘事儿)。

**4. 回顾**

当需要对被考核者进行考核时,考核者对各个绩效维度进行审查,回顾自己脑子里所储存的观察画面或印象,并且将其与相应的绩效维度进行对比。

**5. 考核**

考核者对信息再次进行审查,并且与其他各种可能的信息结合在一起,最终确定被考核者的考核等级。

**6. 沟通**

考核者与被考核者进行充分的沟通,使被考核者能够充分了解考核的结果,并帮助被考核者认识到自己在工作中取得的进步和存在的问题。

绩效考核的过程实际上就是一个收集信息、整合信息、做出判断并给予反馈的过程。通过这个过程模型我们可以看到,绩效考核并不仅仅是填写考核表而已。为了做好绩效考核的工作,主管人员应该在日常工作中注意对员工行为的观察,主动地收集相应的信息。这个收集信息的过程包括在绩效管理的过程之中。另外,对于考核结果的反馈也是绩效考核过程中的重要组成部分。通过绩效反馈的过程,考核者能够帮助被考核者了解自身的优点和错误,从而更好地改进绩效,达到管理绩效的目的。

### 4.2.3　绩效考核的内容

通常将绩效考核的内容分为:工作业绩考核、工作能力考核和工作态度考核。另外,为了实现一定的人力资源管理目的,人们还往往将潜力考核纳入日常的绩效考核系统中。绩效考核的这四个方面并不是孤立存在的,都是为了实现特定的管理目的,而相互联系并形成一个整体的绩效考核系统。但是,由于考核内容不同,这几类考核各自具有不同的特征。

**1. 业绩考核**

所谓业绩,就是员工职务行为的直接结果。业绩考核就是对员工职务行为的直接结果进行考核的过程。业绩考核是一个被广泛运用的概念,评先进、评劳模、评积极分子、评议干部,大都带有这种色彩。这是因为人们普遍认为业绩应该具有客观可比性,只有依靠业绩对人们进行考核才有可能是公平或公正的。需要强调的是,这个考核的过程不仅要说明各级员工的工作完成情况,更重要的是通过这些考核指导员工有计划地改进工作,以达到组织发展的要求。

对一个组织来说,希望每一个员工的行为都能有利于组织目标的实现,为组织做贡献,这就需要对每个员工的业绩进行考核,并通过考核掌握员工的价值以及对组织贡献的大小。对每个员工来说,组织至少是自己谋生的场所和手段,希望自己的业绩得到公正、公平的考核,自己的贡献得到组织的认可。

业绩考核是对员工承担岗位工作的成果或履行职务的结果所进行的考核。实际上,一个人对组织贡献的大小,不单纯取决于所承担任务完成的状况,也许其工作任务本身就是"无足轻重"，即使干得十分出色，也未必对组织贡献很大。我们必须把对工作本身的考核与对工作者工作情况的考核进行严格的区分，以避免影响考核的准确性。

通常，我们可以从数量、质量和效率三个方面对员工的工作业绩进行考核。但是，仅仅从这些方面考核业绩本身并不能很好地控制员工的绩效，达到绩效管理的目的。因此，常见的绩效考核内容还包括下面将要谈到的工作能力考核及工作态度考核。这两类考核更加主动地对员工行为的过程进行引导，而不仅仅局限于对结果的控制。但是，员工绩效考核作为组织绩效考核中的一环，绝不可能脱离业绩考核而存在。

**2. 能力考核**

能力考核与业绩考核如同跳高运动一样，当跳过某个高度时，就有了对应的成绩，由裁判员进行"绩效考核"。你可能发挥得很好，比其他选手跳得都出色，甚至你可能会打破这一级别的记录，你就应该得到相应的荣誉和嘉奖，这就是"业绩考核"。但你还必须进一步努力，提高跳高技巧和能力，达到更高一级的水平，你才可能享受更高级别的待遇，这就是"能力考核"的意义。

在一些情况下，人们可能由于一些偶然的情况而很好地完成了工作任务。如果单纯地考核工作业绩，就能够得到较高的评价。绩效管理的目的是为了实现组织更加长远的发展目标。因此，单纯进行业绩考核不利于对员工的行为进行长期的、有效的引导。通常，绩效考核还包括对员工的工作能力进行考核。

一般来说，能力由以下四个部分组成：一是常识、专业知识和相关的专业知识；二是技能、技术或技巧；三是工作经验；四是体力。

对一个组织来说，不仅要追求现实的效率，希望现有岗位上的员工能充分发挥每个人的特长和能力，还要追求未来可能的效率，也期盼将有能力的人提升到更高一级或更重要的岗位上去，从而调动全员的积极性。可以说，能力考评不仅仅是一种手段。

能力与业绩有显著的差异。业绩是外在的，是可以把握的，而能力是内在的，难以衡量和比较。这是事实，也是能力考核的难点。但是，能力也是"客观存在"的现象，可以感知和察觉，可以通过一系列手段去把握能力的存在以及其在不同员工之间的差异。

在组织绩效管理中，与一般的能力测量不同，员工能力考核是考核其在岗位工作过程中显示和发挥出来的能力，如员工在工作中判断理解指令是否正确、迅速；协调上下级关系是否得体、有效等。依据员工在工作中的行为和表现，参照标准或要求，考核他的能力发挥得如何，评判其能力是大是小，是强是弱等。总之，能力考核是根据工作说明书规定的岗位要求，对应于员工所担任的工作，对其能力所作出的评定过程。

　　通常,对于那些不易改变的、可以通过资格审查说明的能力,我们并不会在日常的绩效考核中进行考核,而只是在较长的周期结束之后进行一次测评或资格认证。这种考核所反映的工作能力与员工在现实中所表现出来的工作能力并不相符。在能力考核中,我们注重的是这些能力在工作时集中的发挥状况。另外,日常的能力考核往往结合潜力考核进行。潜力是与能力考核中所考核的、员工在工作中发挥出的能力相对应的、潜在的能力。

### 3. 潜力考核

　　所谓潜力,即潜在能力。潜力是相对于在职务工作中发挥出来的能力而言的、员工具有但并没有在工作中发挥出来的能力。一个人没能将能力充分发挥出来主要是由于四个方面的原因:一是没有获得相应的工作机会,从而失去了发挥能力的舞台;二是工作设计或分配中出现问题,承担的工作任务不合理,不能发挥出所具有的全部能力;三是上级的指导或指令有误,影响其能力的发挥;四是公司没有提供科学、必要的能力开发计划。一个人要在工作时集中充分发挥现有的能力,还需要进行必要的能力开发,完善能力结构。否则,就可能由于缺少某一方面的知识或技能而无法发挥全部的潜力。

　　所谓潜力考核就是通过各种手段了解员工的潜力,找出阻碍员工发挥潜力的原因,更好地将员工的工作潜力发挥出来,将潜力转化为现实的工作能力。

　　能力考核是对员工通过职务行为反映出来的能力进行考核,而潜力考核针对的则是如何考核员工在现任工作中没有机会发挥出来的能力。通过潜力考核,我们可以为工作轮换、升迁等各种人事决策提供依据。

　　潜力考核往往可以运用各种专业的测量手段来进行。各国学者已经开发出各种各样的量表,众多相关咨询机构也向它们的客户提供此类的服务。但是,就组织日常进行的绩效考核手段而言,通常有三方面的信息可以用于对员工的潜力进行考核。这三方面的信息分别来源于能力考核的结果、相关的工作年限以及有关的各种证书等。组织通过考察员工的工作年限和相关资格证书等客观的、相对稳定的情况来考核员工的工作潜力的周期,一般要长于日常的绩效考核周期。但是,潜力考核往往不能与能力考核相脱离。通过能力考核对员工的潜力进行推断是非常常见的做法。如果组织有意识地要对员工的工作潜力进行考核,在选择能力评价指标时就会有所考虑。

### 4. 态度考核

　　一般说来,能力越强,业绩可能就越好。可是在组织中常常见到这样一种现象:一个人能力很强,但出工不出力;而另一个人能力不强,却兢兢业业,干得很不错。两种不同的工作态度,就产生了截然不同的工作结果,这与能力无直接关系,主要与工作态度有关。所以,需要对员工的工作态度进行考核。组织不能容忍缺乏干劲和工作热情的员工,尤其是懒汉的存在。

工作态度是工作能力向工作业绩转换的"调节",但是,即使态度不错,能力未必全能发挥出来,并转换为业绩。这是因为从能力向业绩转换过程中,还需要除个人努力因素之外的一些"辅助条件",有些是组织内部条件,如分工是否合适,指令是否正确,工作场地是否良好等;有些是组织外部条件,如市场的供求关系、产品的销售状况、原材料保证程度等。

工作态度与工作业绩、工作能力三者之间的关系可以用图 4-1 表示。

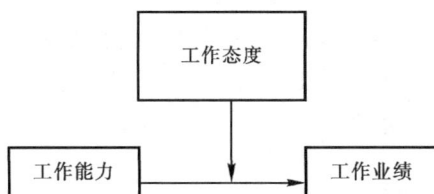

图 4-1　工作能力、工作态度与工作业绩的关系

工作态度是影响工作能力向工作业绩转化的重要干涉变量。因此,通过对工作态度的考核引导员工改善工作态度,是促进员工达成绩效目标的重要手段。工作态度考核要剔除本人以外的因素和条件。由于工作条件好,而做出了好成绩,如果不剔除这一"运气"上的因素,就不能保证考核的公正性和公平性。相反,由于工作条件恶化,使业绩受挫,并非个人不努力,绩效考核时也必须予以充分考虑。这是态度考核与业绩考核的不同之处。

另外,态度考核与其他项目的区别是,不管你的职位高低,不管你的能力大小,态度考核的重点是工作的认真度、责任度,工作的努力程度,是否有干劲、有热情,是否忠于职守,是否服从命令等等。一般情况下,对工作态度的考核往往采用过程考核的方式进行,而工作能力考核则可以是过程考核,也可以是结果考核。

## 4.2.4　绩效考核应注意的几个问题

一个设计科学、执行效率高的绩效考核系统必须得到员工的欢迎和认可。毕竟绩效考核的考核对象是人,考核的实施者也是人。因此,充分考虑到人的要求才能够真正让绩效考核系统发挥作用。为此,我们在进行绩效考核系统设计工作时还应该注意以下问题:

(1)力求简单。并不是越复杂的绩效考核系统就越有效。力求简单方能让员工更好地接受并高效率地执行这套制度。

（2）尽量减少不必要的文字工作。员工们常常抱怨绩效考核带来了许多额外的文字工作。这种繁琐的文字工作容易使人对制度本身产生厌烦情绪。尽量减少文字工作十分必要。

（3）节约时间。人们往往会将绩效考核视为正常职务工作之外的额外工作。如果占用过多的时间，将很可能引起员工的不满。尽量节约员工的时间是获得员工认可的前提。

（4）提供最大限度的愉快，或者尽量减少不愉快。绩效考核中人们往往要面对不愉快的批评。因此，设计工作中应注意尽量减少这种负面考核结果所带来的影响。

总之，绩效考核的设计者应该充分考虑怎样才能更好地满足管理者、员工和组织的工作需要。获得管理者和员工的认可是绩效考核获得成功的前提条件。如果管理者和员工认为它是在浪费时间，它就不可能很有效。

## 阅读资料 4-5

　　健成公司是一家生产、销售乳制品的大型食品饮料企业，该公司产品主要销往市内各大商场、超市等零售网点。销售员每天都要深入销售网点，除了新品谈判、贷款结算业务外，更重要的是网络维护、卖场销售情况反馈、终端促销员管理等工作。由于公司近几个月已经没有新产品推出，并且贷款结算大都为月结，规律性较强，公司陈老板便认为员工无所事事，甚至没有作为。于是找到了主管营销的副总经理，让其拿出一套绩效考核体系，以加强对销售人员管理，防止他们在市场上"浪费"时间。营销副总接受任务后，绞尽脑汁设计出了一套表格，要求销售人员逐日填写每天访问客户、时间、接洽人、工作内容、接洽人电话等内容。刚开始，销售人员还如实填写，但后来便产生了抵触情绪，认为这是公司对员工的严重不信任，于是就开始在表格上信手"涂鸦"。虽然营销副总也曾通过打电话给客户以监督、检查表格内填写内容是否真实，可是执行起来并不容易，经常找不到人，并且客户也没有义务配合你，而营销副总又不能到实地去核查，实际上这种考核"流产"了，根本反映不了销售人员的实际工作量。

# 4.3　绩效考核主体与绩效考核频率

## 4.3.1　选择恰当的考核者

考核主体是否能够与考核内容相匹配？考核者是否真正掌握了绩效考核的方法和要点？这些问题都是在绩效考核中与考核主体一方有关的问题。绩效考核主体的选择和考核者培训是决定绩效考核系统科学性和有效性的一个关键因素。

**1. 绩效考核主体选择的一般原则**

绩效考核主体指的是对被考核者作出考核的人。在设计绩效考核体系时，考核主体与考核内容相匹配是一个非常重要的原则。选择什么样的考核主体在很大程度上与所要考核的内容相关，同时也影响着考核内容的选择。我们认为，绩效考核主体选择的一般原则有以下三点：

（1）绩效考核主体所考核的内容必须基于他所掌握的情况。这一原则是显而易见的。如果要求考核者对于他所不能看到的情况做出考核，那么这种考核一定是不准确的，必将对整个绩效考核的准确性和公正性产生不良的影响。

（2）绩效考核主体对所考核岗位的工作内容有一定的了解。绩效考核的主体不但应该了解所考核的内容，而且对于该岗位的工作内容也应该有一定程度的了解。员工的任何职务行为都是基于实现一定职责任务的目的，并不是孤立的行为。缺乏对岗位的全面了解往往可能做出以偏概全的判断。因此，在 360 度绩效反馈计划中，来自组织内外的众多考核者只是起到了提供反馈信息的作用。他们对考核对象做出的考核结论往往不能作为管理决策的依据。

（3）有助于实现一定的管理目的。员工的直接上级往往是最重要的考核主体。因为员工的直接上级应该对员工的职务工作履行监督和指导的职能。在这种情况下，直接上级可以通过绩效考核者的身份更好地监督、了解并控制员工的绩效表现，更好地整合全部下属员工的工作，从而更好地实现团队或部门的整体工作目标。

**阅读资料 4-6**

### 谁是绩效考核的主体

凯达公司是一家集碳酸、果汁饮品生产销售于一体的中型企业。公司王老板最近很苦恼，原来公司销售部、市场部和公司人力资源部经理因为营销人员绩效考核问题较上了劲,并且还在部门经理例会上吵了起来,影响很不好。事情的起因是这样的,原来销售部所属的一名送货业务员由于早晨交通拥挤的原因送货迟了一些,进而导致商场断货,商场于是打来了投诉电话。结果人力资源部经理知道了这件事,坚持要从重处罚这名送货员,而销售部经理则认为这是客观原因造成的,不应处罚送货员。在凯达公司,这类事情已经发生过很多次,按照公司的考核标准这会影响到整个销售部的业绩,销售经理自然不服气。由于销售部和市场部作为营销系统的两大部门,两位经理的关系很好,并且市场部也不满意人力资源部制定的所谓绩效考核模式。于是,导致他们"联手"抵制人力资源部。更严重的是,销售部、市场部经理还找到了王老板,扬言如果人力资源部经理不"走人",那他们就走。面对这些曾经在商场上和自己"出生入死"的兄弟们,王老板没了辙。人力资源部倡导绩效考核,自然没错,不能打击他的积极性,可是销售部经理所言也有道理,市场更不能乱。如此"内耗"下去企业怎么办?王老板百思不得其解,陷入极度困惑之中。

一般情况下绩效考核系统中可能的考核主体包括:直接上级、同事、员工本人、下属以及顾客、供应商等组织外部的人员。下面我们将针对这些情况一一作出说明。

### 2. 不同考核主体的比较

显然,绩效考核主体是多种多样的。不同考核主体具有不同的特点,在绩效考核中承担了不同的考核责任乃至管理责任。选择不同考核主体不仅是绩效考核的需要,同时也是实现绩效管理目的的需要。从这一点看,绩效考核主体的选择并不仅仅是为了更好地落实绩效考核的工作,也是为了更好地对员工绩效进行管理。

(1)上级考核。上级考核是大多数组织使用的考核方式。研究表明,目前大约有 98%的组织将绩效考核视为员工直接上级的责任。由于员工的直接上级通常是最熟悉下属工作情况的人,而且他们对考核的内容通常也比较熟悉。因此,上级考核方式在实践中被广泛地运用,并没有引发过多的争议。实际上,上级考核的另一方面的意义在于实现一定的管理目的和开发目的。对于直接上级而言,绩效考核作为绩效管理的一个重要环节,为他们提供了一种引导和监督员工行为的手段,从而帮助他们促进部门或团队工作的顺利进行。如果上级主管没有进行绩效考核的权力,将会削弱他们对于其下属的控制力。此外,上级还对员工的成长与发展负有责任,在考核下属绩效的同时,也为制定下属的培训发展计划打下了基础。上级考核的局限性在于并非员工所有的工作活动都暴露在上级的视野之中,员工很多时候是在独立工作,或者在与其他人打交道而不是和自己的上级打交道,因此上级对员工绩效的了解也是有限的。上级对员工的考核有时也可能不够公正,这可能是由于上级往往是一些重要的人事决策——例如加薪、奖金发放、职位变动等的主要决定者,因此有时可能会更多考虑在部门内部的平衡,另外上级在与员工交往的过程中也可能形成某些偏见。

(2)同级考核。共同工作的同级别员工参与员工绩效考核的机会正日益增加。虽然上级的考核很有价值,但是一些组织还是增加了同级考核来补充甚至取代那些由上级做出的考核。事实上,同级和上级是从不同的角度来看待某个人的绩效的。通常,上级掌握着更多的有关绩效期望和绩效结果的资料。而同事们则经常以一种不同的、更现实的眼光来看待某一员工的工作绩效。例如,同事在关注被考核者绩效时会更多地考虑相互之间在工作中的合作情况,这一点是上级难以准确评价的。另外,员工通常会把自己最好的一面展示给上级,但与其朝夕相处的同事却可能看到他较真实的一面,同事参与考核可以促进员工工作表现。使用同事考核来对上级考核进行补充,有助于形成关于个人绩效的一致性意见。

但是,使用同级考核可能会出现一些特殊的问题。例如,当绩效考核的结果与薪酬和晋升等激励措施结合得十分密切时,同级之间会产生某种利益上的冲突。这将限制同事评分的可行程度。同事考核有时会受到个人感情因素、关系因素等影响而带有主观性,或者碍于面子都给出不错的评价,不愿指出别人的缺点和不足。同事考核中还可能会存在"相互标榜"的问题,即所有同事都串通起来,相互将对方的工作绩效评价为较高的等级。另外,如果一个部门中员工人数较多时,每个人都对其他人进行评价,操作起来较为繁琐。

组织在使用同级考核方法时还必须注意,在对评价结果进行复核时要保持机密性。任何泄密都会伤害员工之间的感情,并使员工之间产生敌意。

(3)自我考核。有些组织在进行工作绩效考核时,还采用员工自我考核法(当然,通常是与上级考核结合起来使用的)。如果员工理解了他们所期望取得的目标以及将来考核他们所采用的标准,则他们在很大程度上处于考核自己业绩的最佳位置。许多人都了解自己在工作中哪些做得好,哪些是他们需要改进的,如果给他们机会,他们就会客观地对自己的工作业绩进行考核,并采取必要的措施进行改进。另外,自我考核的员工会在自我工作技能开发等方面变得更加积极和主动。自我考核受到那些重视员工参与和发展的主管人员的认同与欢迎。

但是,反对自我考核的人却认为,较之由上级主管进行考核,员工在自我考核时会对自己更为宽容,并倾向于夸大其优点。比如,一项研究显示,当员工被要求对自己的工作绩效进行判断时,所有各种类型员工中有 40%的人将他们自己放到绩效最好的 10%("最好者之一")之中;剩下的人要么是将自己放入前 25%("大大超出一般水平")之列;要么是将自己放入前50%("超出一般水平")之列。通常情况下,只有极少数的人(占该研究样本总数的2%左右)将自己列入低绩效等级范围之列,而那些总是将自己列入高绩效等级的员工,在很多时候则往往是低于一般绩效水平的。

因此,自我考核方式应当慎重地加以使用。通常人们认为,自我考核作为一种考核工具可能并不是那么有效,这种考核方式的最大意义实际上在于人员开发。基于这个原因,自我考核更适合于发展的用途而不适合于管理控制的用途。

(4)下属考核。下属考核这种方法不仅为大公司(如施乐公司和惠普公司等)所采用,同样也为小公司所运用。这种方法能够使上级主管了解到下属员工是如何评价他们的。在评价主管人员时,员工是非常有资格发言的,因为他们经常与其上司接触,并站在一个独特的角度观察许多与工作有关的行为。因此,下属比较适合评价的是上司的领导艺术和管理行为、公正性等方面。但是,对主管人员工作的某些特殊方面运用下属评价却不太恰当,比如计划与组织、预算、创造力、分析能力等方面。

在一个缺乏开放、民主的组织文化的组织中,下属在评价上司的时候可能会有所保留,害怕被报复、给小鞋穿而不敢指出上司的缺点。因此,评价最好是匿名的。

另外,在各类组织诊断中,来自普通员工的判断能够从更大的范围内体现组织的绩效状况。对员工进行广泛的问卷调查,成为了解组织管理状况的重要手段。即使员工并没有作为日常绩效考核工作的考核主体,组织管理者在日常管理工作中也不可能忽视来自员工的意见。进行不定期的员工调查已经成为许多组织的日常工作。

(5)顾客考核与供应商考核。有些员工的工作产出是直接提供给客户的,那么客户对该员工所提供的工作产出是否满意,以及对该员工在与客户打交道时的行为表现是否满意,对被考核的员工和整个组织来说都是非常重要的。对这些员工的绩效考核,最常见的做法就是将顾客和供应商纳入考核主体之中。这种做法是为了能够了解那些只有特定外部成员能够感知的绩效情况,或通过设定特殊的考核主体引导被考核者的行为。例如,对于一个教师来说,他在课堂上的授课情况如何是其绩效的重要组成部分。而教师的上级主管却不可能了解教师授课的全部情况,他们最多只能抽取教师的部分课时进行听课和评价。作为教师授课对象的学生由于对教师的授课情况非常了解,而且教师的绩效中重要的组成部分是学生的满意程度,因此,由学生评价教师的授课质量是非常必要和恰当的。更重要的是,由于顾客的满意度成为组织成功的关键影响因素,这类组织通过将顾客作为评价主体,以促进员工更好地为顾客提供服务。

与外部客户考核相比,内部客户考核包括组织内部任何得到其他员工服务支持的人。比如,主管人员得到了人力资源部门招聘和培训员工的服务支持,那么,主管人员就可以成为对人力资源部门进行考核的内部客户。不管是从管理的角度还是发展的角度,内部客户都可以对员工绩效考核提供各类有用的信息。

### 4.3.2　*360 度绩效考核*

　　工作往往具有多面性,而不同的人观察到的方面也是不同的。许多公司已经将各种考核方法所得到的信息综合使用,并产生全方位(360 度)考核和反馈体系。正如这种方法的名称所示,360 度绩效考核为了给员工一个最正确的考核结果而尽可能地结合所有方面的信息,这些方面包括:上司、同事、自己、下属、客户与供应商等(见图 4-2)。这种绩效考核更重要的目的是用于了解员工在哪些方面做得好,在哪些方面做得不好,从而在今后的工作中改进。它表明的是一个个体或团队主动获取绩效反馈信息的行为。360 度绩效反馈信息更主要地是用于发展的目的,而不是根据这些信息进行奖惩。

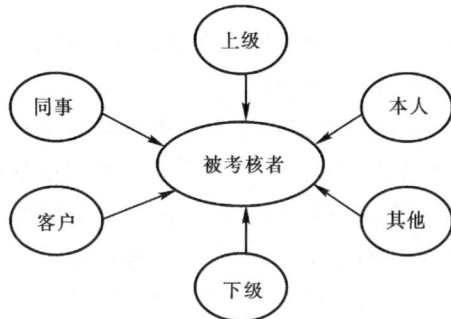

图 4-2　360 度考核

#### 1. 360 度绩效考核的优势和局限性

　　尽管最初 360 度考核系统仅仅为了发展的目的,特别是为管理发展和职业发展所用,但这种方法正逐步运用于绩效考核和其他管理用途。最近的一项调查显示,入选《财富》的 1000 家企业中,超过 90% 的企业已经将 360 度反馈系统的某些部分运用于职业发展和绩效考核中。国内有的企业采用 360 度绩效反馈方法,结果却因为实施的效果不理想而无法推行下去,并由此引发了关于 360 度考核的争论(见表 4-1)。

表 4 - 1　有关 360 度考核的争论

| 支持 | 反对 |
| --- | --- |
| 1. 由于信息是从多方面收集的,因此这种方法比较公正<br>2. 信息的质量比较好(反馈的质量比数量重要)<br>3. 由于这种方法更重视内部/外部客户和工作小组这些因素,因此它使全面质量管理得以改进<br>4. 由于信息反馈来自多人而不是单个人,因此减少了存在偏见的可能<br>5. 来自同事和其他方面的反馈信息有助于员工自我发展 | 1. 综合各方面信息增加了系统的复杂性<br>2. 如果员工感到参与考核人是联合起来对付他,参与考核人可能受到胁迫,而且会产生怨恨<br>3. 有可能产生相互冲突的考核,尽管各种考核在其各自的立场是正确的<br>4. 需要经过培训才能使系统有效工作<br>5. 员工会做出不正确的考核,为了串通或仅仅是对系统开个玩笑 |

　　尽管 360 度考核的应用和使用范围还存在这样那样的争论,但与传统绩效考核工具相比,它具有以下这样一些优势:

　　(1)比较公平公正。它具有许多单个主体进行绩效考核所不具有的优点。最重要的优点在于,多主体考核的方式通过多渠道的考核信息增加了考核的客观性程度。不同的考核主体从不同角度出发可能做出不同的结论。由于视角不同,他们可能犯的考核误差也各不相同。因此,多人考核所得出的综合性结果在很大程度上比单一考核主体做出的考核结果更加可信、公正和易于接受。此外,当考核者们在考核等级上有分歧时,恰恰就是向我们反映了不同情况下员工的绩效表现。这正是绩效管理中十分必要的信息。实施 360 度绩效考核,从程序上看,员工不仅有机会被考核,而且有同等的权利考核他人,员工参与性高。

　　(2)加强了部门之间的沟通。360 度绩效考核程序包含直线主管介绍员工岗位职责和员工所在部门工作的内容、特点、职责、成绩和困难,以及为克服这些困难员工所付出的努力,因此这种方式增进了整个组织内员工的相互了解,促进了员工在以后的工作中能从对方的角度出发考虑问题,化解矛盾,相互配合。

　　(3)人事部门据此开展工作较容易。从 360 度绩效考核中获得的考核结果较客观公正,使人事部门依据它实行的奖惩措施较易推行,如依据 360 度考核结果发放年终奖的做法就获得了大多数员工的支持,领导也较满意。

**2. 保障措施**

　　当然,采用 360 度考核来提取员工绩效信息也存在一定的局限性:一是收集信息的成本较高,也更为复杂,因为这种方法涉及到的数据和信息比单渠道反馈法要多得多;二是来自不同方面的意见可能会发生冲突,在综合处理各种考核信息时要特别注意事实依据;三是员工可能会串通起来集体作弊,如小组成员相互打高分等等。

在实际操作时,可以根据实际情况对360度考核进行适当变通,例如有的时候可以是180度,对主管人员的考核采用上级、下属、自我考核的结合。同时,还需要采取相应的措施来保证考核信息的质量。当英特尔公司建立了360度考核体系后,它还建立了以下保障措施以使考核信息的质量达到最优和可接受程度达到最大。

(1)确保匿名。确保员工不会知道其他任何人对他的考核(不包括上司)。

(2)使信息反馈者富有责任感。上司应该与每个参与考核的人员进行讨论,让每个人知道他是否正确使用了考核标准、是否做出了可靠考核以及其他人是如何参与考核的。

(3)防止对系统"开玩笑"。有些人试图通过给高分或低分来帮助或伤害某个员工。小组成员有可能串通一气统一打高分。上司应该查出这些明显的"作弊"行为。

(4)使用统计程序。使用加权平均或其他数量方法来综合考核。上司应该慎用主观的方法,因为这有可能对系统造成破坏。

(5)辨认和鉴别偏见。如检查是否存在年龄、性别、种族或其他方面的偏见。

表4-2是美国通用研发中心360度绩效考核案例。

**表4-2　GE研发中心360度考核表**

| 项目 | 考核评定标准 | 上级 | 同级 | 下属 | 其他 |
|---|---|---|---|---|---|
| 工作目标 | 1. 清楚简单地使他人理解公司研发中心的工作目标;使他人清楚地了解组织的方向<br>2. 激励他人致力于完成公司研发中心的工作目标;以身作则<br>3. 想得远,看得广,向想象挑战<br>4. 如果必要,需完善公司的工作目标以防不断加剧的变化影响公司的业务 | | | | |
| 主人翁精神 | 1. 在公司的所有活动中加强公司的使命感及战略紧迫性;用积极的态度使他人了解公司碰到的挑战<br>2. 用专业技能有效影响公司及研发中心的行为和业务决策,无论成败敢于承担责任 | | | | |

| 项目 | 考核评定标准 | 上级 | 同级 | 下属 | 其他 |
|---|---|---|---|---|---|
| 以顾客为中心 | 1. 听顾客发表意见,把令顾客满意作为工作的最先考虑,包括令公司内部的顾客满意<br>2. 通过跨功能、多元化的意识展示对业务的全面掌握和认识<br>3. 打破壁垒,发展业务之间、功能之间、团队之间的相互影响的关系<br>4. 做出的决策要反映公司的全球观及顾客观<br>5. 将速度作为一种竞争优势 | | | | |
| 责任心 | 坚持公司道德的最高标准;服从并宣传 GE 及公司研发中心的所有政策:"做正确的事情" | | | | |
| 廉洁正直 | 1. 言行一致,受到他人的完全信任<br>2. 实现对供应商、顾客、管理层和雇员的承诺<br>3. 表现自己坚持信仰、思想及合作的勇气和信心,表现自己对防止环境受到危害有不可推卸的责任 | | | | |
| 鼓励最佳表现 | 1. 憎恨/避免"官僚",并努力实现简明扼要<br>2. 不断寻求新方法改进工作环境、方式和程序<br>3. 努力改进自己的弱项,为自己的错误勇于承担责任<br>4. 为最佳表现确定富有挑战性的标准和期望;承认并奖励取得的成就<br>5. 充分发挥来自不同文化、种族、性别的团队成员的积极性 | | | | |
| 刺激变化 | 1. 创造真正的积极变化,把变化看做是机遇<br>2. 积极质疑现状,提倡明智的试验和冒险 | | | | |
| 团队工作 | 1. 迅速实施加以改进的好的工作方法<br>2. 提倡发表不同看法,因为这些看法对积极变化非常重要<br>3. 发挥既是一名团队领导,又是一名团队成员的积极作用<br>4. 尊重团队成员的才智和贡献;创造一种人人可以参与的环境<br>5. 将团队的目标和组织与其他团队的目标联系起来<br>6. 热情支持团队,即使团队处于困境当中;对团队的错误承担责任<br>7. 解决问题时不疏远团队成员 | | | | |

| 项目 | 考核评定标准 | 上级 | 同级 | 下属 | 其他 |
|---|---|---|---|---|---|
| 自信 | 1. 承认自己的力量和局限,从团队成员那里寻求坦率的反馈<br>2. 境况不佳时也能保持性情不变<br>3. 公开诚实地和大家一起探讨问题,超越传统的边界分享信息,易于接受新思想 | | | | |
| 沟通 | 1. 向团队成员和供应商解释 GE 和研发中心的工作目标及挑战<br>2. 本着公开、坦率、清晰、全面及持续的态度进行沟通,欢迎不同意见<br>3. 和大家一起探讨开展一个项目、计划或程序的最佳做法<br>4. 积极倾听,对团队成员显示真正的兴趣 | | | | |
| 授权 | 1. 敢于将重要任务交给下属去做,而不是只让下属做不喜欢做的事<br>2. 让下属拥有与责任相匹配的权利,并给他们完成工作必须的资源保证<br>3. 促进下属和同事独立发展的能力,适当的时候应将功劳归于他们<br>4. 充分利用团队成员(文化、种族、性别)的多样性来取得成功 | | | | |
| 发展技能 | 1. 使工作/任务有利于雇员的个人发展与成长,和团队成员一起分享知识和专业技能<br>2. 确定富有挑战性的目标以促进、提高现有水平,开发新技能<br>3. 给下属的表现和职业发展不断提供坦率的教导和信息反馈,并用书面形式记载结果<br>4. 尊重每个人的尊严,信任每个人 | | | | |

### 4.3.3　确定恰当的考核频率

组织绩效考核的频率设计主要有两个控制点：一是实施绩效考核的时间；二是在不同的时间段实施绩效考核的内容和技术手段。

不同类型的组织进行绩效考核的频率可能不同。生产型企业可以按照日、周、旬、月、季、半年、全年这样的频率设置绩效考核点；贸易型企业则难以做到这么细，一般按照季、半年和全年设置考核点。对于不同工作性质的员工，绩效考核频率的设计也可能不同，例如对于销售人员来说，可以按日、周、旬或月来考核，也可以按照季度来考核，对于财务人员或技术开发人员，可以按照季度、半年或全年的频率来设计。

从所考核的绩效指标来看，不同的绩效指标需要不同的考核频率。对于任务绩效的指标，可能需要较短的考核周期，例如一个月。这样做的好处是：一方面，在较短的时间内，考核者对被考核者在这些方面的工作产出有较清晰的记录和印象，如果都等到年底再进行考核，恐怕就只能凭借主观的感觉了；另一方面，对工作的产出及时进行考核和反馈，有利于及时地改进工作，避免将问题一起积攒到年底来处理。对于能力等考核指标，则适合于在相对较长的时期内进行考核，例如半年或一年，因为这些关于人的表现的指标具有相对的稳定性，需较长时间才能得出结论。不过，应在平时就进行一些简单的行为记录作为考核时的依据。

在不同的时间，进行的绩效考核的内容和操作技术也不相同。一般地说，全年度考核时，考核指标设置较齐全，组织管理者希望借助年度绩效考核全面衡量和分析组织的发展状况，半年度（年中）或季度考核的指标则相对少些，操作方式也相对简单些；按月或周或日考核，通常是固定某个格式进行，内容标准化和操作规范化程度比较高。

# 4.4　考核者误差及其应对策略

### 4.4.1　考核者误差的类型

要客观公正地对员工或主管的能力、绩效进行一次完整的考核，无论是对考核者还是对被考核者来说都是一件相当头痛的事情。对考核者而言，要求他们在考核中做到绝对的公正无私几乎是不可能的，因为人都是有感情的，尤其在中国这样一个重关系讲情面的社会文化氛围中，要求考核者完全跳出人情圈子，从第三方的角度对员工进行公正无私、没有丝毫个人感情色彩的考核，这是不现实的。所以当某些考核关系到被考核者切身利益时，考核者的个人感受在其中作用就很大了，因为他们往往会不自觉地偏向于那些与他们关系较好的被考核者。对于被考核者而言,他们的薪水增加与否、提升与否、职业发展等都无不与某些考核结果有关,他们都希望考核者能高估至少是不低估自己的业绩和工作能力。因此他们都希望得到一种相对来说较为"公平"的考核方式,但是没有哪一种考核方式会让每一个被考核者都感觉公平,所以,无论考核者采用哪种考核方式,都会对某些员工造成相对的"不公平",都将不可避免出现或多或少的误差。考核者误差的类型有很多,下面将对一些较为常见的误差类型进行分析。

**1. 晕轮误差**

晕轮误差通常又被称为晕轮效应。在绩效考核中,晕轮效应具体就是指由于整体印象而影响个别特性考核的倾向。晕轮效应意味着,如果你对下属某一绩效要素的考核较高,会导致你对此人的其他绩效要素也会考核较高。有关晕轮效应的例子在我们的日常生活中经常发生。中国有句成语叫"爱屋及乌",反映的就是这种晕轮效应。在绩效考核中晕轮效应十分常见。例如,某位主管人员对下属的某一绩效要素(如口头表达能力)的考核较高,导致其对此员工其他所有绩效要素的考核也较高。同时,员工一般对那些对下属和颜悦色、比较客气的上级会有好感。这样的上级工作能力也许不强,但员工倾向于对该上级的其他方面也给予较高的考核。这种情况对于绩效考核的有效性十分有害。

**2. 逻辑误差**

逻辑误差指的是考核者在对某些有逻辑关系的考核要素进行考核时,使用简单的推理而造成的误差。在绩效考核中产生逻辑误差的原因是由于两个考核要素之间的高相关性。例如,很多考核者认为"社交能力和谈判能力之间有很密切的逻辑关系",于是,他们在进行绩效考核时往往会依据"社交能力强",而对某员工做出"谈判能力当然也强"的考核。

晕轮误差与逻辑误差的本质区别在于:晕轮误差与被考核者个人因素有很大关系,并且只在同一个人的各个特点之间发生作用,在绩效考核中表现为在对同一个人各个考核指标进行考核时发生作用;而逻辑误差与被考核者个人因素无关,它是由于考核者认为考核要素之间存在必然逻辑关系而产生的。

**3. 宽大化倾向**

宽大化倾向是全世界最为盛行的考核误差行为。受这种行为倾向的影响,考核者对考核对象所作的考核往往高于其实际成绩。这种现象产生的原因主要有:

- 考核者为了保护下属,避免留下不良绩效的书面记录,因此不愿意严格地考核部下;
- 考核者希望自己部下的成绩优于其他部门员工的成绩;
- 考核者对考核工作缺乏自信心,避免引起考核争议;

- 考核要素的考核标准不明确；
- 考核者想要鼓励工作表现有进步的员工。

在宽大化倾向的影响下，绩效考核的结果会产生极大的偏差。具体而言，对绩效出色的员工来说，他们将会对考核的结果产生强烈的不满，影响他们的工作积极性。既然做好做坏一个样，一些本来存在消极情绪的员工就会安于现状，不思进取，甚至没有以往工作积极。而对于抱负远大的员工来说，宽大化倾向的考核方式会让他们觉得自己的个人价值没有得到很好体现，他们可能会选择离开组织，造成组织优秀人才流失。而对于绩效很差的员工来说，一方面，他无法了解自己需要提高哪一方面绩效，甚至会误以为自己已经做得很不错了，从而继续维持现状，使绩效得不到提高，绩效管理的目标无法得到实现；另一方面，就算绩效差的员工意识到自己的不足，在组织内部宽大政策影响下，他很可能不会积极主动地提高自己的水平；除此之外，由于该员工有一个比较满意的考核记录，管理人员想解雇他也会由于缺乏理由而无法实现。

### 4. 严格化倾向

严格化倾向是与宽大化倾向相对应的另一种可能的考核者行为倾向。严格化倾向是指考核者对员工工作业绩的考核过分严格的倾向。在现实中，有些考核者在考核其下属员工时喜欢采用比公司制定的标准更加苛刻的标准。严格化倾向产生的原因是：

- 考核者对各种考核因素缺乏足够的了解；
- 为了惩罚一个顽固的或难以对付的员工；
- 为了鼓励一个有问题的员工主动辞职；
- 为下一次有计划的解雇制造一个有说服力的记录；
- 为了缩减凭业绩提薪的下属的数量；
- 为了遵守组织的规定（组织不提倡主管人员给出高考核）。

如果一名考核者对整个部门过分严格，该部门的员工在加薪和提升方面都将受到影响，员工们没有得到相应的激励，就会对公司产生对抗心理，从而出现消极怠工或者阳奉阴违的负面影响；如果对某一特定的员工考核过分严格，则有可能受到歧视员工的指控。因此，人力资源管理者必须采取措施使考核者明白如何避免这种情况发生。

### 5. 中心化倾向

中心化倾向是指考核者对一组考核对象做出的考核结果相差不多，或者都集中在考核尺度的中心附近，导致考核成绩拉不开距离。当发生这种错误时，所有员工均会得到平均或接近平均的得分，致使主管不能辨明谁是最佳和谁是最差的工作者。例如,在图示量表法中,设计者规定了从第一等级到第五等级的五个考核等级。主管人员很可能会避开较高的等级和较低的等级,而将他们的大多数下属都评定在第二、三、四这三个等级上。中心化倾向产生的原因是:

- 人们往往不愿意做出"极好"、"极差"之类的极端考核;
- 考核者对考核对象不太了解,难以做出准确的考核;
- 考核者对考核工作缺乏自信;
- 考核要素的说明不完整、考核方法不明确;
- 有些组织要求对过高或过低考核写出书面鉴定,怕引起争议。

### 6. 首因误差

首因误差,亦称第一印象误差,是指员工在绩效考核初期的绩效表现对考核者考核其以后的绩效表现产生延续性影响。例如,有一名员工在刚刚进入某个部门之初工作热情很高,不但超额完成业务量,还经常主动请求上级给他布置工作,这种员工自然人人都会喜欢,所以给上级留下了极为深刻的印象。实际上他的热情只持续了一两个月,在以后工作中表现并不出色,按理说在整个绩效考核期间他的平均工作绩效不是很好,但是上级还是根据最初的印象给他较高的考核。

首因误差会给考核工作带来消极的影响,使考核结果不能正确地反映被考核者的真实情况。

### 7. 近因误差

近因误差也称近期行为偏见,是指考核者只凭员工的近期(绩效考核期间的最后阶段)行为表现进行考核。这意味着员工在绩效考核期间最后阶段绩效表现的好坏决定了他们整个考核期间绩效的好坏。例如,某些组织一年进行一次绩效考核,当评定某一个具体考核要素时,对于考核者来说,对最近行为的记忆要比对遥远的过去所发生的行为的记忆更为清晰,考核者通常不可能回想起在整个考核阶段中发生的与该考核要素相关的员工行为。这种"记忆衰退"就会造成近期行为误差。

在实际工作中,由于员工往往会在考核之前的几天或几周里表现积极,工作效率明显提高,这种情况会使绩效考核做出不恰当的结论。

### 8. 个人偏见

考核者个人偏见是指考核者在进行各种考核时,可能在员工的个人特征,例如民族、性别、年龄、性格、爱好等方面存在偏见,或者偏爱与自己行为或人格相近的人,造成人为的不公平。

有些考核者可能会对女性、老年人等持有偏见,从而低估其绩效,例如,一个男性考核者可能因为某个高绩效的女性员工威胁到他的自尊而低评她的绩效;不少考核者会对与自己关系不错、性格相投的人给予较高评价。这些都将会在组织中有意无意地造成不公平。

### 9. 溢出误差

溢出误差是指因被考核者在考核周期之前的绩效失误而降低本次绩效考核等级。例如,某一名生产线上的员工在该绩效考核周期之前出现生产事故,影响了他上一期的工作业绩。在本考核期间他并没有再犯类似错误。但是,考核者可能会由于他上一考核期间的表现不佳而在该期的考核中给出较低考核等级。

在考核中出现溢出误差对那些上一个考核期间表现不良的员工来说是一种十分不公平的情况,这将挫伤员工继续提高工作绩效的积极性。因此,为了避免这种考核误差的发生,我们应该鼓励考核者记录考核期间发生的关键事件。

### 10. 板块效应

人们习惯把处于不同层次的社会群体视为较稳定的板块,而对处于该群体中的某一成员也认定具有板块特征,从而产生板块效应。例如,在绩效考核中,板块效应构成的偏差,时常表现为青年员工考核得分不高,这是因为社会普遍认为青年人缺乏经验,办事不够稳重,还有待锻炼,在板块效应作用下,考核者会将这个一般性、概括性的结论硬套到某一具体的青年考核对象上,从而导致他得分较低。

板块效应的弊端在于用假设代替了现实,以普遍现象代替了具体个体情况,以过去规律代替了现在变化。避免这种偏差,最重要的是考核者要更新观念,不能用传统的、滤色镜式的眼光看人,要注重事实,注重业绩。

## 4.4.2 避免考核者误差的方法

考核者误差通常难以避免,但只要考核者在实际工作中有意识地加以防范,就可以使其对绩效考核结果的影响减少到最小程度。考核者误差实际上是考核者在主观上发生的错误,因此,通过使考核者了解这些误差来避免它们的发生是最直接也是最有效的方法。具体来说,为了避免各种考核者误差,可以采用的措施有:

### 1. 对考核者进行如何避免考核者误差的培训

避免考核者误差最首要的方法就是:通过培训使考核者充分地认识各种考核误差的存在,从而使他们有意识地避免这些误差的发生。

在一次典型的此类考核者培训中,主讲人先为考核者们放映一部关于员工实际工作情况的录像带,然后要求他们对这些员工的工作绩效做出考核。接着,主讲人将不同考核者的考核结果放到粘贴板上,并且将在工作绩效考核中可能出现的问题(例如晕轮效应和中心化倾向等)逐一进行讲解。例如,如果受训者对员工所有考核要素(例如工作质量、工作数量等)都做出了同样水平的考核,主讲人就会给出正确的考核结果并对考核者们在考核过程中所出现的各种错误一一加以分析。

**2. 将绩效考核指标界定清晰，以避免晕轮误差、逻辑误差以及各种错误倾向的发生**

在考核指标界定清晰的情况下，绩效考核者能够根据所要考核的指标的含义有针对性地做出考核，从而避免对被考核者某一方面绩效的看法影响了对其他考核指标的考核。另外，界定考核指标同时还包括界定各考核指标之间的"关系"——要避免考核者主观臆断地找到所谓的逻辑关系，影响考核的准确性。

**3. 使考核者正确认识绩效考核的目的，以避免宽大化倾向及中心化倾向**

前面谈到，宽大化倾向和中心化倾向产生的一个重要原因是考核者不希望在本部门内产生种种矛盾和摩擦，或者影响本部门人员的利益。因此，只要考核者正确认识了绩效考核的目的，就能够避免上述情况的发生。应该让考核者认识到，绩效考核作为人力资源管理系统的核心环节对于各方面的人事决策起了十分重要的作用，正确的考核能够帮助员工更好地发展其职业生涯。因此，作为考核者并不是必然地与被考核者形成对立。通过科学的考核和其他与考核结果相关的各个人力资源管理环节，我们能够更加科学地对员工进行管理。

**4. 选择正确的绩效考核方法**

客观地讲，只通过考核者培训的方法绝对地解决各种考核者误差是不可能的。为了减少考核者误差对考核结果所带来的影响，综合运用几种考核方法是一种有效途径。

**5. 提高考核者对绩效考核的信心**

宽大化倾向和中心化倾向的产生原因之一是，考核者对被考核者缺乏足够了解而使他们对于考核的结果缺乏信心，因而倾向于做出宽大化或中心化的考核。因此，解决这一问题的方法就是使考核者有足够的时间和渠道加强对被考核者的了解，在必要的时候甚至可以延期进行考核。

另外，考核者缺乏信心还可能源于对考核系统本身缺乏信心。为了提高考核者对于整个考核系统的信心，最重要的手段就是通过培训使他们了解考核系统的科学性和重要性，这样可以在一定程度上避免宽大化倾向、中心化倾向的发生。

**6. 通过培训使考核者学会如何收集资料**

首因误差、近因误差和溢出误差这三类误差主要是由于作为考核所依据的事实不充分或不准确造成的。应该通过培训使考核者学会科学地收集考核中使用的事实依据，用来避免这三类误差的发生。

**7. 端正考核者的工作态度**

人力资源管理部门应该通过各种宣讲和培训的方式，要求考核者从组织发展大局出发,抛弃自己的个人偏见,进行公正的考核,避免严格化或宽大化倾向和由于考核者个人偏见所带来的不良影响,确保整个绩效考核制度得到大多数员工的认同和配合。

需要注意的是,在这里,我们有一个重要的假设前提:绩效考核系统本身是科学的。如果绩效考核系统本身存在问题,那么上述种种解决考核者误差的手段都无法保证考核结果的科学性。上面谈到的七种方法并不能解决所有的考核者误差问题,而只是为读者解决考核者误差提供一些思路,具体问题还应结合具体情况做出决策。人力资源管理部门应该通过各种手段了解被考核者对于考核结果的看法,及时找到考核中存在的各种问题,并有的放矢地逐一解决。

### 本章思考题

1.人们为何不喜欢绩效考核?采取何种措施才能改变这种状况?

2.绩效考核通常包括哪些内容?这些内容之间存在着怎样的区别和联系?

3.绩效考核主体主要有哪些类型?试对不同主体进行比较。

4.如何选择绩效考核主体?

5.什么是360度考核?它有什么特点?为何能得到广泛的应用?

6.常见的考核者误差主要有哪几种?解释不同考核者误差的含义和可能产生的原因。

## 案例分析 4-1

### 绩效考核应注重公平性

M公司在对员工进行考核的过程中,采取了360度全视角考核法对员工实施年度绩效考核。普通员工的考核权重依据考核视角的不同分别设置为:直接主管考核占60%,关联岗位平级考核占20%,上级主管审核占20%。

一年一度的考核结果公布后,行政部文员小王得78分,采购部文员小李得83分。对于这样的考核结果小王深感不公,他认为,无论工作绩效,还是工作能力,自己都比小李强得多,并且从总体上自己比小李要辛苦,自己的考核结果应该比小李好才对。为此,小王向人力资源部提出改变考核结果的请求。

　　人力资源部接到小王的请求后,对王和李的考核情况进行了全面、细致的调查和了解并作出结论:

　　1.考核者对王与李的考核均是按制度规定的操作程序进行的,考核结果是公平的。王对考核结果的"不服"是王在对李的考核结果进行比较的基础上产生的。

　　2.部门负责人对下属员工的考核是以本部门的整体绩效和员工的综合表现为基础的。

　　3.行政部与采购部相比较,在员工能力、组织气氛、工作态度等各方面,均相对领先于采购部,从而使两个部门的负责人对员工实施考核时所采用的实际考核标准有所差别。

　　4.从各方面调查得知,不论是工作绩效、工作能力还是工作态度,王确实比李优秀。

　　5.这种现象普遍存在,如果将对王的考核结果予以修改,势必牵扯到较广的层面,给绩效考核带来较大的负面影响。基于以上考虑,在上级审核时对王的最终考核结果虽有所调整,但由于上级审核所占权重不大,调节作用并不明显。

　　"王-李事件"给 M 公司人力资源部提出了严峻的课题:考核方法是根据现代人力资源管理理论并结合公司的实际情况制定的,而且经人力资源管理专家认可的。可实际操作结果却存在如此大的误差,问题到底出在哪里?

——资料来源:最新绩效考核与薪酬管理案例及操作要点分析[M]. 北京:企业管理出版社,2005.

**案例讨论:**

M 公司绩效考核中存在什么问题? 你认为应如何改进?

# 案例分析 4-2

## 360 度考核如何防止"水土不服"

　　一家大型制造企业的总经理在一次高级管理人员研讨会上听说了360 度绩效反馈计划的概念,并且整个研讨会上说的都是关于这种反馈计划如何如何好的内容。回公司后,他极力说服公司的其他高层管理人员,在公司建立360度绩效反馈计划,取代公司过去长期执行的年度绩效考核制度,以利用多种来源的信息对员工进行考核,确定员工的绩效加薪水平和改善公司的绩效。

为此,他们找来了一家专业从事360度绩效反馈研究和咨询的公司帮助公司建立这套系统,还有一个工作小组执行这项考核计划,以使其适应本公司的实际情况。但第一轮反馈完成后,大家都对这一考核过程产生的结果感到不满,抱怨所要填写的东西太多了,反馈所花的时间也太长,管理人员还发现很多人的考核结果偏高。公司经过研究再次请来了专家小组作指导,首先成立了一个360度绩效反馈计划项目的小组,其成员包括公司中不同领域、不同管理层的代表。其次,确定了该反馈计划的预期效果:改善公司内部上下级之间的沟通状况;提高考核者与被考核者之间的期望一致性,上下级共享反馈信息;改善被考核者的工作行为和绩效,达不到预期考核目标,被考核者要负责任。再次,在专家的帮助下,项目小组根据公司的价值观自行设计了一套360度绩效反馈考核表,并在考核表中设置了一个以书面叙述的方式提供反馈的部分,他们还尝试把这种反馈过程放到计算机网络上进行运作和管理,以便更好地保密。

在全面铺开新一轮360度绩效反馈计划前,项目小组先进行了试点。不仅如此,项目小组还对所有的考核者、被考核者及指导者进行严格的培训,作好员工的平时记录,把整个反馈过程贯穿于每一天。公司组建了一个360度绩效反馈计划指导委员会,基中包括一名董事会成员,对公司的绩效反馈进行全面指导。由于结合公司的战略目标,扎扎实实地来改善公司的绩效,后来这一考核工具为企业赢得了更多的竞争优势。

——资料来源:最新绩效考核与薪酬管理案例及操作要点分析[M]. 北京:企业管理出版社,2005.

### 案例讨论

1.360度绩效反馈计划的优缺点是什么?

2.如何保证360度绩效反馈计划的有效性?

# 第 5 章

# 绩效考核方法

绩效考核方法是实施绩效考核的手段与技术保障。绩效考核方法多种多样,不同的方法有各自的特点与适用性。选择适当的绩效考核方法,可以保证绩效考核过程的可操作性与经济性,也可促进绩效考核结果的合理性和公平性。

为了便于学生有效地学习与掌握绩效考核方法的相关理论与技能,本章阐述了绩效考核方法的 4 种类型及各种绩效考核方法的具体归类,总结了各类型绩效考核方法的优点、缺点与适用范围,阐明了各种绩效考核方法的内涵,分析了各自的特点与适用范围,介绍了其应用过程,指出了注意事项。

## 重点问题

⇨ 绩效考核方法的分类
⇨ 绩效考核方法的内涵、特点与适用范围
⇨ 绩效考核方法的实施要点

**阅读资料** 5-1

### A 公司的目标管理

A 公司是一家小型上市高科技企业。在经历了一次成功的创业之后,公司决策层决定进行企业管理变革,期望逐步建立起科学而规范的管理机制。在人力资源管理方面,公司决定着手建立并推广以目标管理为核心的绩效考核系统,这将有助于员工绩效的改进以及更好地为企业人事决策提供依据。公司为此聘请了人力资源管理专家,以帮助企业进行绩效考核系统的设计与推广应用工作。不过,根据人力资源部门绩效管理主管的反映,新的人力资源管理系统在公司内部推广以来,效果并没有预期的那么理想。具体表现在:绩效考核结果不能为公司的决策提供充分的依据,员工的工作绩效没有实现有效的改进,绩效考核的目标没能达成。经过调查发现,源于以下几个环节:

(1)绩效目标是由主管确定,而不是通过与员工的持续沟通所形成的,绩效目标未能得到员工的理解,缺乏对员工应有的激励,员工对绩效目标没有相应的责任感;

(2)主管缺乏基本的对管理者教练角色的认知;

(3)绩效考核未能很好地与企业的战略目标相结合,没有与企业管理的其他方面形成良好的配合。

A公司绩效考核系统失败的经历告诉我们:绩效考核的关键不仅在于对考核方法的选择,还在于实际操作过程中能否准确把握所选择考核方法的本质特征。这就要求我们把握不同的绩效考核方法的优缺点和实施的关键点。

# 5.1　绩效考核方法分类

现代绩效考核中,员工绩效的内容一般涵盖业绩、能力与态度三大方面。不同的绩效内容,其绩效表现形式、可测量性及测量难易程度对考核方法的要求不同。在研究各种绩效考核方法特点、适用性的基础上,找出各种绩效考核方法之间的内在联系与规律性,进而研究其类别特征,对于把握和选择相适应的绩效考核方法,提高绩效考核方法实施的有效性无疑具有重要意义。绩效考核方法很多,按照考核内容特征可以将其分为控制导向型、行为导向型、特质导向型及战略导向型四种类型。

## 5.1.1　控制导向型绩效考核方法

控制导向型绩效考核方法着眼于"干出了什么",而不是"干了什么"。在考核过程中先为员工设立一个工作结果的标准,然后再将员工的实际工作结果与工作标准对照。工作标准是衡量工作结果的关键,一般应包括工作内容和工作质量两个方面。其考核的重点在于产出和贡献,而不是行为和过程。这类考核方法适用于其职位工作输出成果易于表现为客观、具体及可量化的绩效指标的被考核者,例如在企业一线从事具体生产经营工作的蓝领员工、推销员等等。由于控制导向型绩效考核方法只测结果,不问过程,可能会使员工形成"不择手段达到预期业绩"的观念,从而导致组织所不期望的行为发生,以致影响组织的长远利益与整体效益。另外,由于控制导向型绩效考核方法只能获得员工工作结果的信息,而无法提供有助于员工提高绩效的明确信息,因此对员工的发展不利。

常见的控制导向型绩效考核方法有比较法、强制分布法、量表评定法。该类方法共有的特点与适用范围如表 5-1 所示。

表 5-1　控制导向型绩效考核方法特点与适用范围

| 优　点 | 缺　点 | 适用范围 |
| --- | --- | --- |
| 1. 简单易操作<br>2. 成本低<br>3. 便于员工之间进行对比与排队 | 1. 只注重结果,过分强调量化指标,会导致短期行为或引发不利于组织长期发展的事件<br>2. 对于行为、特质等难以量化的指标无法进行考核 | 1. 适用于考核可量化的、具体的业绩指标<br>2. 适合于企业操作工人、销售人员等工作相对简单、业绩易于比较的人员的考核<br>3. 被考核者的人数较少时适用 |

## 5.1.2　行为导向型绩效考核方法

行为导向型绩效考核方法重点在于甄别与评价员工在工作中的行为表现,即工作是如何完成的。这类方法关注完成任务的行为方式是否与预定要求相一致,适用于职位工作输出成果难以量化或者强调以某种规范行为来完成工作任务的情景,诸如组织中的事务管理人员和行政管理人员等。行为导向型绩效考核方法面临的主要问题是:实施考核时难以开发出所有与工作行为相关的标准,而且在实际工作中,两个工作行为方式不同的员工都可能取得良好的工作绩效。常见的行为导向型绩效考核方法有:关键事件法、行为观察量表法、行为锚定评价法,具体特点与适用范围如表 5-2 所示。

表 5-2　行为导向型绩效考核方法特点与适用范围

| 优　点 | 缺　点 | 适用范围 |
| --- | --- | --- |
| 1. 提供确切的事实证据<br>2. 利于绩效面谈<br>3. 利于引导并规范被考评者行为 | 1. 对基础管理要求较高<br>2. 评价标准制定难度较大、操作成本较高 | 1. 适用于考核难以量化的、主观性的行为<br>2. 适合于事务管理、行政管理等行为态度直接影响绩效结果的人员的考核 |

### 5.1.3 特质导向型绩效考核方法

特质导向型绩效考核方法主要适用于考核员工的个性特征。所选的内容主要是那些抽象的、概念化的个人基本品质,诸如决策能力、对公司的忠诚度、主动性、创造性、交流技巧以及是否愿意与他人合作等等。这种类型的考核方法对员工工作的最终结果关注不够。常见的特质导向型绩效考核方法有:混合标准尺度法、评语法。该方法的具体特点与适用范围如表5-3所示。

表5-3　特质导向型绩效考核方法特点与适用范围

| 优 点 | 缺 点 | 适用范围 |
|---|---|---|
| 1. 利于引导员工注重潜能的开发<br>2. 利于对员工进行有计划的长期培养 | 很难提供确切的、具体的事实依据 | 1. 适用于能力等个性特征指标的考核<br>2. 适用于以员工开发为目标的绩效考核和对高级管理人员的绩效考核 |

### 5.1.4 战略导向型绩效考核方法

战略导向型绩效考核方法着眼于企业发展战略,贯穿于绩效指标构建、执行、考核与评价的绩效管理全过程,是绩效管理的重要方法。使用这类方法可以帮助组织更有效地确定各层级绩效目标,保证目标体系的战略导向性、衔接性和一致性。

为使对战略导向型绩效考核方法有一个清晰、系统的概念,下面以一个洗衣机厂为例,说明如何应用战略导向型绩效考核方法进行全面绩效管理。

**阅读资料** 5-2

#### 信特洗衣机厂的绩效管理机制变革

信特洗衣机厂(以下简称:信特)是一家大型家电集团所属的集洗衣机生产经营于一体的企业。1998—2002年,信特洗衣机销量一直位居全国第五位。不过,据全国大商场统计数字显示,2003年信特洗衣机的市场占有率下降了20%,销量跌落于全国前七位之后。信特的领导班子经过调研发现:消费者所反映的问题主要集中在对信特产品的售后服务不满意。虽然信特的售后服务是由各地经销商负责,但是,导致消费者对售后服务不满意,还源于信特在各地所设立办事处消极的工作态度与行为。

2000 年起,信特建立了绩效管理体系,期望通过绩效考评刺激销量的增长。推行绩效管理体系后,信特对销售公司的高额奖励确实使得营销人员致力于实现当年的目标,不过,重"量"轻"质"也导致了对销售渠道管理与控制的疏漏。到了 2002 年底,信特的总销售额有了较快的增长,与此同时,也提高了下年度指标设置的基数。

2003 年,面临洗衣机市场竞争格局的变化及信特渠道管理工作的不完善,各地销售额大幅度滑坡,销售公司员工开始发泄对信特绩效考核标准的不满,置疑标准的合理性。他们普遍认为销售公司的绩效标准高于生产部门与其他职能部门的绩效标准,认为职能部门上下级之间的考核实际上是形同虚设,而制造部门也在抱怨销售部门根本没有预测到市场变化,导致了产成品的大量积压,造成资金周转困难、设备闲置率较高。

信特领导班子研究认为,信特之所以出现这种局面,与前几年片面追求业绩增长,推行了忽视整体战略与均衡发展的绩效管理机制有直接关系。于是,领导班子决定接受咨询公司的建议,在信特内部进行绩效管理机制的变革,试行全面绩效管理制度。在强调业绩增长的同时,更要重视企业战略规划的贯彻与均衡发展。

初步方案如下:

第一步,由集团公司高层管理者牵头,组成有采购、生产、营销、人力资源、财务等部门负责人参加的绩效管理机构,负责制定绩效管理方案,报送集团公司备案,再负责组织实施。

第二步,由总经理与各主要部门负责人共同规划信特 3 年内进入国内市场占有率前三强这一战略目标的具体计划与各年度的推进步骤,逐层分解企业的战略目标并制定相应的实施手段。将企业各层级的控制指标分为两大类:利润绩效管理类、均衡发展考评类。运用战略导向型绩效考核方法——平衡计分卡体系。

第三步,将所有考核指标分解到各部门或利润中心,由其负责人按时(月度)报送绩效报告——包括完成两类绩效目标的具体推进手段、目标完成进度图,并及时反馈上期末达到基础目标的原因或超越优秀目标的经验总结,制定纠偏措施。

第四步,各部门及利润中心根据各自特点制定流程改进方案,衔接整个作业链的上下环节。在报送计划中,对内部小组与个人给予明确方案。

　　第五步,运用关键绩效指标法中作业链的下一环节即上一环节的
"客户"的思路,对上一环节部门的评价由下一环节给出。如采购部门
的客户得分由制造部门给出,职能部门的客户得分由各直线部门给出。

　　第六步,根据市场变化情况,及时调整企业的战略推进步骤。如在
2004 年底,信特在高端洗衣机市场采用新型材料,走低价位差异化产
品的战略后,绩效管理部门及时进行市场价格倒算的成本核算,并将成
本控制指标赋予采购、制造、营销各部门的日常考评中。

　　最后,因环境原因而导致的指标异常变动,经与绩效管理部门协
商,确定修正当期考核指标。

　　常见的战略导向型绩效考核方法有平衡计分卡法、关键业绩指标法、目标管理
法,该方法的具体特点与适用范围如表 5-4 所示。

表 5-4　战略导向型绩效考核方法特点及适用范围

| 优 点 | 缺 点 | 适用范围 |
|---|---|---|
| 1. 支持组织战略目标的实现<br>2. 利于保证各层级绩效目标的一致性<br>3. 提升整体管理水平 | 1. 难度大,耗时耗力,成本高<br>2. 涉及面广,要求全员参与 | 1. 注重战略发展的组织<br>2. 领导重视、员工素质高的组织<br>3. 管理基础好的组织 |

# 5.2　绩效考核主要方法

## 5.2.1　比较法

　　比较法是指通过比较,按考核员工绩效的相对优劣程度确定每位被考核者的
相对等级或名次。比较法也被称为排序法,即排出全体被考核者绩效的优劣顺序。
按照实施绩效比较过程的不同,比较法又有多种具体的形式。常用的比较法有简
单排序法、交替排序法与配对比较法。

### 1. 简单排序法

　　简单排序法是指将员工按工作绩效由好到坏依次排列,这种绩效既可以是整
体绩效,也可以是某项特定工作绩效。其优点是比较简单,便于操作,但这种方法

是概括性的、不精确的,所评出的等级或名次只有相对意义,无法确定等级差。例如某公司只有 5 名员工,其排序结果举例如表 5－5 所示。

表 5－5　简单排序法应用举例

| 顺序 | 等级 | 员工姓名 |
|:---:|:---:|:---:|
| 1 | 最好 | 王明然 |
| 2 | 较好 | 刘玉林 |
| 3 | 一般 | 张明东 |
| 4 | 较差 | 李 亮 |
| 5 | 最差 | 赵小凡 |

这种绩效考核方法适用于被考核对象比较少、组织较小、任务单一的情况,当员工的数量比较多、职位工作差别性较大时,以这种方法区分员工绩效就比较困难,尤其是对那些绩效表现一般的员工。

**2. 间接排序法**

间接排序法也称交替排序法。该方法基于个体所具有的知觉选择性的特征——人们比较容易发现群体中最具差异化的个体。绩效考核中人们往往最容易辨别出群体中绩效最好的及最不好的被考核者。应用交替排序法进行绩效考核,第一步是把绩效最好的员工列在名单开首,把绩效最差的员工列在名单末尾;然后再从剩余的被考核者中挑选出绩效最好的列在名单开首第二位,相应的绩效最不好的列在名单倒数第二位……这样依次进行,不断挑选出剩余被考核者群体中绩效最好的和最不好的员工,直到排序完成。排序名单上中间的位置是最后被填入的。

在实际绩效考核过程中,人情、面子都是影响绩效考核的因素,所以考核者往往不愿意对被考核者做出比较低的评价,容易造成“趋中趋势”的误差,以至分不出员工之间绩效的差别。

**3. 配对比较法**

配对比较法是将被考核者用配对比较的方法决定其优劣次序。比较时用排列组合法决定对数,对于每一对两个职工的姓名,比较其工作,判断谁优谁劣,两两一一比较之后,以得优次数进行排序。配对比较法也被称为对偶比较法或两两比较法。

例如某企业被考核的员工有 A、B、C、D 四名,应用配对比较法进行考核,先将这四名员工进行逐一比较,其中较好的一方记“＋”号,较差的一方记“－”号,最后按照获得"＋"号的数量多少来排序。比较结果如表5－6所示。

表5－6　　应用配对比较法考核举例

| 姓名 | A | B | C | D | ＋号合计 |
|---|---|---|---|---|---|
| A | | ＋ | － | ＋ | 2 |
| B | － | | | ＋ | 1 |
| C | ＋ | ＋ | | ＋ | 3 |
| D | － | － | － | | 0 |

从表5－6可以看出,绩效考核的结果是:C所得"＋"最多,为3个,C的绩效最好;A次之;B居第三;D居末位,绩效最差。从避免趋中现象出现及降低比较过程难度的角度衡量,配对比较法相对较具优势。其优点是考虑了每一个员工与其他员工绩效的比较,准确度比较高;缺点是操作繁琐,经过简单的数学思考,我们就能知道在需要同时考核的员工很多的情况下,这样的方法需要进行相当多次数的比较。如要考核$N$个员工,就需要进行$N(N-1)/2$次比较,例如8名职工,应比较28对。因此这种考核方法在同时考核的人不多的情况下尚可,一旦这一数目超过20、30,就相当费时费力了。配对比较法的另一个缺点是难以得出绝对评价,只能给出相对位置;有时还会造成循环:三个人的绩效A优于B,B优于C,C又优于A,这就无法进行了,而这又是由主观评价可能得出的结果。

## 5.2.2　强制分布法

强制分布法是指按照事物"两头小、中间大"的正态分布规律,先确定好各绩效等级人数在被考核总人数中所占的比例,然后按照每个被考核者绩效的相对优劣程度,将其强制分配到其中的相应等级。

应用强制分布法,要求考核者将工作小组中的成员分配到一种类似于一个正态频率分布的有限数量的类型中去。例如,把最好的15％的员工放在最高等级的小群体中,把最不好的15％放在最低等级的小群体中。这种方法是基于这样一个有争议的假设,即组织中的所有小组成员绩效表现按优秀、一般、较差几种状态分布的比例都是相同或相近的。在符合假设情景的情况下,可以按照正态频率制定被考核者的分布比例。使用这种方法,重点在于要提前确定应该按照一种什么样的比例将被考核者分别分布到每一个工作绩效等级上去。比如,你可能会按照如表5－7所示的比例来确定员工的工作绩效分布情况。

应用强制分布法的实际操作过程为:首先,将准备考核的每一位员工的姓名分别写在一张小卡片上；接着，根据每一种考核要素来对员工进行逐个考核；最后，根据考核结果将这些代表员工的卡片放在事先设定的相应工作绩效等级中去。

表 5 - 7　绩效等级状态与被考核者绩效比例分布举例

| 绩效等级 | 被考核者绩效分布比例 |
|---|---|
| 绩效最高的 | 15％ |
| 绩效较高的 | 20％ |
| 绩效一般的 | 30％ |
| 绩效低于要求水平的 | 20％ |
| 绩效很低的 | 15％ |

强制分布法的主要优点为：适合于人数较多情况下对员工总体绩效状况的考核；考核过程简易方便；可以避免考核者过分偏宽、偏严或高度趋中等偏差；利于管理控制，特别是在引入员工淘汰机制的公司中，能明确筛选出淘汰对象；由于员工会担心因多次落入绩效最低区间而遭解雇，强制分布法因而具有强制激励和鞭策员工的功能。强制分布法如果用在被考核群体样本不够大或者群体绩效状态明显呈非正态分布的情景下，不仅其优势难以发挥，还会影响考核结果的客观公正性。比如，如果一个部门的员工的确都十分优秀，不符合前面所提到的所有小组中都有同样优秀、一般、较差表现的员工分布状态的假设，此时若仍强制执行正态分布划分等级，就很可能挫伤部分员工的积极性，并会带来多方面的弊端。所以，在此情况下考核者在制定分配比例时就应根据具体情况进行调整，将强制分布法与人性化决策进行结合，发挥此方法的优势，使绩效考核结果更具有实用价值。

## 5.2.3　量表评定法

量表评定法是指将绩效考核的指标和标准制作成量表（即尺度），并依此对员工的绩效进行考核的方法。量表评定法也叫量表法，是应用最为广泛的绩效考核方法之一。

应用量表评定法进行绩效考核，通常要先进行维度分解，再沿各维度划分出等级，并通过设置量表来实现量化考核。量表的形式有多种。实际使用量表评定法时，要设计出一套可操作的考核表格。设计过程具体包括下面三个步骤：

**1. 选定考核维度并赋予权重**

工作绩效的表现是多维的，设计量表时首先要确定从哪几个维度来考核工作绩效,即明确绩效的构成。选择维度的根据来源于职务分析的具体内容。维度选择时应力求全面、准确,而且可以明确定义。很多时候,要将选定的主维度进行分解,确定多个亚维度。这样可以保证量表考核更具体,每个维度的内容更易被理解。由于各个维度对绩效的作用并不相同,所以选定考核维度之后,需按各维度的重要性分别赋予不同的权重。确定权重有专门的程序和方法,影响各维度权重大小的因素也很多,设计时要严谨、细致、周密,才能获得预期的效果。

**2. 确定考核量表的尺度**

确定考核量表的尺度就是指沿着选定的维度划分等级。等级的划分视考核者测度粗细的意图而定,可以少到好、中、差 3 级,也可以多到 15 级,甚至 25 级。其具体形式可以把文字和数字结合起来使用。当多个考核者同时评分时,容易得到接近正态分布的结果。而且在打分中,当考核者犹豫不决时,还可以取偶数值中间的奇数值。这样,考核者心理上会感到自由度较大。

**3. 界定量表等级**

量表等级也叫刻度。界定量表等级是量表法设计中的核心环节,决定着考核的精度和效度。界定量表等级最简单的办法是只给出标尺两极的定义,中间过渡各级让考核者去意会,中间刻度可用递增或递减的数字来标示,通常数字愈大代表绩效愈高。为了明确各刻度的意义而不致造成误解,更妥善的方法是以一定的说明词或短句来说明。有的说明词并不对应一定刻度,只说明渐变趋势。但较常见的是一定刻度对应一定说明词。有了说明词,刻度可不注数字,使用时考核者只在相应刻度处画出符号即可,但若同时用数字标示,则各刻度就能量化评分了。至于说明词,可以是标准分类式,例如"一贯""总是""从来""有时""偶尔"等表示频度的副词,也可以是行为或时间描述式的。表 5 - 8 是工作绩效考核量表的举例。

表 5 - 8 　　工作绩效考核量表举例

| 姓　　名 _____ | 评价尺度定义 _____ |
|---|---|
| 职　　位 _____ | 1——未能达到工作要求 |
| 考核期间　从 _____ 到 _____ | 2——基本达到工作要求 |
| 考核者姓名 _____ | 3——全部达到工作要求 |
| 考核者职位 _____ | 4——很好地达到工作要求 |
| 部　　门 _____ | 5——超过了工作要求 |

| 被考核职位:行政秘书 |
|---|
| 工作内容与责任 |

| | |
|---|---|
| A.打字速度　　　权重:30% | 评价等级:1, 2, 3, 4, 5 |
| 以每分钟 60 个单词的速度按照适当的格式准确地将各方面的指令打印成文件:打印通知、会议议程、工作日程和其他要求打印的文件 | 评语: |
| B.接待　　　权重:25% | 评价等级:1, 2, 3, 4, 5 |
| 热情接待来电者和来访者:回答打进来的电话,转达消息、提供信息或将电话例行转给某人;接待来访者,提供信息或直接将客人引到相应的办公室 | 评语: |
| C.计划安排　　　权重:20% | 评价等级:1, 2, 3, 4, 5 |
| 对工作日程进行安排,进行有效管理:为上级约见会面人员;协助进行年度会议的安排;对组织各项设施的使用进行计划安排 | 评语: |
| D.文件与资料管理　　　权重:15% | 评价等级:1, 2, 3, 4, 5 |
| 创建并维护一个合适的文件管理系统,能够按照要求迅速地放置和取出文件;将资料放进文件夹中的适当位置;从文件夹中查找并取出需要的资料 | 评语: |
| E.办公室一般服务　　　权重:10% | 评价等级:1, 2, 3, 4, 5 |
| 以一种受欢迎的方式和既定的程序来履行相关的办公室职责:通过邮递中心处理邮件、寄送文件;负责公告栏的书写;完成其他预订工作 | 评语: |

量表法具有较全面、结果量化、可比性强等优点。但是,由于维度分解、等级界定很难做到准确、明晰,考核结果的主观性仍然难以避免。

## 5.2.4　关键事件法

关键事件法是由考核者通过观察、记录被考核者的关键事件,而对被考核者的绩效进行考核的一种方法。关键事件是指那些会对组织或部门的整体绩效产生积极或消极影响的重大事件。关键事件法由 J.C.弗兰根提出。

关键事件法的基本步骤为：①当有关键事件发生时，填在特殊设计的考核表上；②摘要评分；③与员工进行评估面谈。

**阅读资料 5-3**

### 应该如何处理？

安妮是某公司的物流主管，当客户从海外的订货到港后，物流主管的工作在于保证下述整个过程的顺利进行：负责货物的清关、报关、提取，按照客户的需求进行货物运送与交付。

安妮所在的是一家小公司，共有 20 位员工，只有安妮一人负责这项工作。物流工作除了她再没人懂了。一天夜里，安妮 80 多岁的祖母突然病逝。安妮是由祖母一手带大的，祖母的病逝使她很悲伤。为料理后事，安妮人很憔悴也病了。碰巧第二天，客户有一批货从美国进来，并要求清关后于当天下午 6 点钟之前准时运到，这是公司一个很大的客户。安妮怎么做呢？她把家里的丧事放在一边，第二天早上 6 点钟准时出现在办公室，安妮的经理和同事都发现，她的脸色铁青，精神也不好，一问才知道家里出了事。安妮什么话也没说，一直做着进出口报关、清关手续，把货从海关提了出来，并且在下午 5 点之前就把这批货发了出去，及时运到了客户那里。然后，安妮就离开了公司，回家去处理祖母的丧事，而公司的正常下班时间是下午 6 点钟。

如果你是安妮的直接主管你会怎么做？会不闻不问？会批评安妮早退？还是给大家说明事情的经过？或者您还会有更好的处理方法呢？

### 1. 记录关键事件的 STAR 法

图 5-1 是记录关键事件的 STAR 法。借助于 STAR 法记录关键事件，可以有效把握关键事件的本质与核心。

STAR 法是由 4 个英文单词的第一个字母表示的一种方法。由于"star"译为中文后是星星的意思，所以又叫"星星法"。星星就像一个十字形，分成四个角，记录的每个事件也要从四个方面进行，即：

第一个"S"是 situation——情景，表示这件事发生时的情景是怎样的；

第二个"T"是 target——目标，表示这件事要达到什么样的目的；

图 5 - 1　STAR 法内容结构

第三个"A"是 action——行动，表示被考核者当时采取了什么样的具体行动；

第四个"R"是 result——结果，表示被考核者采取行动之后获得了什么样的结果。

连起这四个角就叫 STAR。

**2. 关键事件法应用举例**

用 STAR 法对"阅读材料 5 - 3"的情景进行具体分析如下：

当时的情景"S"是：安妮的祖母头一天晚上病逝了，但第二天的任务必须完成；

当时的目标"T"是：必须在第二天把一批货完整、准时地送到客户所在地，保证公司的信誉及利益；

安妮采取的行动"A"是：置家里的事于不顾，准时出现在办公室，提前一个小时把货发了出去；

事情的结果"R"是：客户及时收到了货，没有损伤公司的信誉。

针对上述事件，我们看看公司采取了什么措施呢？

在安妮 5 点钟下班走了以后，人力资源部及时给公司所有员工发了一份电子邮件。邮件重点利用 STAR 法罗列出了这一事件：当时是怎么回事，她为什么要干，采取了哪些行动，最后结果是什么。在这个 E-mail 的最后还会增加一句评述——安妮的行为表现出其顾全公司大局，抛弃了自己的利益，这是非常光彩的行为，公司特此提出表扬，并希望所有员工能够向她学习。

这看似很简单的一个邮件一旦发出，大家会有什么样的反响呢？大家一下子都明白了，"安妮不是早退，是回去处理事情去了"，而且公司的任务她已经完成了。这时大家会从心底里对她产生敬佩。如果安妮第二天回来上班的时候，发现了这个 E-mail，她心里会有什么样的感觉呢？会不会觉得暖洋洋的？她心里的第一个反应很可能是：我不过做了这么小的一件事情，经理们却全都看在眼里，那我以后更要好好表现,为公司增光。这是关键事件法直接导致的一个好的结果。

### 3. 关键事件法的优缺点

关键事件法通常可作为其他绩效考核方法的一种很好补充。关键事件法具有以下主要优点:①可以为考核者向被考核者解释绩效考核结果提供确切的事实证据;②绩效考核所取得的关键事件是在一年内累积而来的,考核者在对被考核者的绩效进行考察时,所依据的是被考核者在整个考核期的表现,可以避免近因效应的误区;③利于保存一种动态的关键事件记录,还可以使你获得关于被考核者是通过何种途径消除不良绩效的具体实例。

关键事件法的主要缺点为:①应用关键事件法进行考核,其过程较长,需要长期地观察、了解员工的工作行为,操作成本较高;②因为考核过程主要是针对被考核者的行为进行,从而缺乏比较,对于人力资源决策的参考性较差;③考核的结果依赖于考核者个人的评价标准,考核结果的主观随意性较大。

### 4. 应用关键事件法应注意的事项

为保证关键事件法的使用效果,运用关键事件法进行绩效考核时,应注意以下事项:①当公司刚起步,处于成长阶段,还没有自己考核系统的时候,用关键事件法记录员工的典型好的和不好的行为,利于为企业薪酬调整、奖金分配及人员的动态配置等决策提供直接依据;②所记录“事件”必须是关键事件,即属于典型的“好的”或“不好的”事件,判断是否属于关键事件,其主要依据在于事件后果的特点与影响性质;③关键事件法一般不单独作为考核的工具使用,而是和其他方法结合使用,并且主要适用于对关键岗位任职者的考核。

## 5.2.5　行为观察量表法

行为观察量表法是指描述与各个具体考核项目相对应的一系列有效行为,由考核者判断、指出被考核者出现各相应行为的频率,来评价被考核者的工作绩效。

行为观察量表法的关键在于界定特定工作的成功绩效所要求的一系列合乎期望的行为。行为观察量表的开发需要收集关键事件,并按照维度分类。使用行为观察量表考核时,考核者需要指出员工在所列举行为项上的实际行为频率状况,进而评定工作绩效。一个 5 分的量表被分为由“‘极少’或‘从不是’”到“总是”的五个等级,相应分值为“1”到“5”。通过将员工在每一行为项上的得分相加得到总评分,高的绩效分值意味着一个人经常表现出合乎期望的行为。表 5-9、5-10 是行为观察量表的举例。

**表 5 - 9　应用行为观察量表法考核药物顾问的工作知识举例**

说明:通过判断被考核者在考核期内出现下列每个行为的频率状况,用下列评定量表在指定区间给出你的评分。

　　5——总是

　　4——经常

　　3——有时

　　2——偶尔

　　1——极少或从不

工作知识

| 行为 | 打分 |
| --- | --- |
| 对所有患者和合作者都表现出同情和无条件的关心 | |
| 系统地陈述可测量的目标,为每位患者提供全面的文件证明和反馈 | |
| 显示关于可供治疗和/或治疗安排的社区资源的知识 | |
| 临床技能 | |
| 很快评估患者的心理状态并开始恰当地相互配合 | |
| 人际技能 | |
| 与所有医院的职员保持开放的沟通 | |
| 利用恰当的沟通渠道 | |

**表 5 - 10　应用行为观察量表法考核中层管理人员的管理技能举例**

说明:判断被考核者在考核期内出现下列每个行为的频率状况,用下列评定量表在指定区间给出你的评分。

　　5——总是

　　4——经常

　　3——有时

　　2——偶尔

　　1——极少或从不

管理技能

| 行为 | 打分 |
|------|------|
| 为员工提供培训与辅导，以提高绩效 | |
| 向员工清晰说明工作要求 | |
| 适度检查员工的表现 | |
| 认可员工重要的表现 | |
| 告知员工重要的信息 | |
| 征求员工意见，让自己工作得更好 | |

行为观察量表法主要优点：利于有效指导被考核者的行为；利于监控被考核者的行为；利于绩效反馈。

行为观察量表法主要缺点：需要花费大量的精力和时间用于开发行为观察量表；由于不同的工作要求有不同的行为，每一种工作因此需要一种单独的量表，除非当一项工作有许多任职者，否则为该工作开发一个行为观察量表将不具备成本效率；行为观察量表在使用的过程中，受考核者主观性影响较大，例如"有时"与"偶尔"应如何进行区分，如何量化，考核者是否可以明确两者之间的差别从而客观给出准确评价。

### 5.2.6　行为锚定法

行为锚定法是量表评定法和关键事件法的结合。使用这种方法，可以对源于关键事件的有效和非有效的工作行为进行更客观的描述。在使用过程中，会通过一张登记表反映出不同的业绩水平，并且对员工的特定工作行为进行描述；考虑到熟悉某种特定工作的人能够识别这种工作的主要内容，由他们对每项内容的特定行为进行排列和证实。因为行为锚定法需要有大量员工参与，所以它可能更容易被部门主管和下属所接受。

行为锚定法的特点在于：通过如表 5 - 11 的评价等级量表，将关于特别优良或特别劣等绩效的叙述加以等级性量化，从而综合了前述关键事件法和量表法的优点，因此具有较强的客观性与公平性。

**1. 行为锚定法的基本步骤**

运用行为锚定法进行员工绩效考核，通常要求遵循以下五个步骤：

(1)获取关键事件。首先要求对工作比较了解的人员对一些代表优良绩效和劣等绩效的关键事件进行描述。这些人员通常包括工作承担者及其主管。

**表 5 - 11 生产主管行为锚定等级标准**

| 等级 | 考核要素:计划的制定与实施 |
|------|------|
| | 行 为 锚 定 |
| 7 优秀 | 制定综合的工作计划,编制好文件,获得必要的批准,并将计划分发给所有的相关人员 |
| 6 很好 | 编制最新的工作计划完成图,使任何要求修改的计划最优化;偶尔出现小的操作问题 |
| 5 好 | 列出每项工作的所有组成部分,对每一部分的工作做出时间安排 |
| 4 一般 | 制定了工作日期,但没有记载工作进展的重大事件;时间安排上出了疏漏也不报告 |
| 3 较差 | 没有很好地制定计划,编制的时间进度表通常是不现实的 |
| 2 很差 | 对将要从事的工作没有计划和安排;对分配的任务不制定计划或者很少作计划 |
| 1 不能接受 | 因为没有计划,且对制定计划漠不关心,所以很少完成工作 |

(2)建立绩效评价等级。再由前述人员将关键事件合并成为数不多的几个绩效要素(如 5 个或 10 个),并对绩效要素的内容加以界定。

(3)对关键事件进行重新分配。由另外一组同样对工作比较了解的人对原始的关键事件进行重新排列。先让他们看看已经界定好的工作绩效要素以及所有的关键事件,再让他们将所有关键事件分别放入他们自己认为最合适的绩效要素中去。通常情况是,如果就同一关键事件而言,第二组中某一比例以上(通常是 50%~80%)的人将其放入的绩效要素与第一组人将其放入的绩效要素是相同的,那么,这一关键事件的最后位置就可以确定了。

(4)对关键事件进行评定。第二组人会被要求对关键事件中作描述的行为进行评定,以判断他们能否有效地代表某一工作绩效要素所要求的绩效水平。对行为进行评定大多会选择 7 点或 9 点等级尺度评定法。

(5)建立最终的工作绩效考核体系。对于每一个工作绩效要素来说,都将会有一组关键事件作为其"行为锚"。每组中通常会有 6~7 个关键事件。

**2. 行为锚定法的优缺点**

(1)行为锚定法具有如下优点:

①工作绩效的计量更为精确。由于是由那些对工作及其要求最为熟悉的人来编制行为锚定等级体系,因此行为锚定法应当能够比其他考核方法更准确地对工作绩效进行考核。

②工作绩效考核标准更为明确。等级尺度上所附带的关键事件有利于考核者更清楚地理解"非常好"和"一般"等各种绩效等级上的工作绩效到底有什么差别。

③具有良好的反馈功能。关键事件可以使考核者更为有效地向被考核者提供反馈。

④各种工作绩效评价要素之间有着较强的相互独立性。将众多的关键事件归纳为5~6种绩效要素(如"知识和判断力"),使得各绩效要素之间的相对独立性很强。比如,在这种评价方法下,一位评价者很少会有可能仅仅因为某人的"知觉能力"所得到的评价等级高,就将此人的其他所有绩效要素等级都评定为高级。

⑤具有较好的连贯性。相对来说,行为锚定法具有较好的连贯性和较高的信度。这是因为,不同考核者对同一个人进行考核时,其结果基本上都是类似的。

(2)行为锚定法的局限性主要表现为:

①行为锚定法方案设计和实施的成本较高,需要专业人力资源管理专家参与设计和实施;

②行为锚定法对于企业的基础管理水平及考核者素质要求较高;

③实施过程中,需要对指标体系进行反复测试和修改,这无疑又增加了该方法的应用成本。

### 5.2.7　混合标准尺度法

混合标准尺度法是指描述与各个绩效考核项目相对应的不同绩效等级的绩效表现,把各个描述混合起来并在考核表中进行随机排列,由考核者判断并选择出其中与被考核者行为特征相符合的选项,从而对被考核者进行绩效考核的一种方法。

混合标准尺度法属于行为导向型的绩效考核方法,适用于对员工行为的考核。设计混合标准尺度的基本步骤为:首先,要分解出若干考核维度;继而,需要准确表述与每一维度的好、中、差三个行为等级相对应的典型工作表现,形成不同的描述语句;然后,把前述所有描述语句打乱,呈混杂无序排列,使考核操作者不易察觉各描述句是考核哪一维度或表示哪一等级,因而使其主观成分难以掺入。

应用混合标准尺度法实施绩效考核时,考核者只需把被考核者的实际表现与所定义绩效标准的描述句逐条对照评判。凡达到描述句所述则画"+";不及所述句则画"—"。最后便可根据所给符号,按照评分规则,较准确地判定被考核者在各维度上应获分数。现以某一办公室职员为例说明。为简化起见,假设考核维度只有三个,即7、6、2针对工作效率,8、1、4针对工作自信心,3、9、5针对工作汇报质量。就此三维度各拟出好、中、差三种表现的描述句,混编如表 5 - 12 所示。

表 5 - 12  混合标准尺度法举例

| 序号 | 典型绩效表现 | 评价符号 |
|---|---|---|
| 1 | 有正常自信,通常对工作有把握,只偶尔踌躇一下 | |
| 2 | 工作效率欠佳,完成任务时间长,有时不能按期完成 | |
| 3 | 口头及书面汇报都有条理,考虑周到,很少需另作补充 | |
| 4 | 工作中有些畏缩,往往不果断,偶尔甚至对事情采取回避态度 | |
| 5 | 有时汇报得无条理、不完整,因而价值不大,或需返工作补充修改 | |
| 6 | 效率可算符合要求,一般能在适当时间内完成所给任务 | |
| 7 | 敏捷、利索,总能完成计划进度,并能很快适应新任务 | |
| 8 | 言行举止都表现得颇有自信,对各种情况能迅速作出果断反应 | |
| 9 | 汇报的内容多是有意义而有用的,结构也较有条理,但往往需作补充报告 | |

混合标准尺度法的优点在于使考核者的注意力不会过度集中在分值上,而同时也会注重被考核者的行为模式。因为,对某一项特定工作来说,并非整体分值越高的员工越胜任,而应该是在某一特定方面有专长或符合某特定行为模式的员工最胜任。此外,它还克服了关键事件法的缺点,即收集和分析员工行为表现时的随时性和不确定性,在评估表格设计时就体现了高度的系统性。但是,在对考核因素各等级进行描述时存在文字局限性,很难全面反映复杂的实际表现行为。

## 5.2.8  评语法

评语法是指由考核者用描述性的文字表述员工在工作业绩、工作能力和工作态度方面的优缺点,以及需要加以指导的事项和关键性事件,由此得到对员工的综合考核。评语法也叫描述法。

评语法主要适用于以员工开发为目的的绩效考核。评语法迫使考核者关注与被考核者绩效相关的特别事例,因此能够减少考核者的偏见和晕轮效应。而且,由于考核者需要列举员工表现的特别事例,而不是使用量表评定法,因此也能减少趋中和过宽性误差。

评语法明显的局限性表现为:考核者必须对每一员工写出一篇独立的考核评语,需要花费较多的时间;另外,评语法所描述的不同员工的表现无法与提升相联系。这种方法最适用于小企业或小的工作单位,而且主要目的是开发员工的技能,激发员工的潜能。

### 5.2.9　平衡计分卡法

平衡计分卡法的核心思想是通过财务、客户、内部经营过程、学习与成长四个方面指标之间相互驱动的因果关系,实现从绩效评估到绩效改进以及从战略实施到战略修正的目标。一方面,通过财务指标保持对组织短期绩效的关注;另一方面,通过员工学习、信息技术的运用与产品、服务创新来提高客户的满意度,共同驱动组织未来的财务绩效,展示组织的战略轨迹。

平衡计分卡通过在组织的财务结果和战略目标之间建立联系来支持业务目标的实现。它将组织战略置于被关注的中心,通过建立平衡计分卡,上层管理的远景目标被分解成一些考核指标。员工通过对照这些考核指标来规范自身行为,这样就使得首席执行官的远景目标与员工的具体工作结合了起来,实现个体与集体目标的统一。

**1. 平衡计分卡包含的六要素**

平衡计分卡包含 6 个要素,即角度、目标、绩效指标、目标值、行动方案及任务。具体如下:

- 角度是观察组织和分析战略的视点或镜头,每个角度都包含战略目标、绩效指标、目标值、行动方案和任务几个部分;
- 目标是由组织战略分流出来的关键战略目标,每一个战略目标都包括一个或多个绩效指标;
- 绩效指标是衡量组织战略目标实现结果的定量或定性的尺度;
- 目标值是对期望达到的绩效目标的具体定量要求;
- 行动方案和项目类似,它由一系列相关的任务或行动组成,目的是达到每个指标的期望目标值;
- 任务是执行战略行动方案过程中的特定行为。

**2. 平衡计分卡包含的四个角度**

平衡计分卡在传统的财务考核指标的基础上,兼顾了其他 3 个重要方面的绩效反映,即客户角度、内部流程角度、学习与发展角度。具体如图 5-2 所示。

应用平衡计分卡法,使组织中的各层经理们能从 4 个重要方面来观察组织,并为图 5-2 中 4 个基本问题提供方案。具体如下:

(1)财务角度。应考虑以下问题:

- 对股东来说哪些财务目标是最重要的?
- 哪些财务目标最符合组织的战略并能使组织取得成功?

作为市场主体,企业必须以赢利作为生存和发展的基础。企业在各个方面的改善只是实现目标的手段,而不是目标本身。企业所有的改善都应该最终归于财

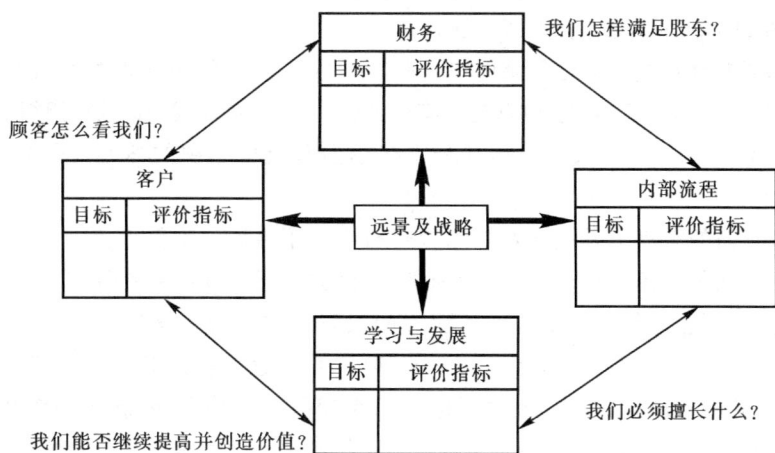

图 5-2 平衡计分卡

务目标的达成。平衡计分法将财务角度作为所有目标考核的焦点。

（2）客户角度。应考虑以下问题：

- 我们对目标市场提供的价值定位是什么？
- 哪些目标最清楚地反映了我们对客户的承诺？

如果我们成功兑现了这些承诺，我们在客户获取率、保留率、满意度和赢利率这几个方面会取得什么样的绩效。

企业为了获得长远的财务业绩，就必须创造出让客户满意的产品和服务。平衡计分法给出了两个层次的绩效考核指标：一是企业在客户服务方面为了达到期望绩效而必须完成的各项目标，主要包括市场份额、客户保有率、客户获得率、客户满意度等；二是针对第一层次各项目标进行逐层细分，选定具体的考核指标，形成具体的绩效考核量表。

（3）内部流程角度。应考虑以下问题：

- 我们要在哪些流程上表现优异才能成功实施组织战略？
- 我们要在哪些流程上表现优异才能实现关键的财务和客户目标？

这是平衡计分卡突破传统绩效考核的显著特征之一。传统的绩效考核虽然加入了生产提前期、产品质量回报率等，但是往往停留在单一部门绩效上，仅靠改革这些指标，只能有助于组织生存，而不能形成组织独特的竞争优势。平衡计分卡从满足投资者和客户需要的角度出发，从价值链上针对内部的业务流程进行分析，提出了四种绩效属性：质量导向的考核、基于时间的考核、柔性导向考核和成本指标考核。

（4）学习与发展角度。应考虑以下问题：

- 我们的经理和员工要提高哪些关键能力才能改进核心流程,达到客户和财务目标从而成功执行组织战略?
- 我们如何通过改善业务流程和提高员工团队合作、解决问题能力和工作主动性,来提高员工的积极性和建立有效的组织文化,从而成功地执行组织战略?
- 我们应如何通过实施平衡计分卡来创造和支持组织的学习文化并加以持续运用?

这个方面的观点为其他领域的绩效突破提供了手段。平衡计分卡实施的目的和特点之一就是避免短期行为,强调未来投资的重要性,同时并不局限于传统的设备改造升级,更注重员工系统和业务流程的投资。注重分析满足需求的能力和现有能力的差距,将注意力集中在内部技能和能力上,这些差距将通过员工培训、技术改造、产品服务加以弥补。相关指标包括新产品开发循环期、新产品销售比率、流程改进效率等等。表 5-13 列出了平衡计分卡四个角度常用的一些指标。

表 5-13　　平衡计分卡四个角度常用的绩效指标

| 1. 财务角度 | 2. 客户角度 |
|---|---|
| <ul><li>利润率</li><li>现金流量</li><li>收入增长</li><li>项目收益</li><li>毛利率</li><li>回款率</li><li>税后净利润</li><li>净现值</li></ul> | <ul><li>市场份额</li><li>用户排名调查</li><li>新客户的增加</li><li>客户的保有率</li><li>客户满意度</li><li>品牌形象识别</li><li>服务差错率</li></ul> |
| 3. 内部流程角度 | 4. 学习与发展角度 |
| <ul><li>产品(服务)质量</li><li>产品开发/创新</li><li>事故回应速度</li><li>安全与环境影响</li><li>劳动生产率</li><li>设计开发周期</li><li>生产周期</li><li>生产计划</li><li>预测准确率</li><li>项目完成指标</li><li>关键员工流失率</li></ul> | <ul><li>提供新服务收入的比例</li><li>员工满意度</li><li>改善提高效率指数</li><li>关键技能的发展</li><li>继任计划</li><li>领导能力的发展</li><li>人均创收</li><li>员工建议数</li><li>新产品上市的时间</li><li>新产品收入所占比例</li></ul> |

### 3. 平衡计分卡实施的四个步骤

第一步,说明远景,它有助于经理们就组织的使命和战略达成共识。虽然最高管理层的本意很好,但"成为出类拔萃者"、"成为头号供应商"或"成为强大组织"之类的豪言壮语很难转化成有用的行动指南。对负责斟酌远景和战略表述用语的人来说,这些术语应当成为一套完整的目标和测评指标,得到所有高级经理的认可,并能描述推动成功的长期因素。

第二步,沟通与联络,让管理人员在组织的上上下下交流他们的战略,并将战略与部门和个人目标连接起来。传统上,部门是按照财务绩效考核的,而个人的激励与短期财务目标紧密相连。平衡计分卡为管理人员提供了一种保证公司各个层次均能理解其长期战略的方法,并能使部门和个人的目标与战略一致。

第三步,规划与设定目标,使得组织能够整合他们的经营计划和财务计划。现在几乎所有的机构都在进行大量的改革,每一个方案都有它自己的支持者、领导者和顾问,都要花费高级管理人员许多时间。管理人员发现把这些多种多样的提议整合起来,实现他们的战略目标很困难。但是,当管理人员使用平衡计分卡设定的雄心勃勃的计划作为分配资源和设定优先次序的基础时,他们能够进行和协调那些提议,推动管理人员向他们的长期战略目标前进。

第四步,策略的回馈与学习,它赋予组织一项称之为战略性学习的能力。现有的反馈和考察程序都注重组织及其各部门、职员是否达到了预算中的财务目标。而当管理体系以平衡计分卡为核心时,组织就能从另外三个角度(顾客、内部流程以及学习与发展)来监督短期结果,并能够根据最近的业绩考核战略。因此,平衡计分卡使组织能够修改和调整战略以随时反映学习所得。

### 4. 实施平衡计分卡的作用

(1)可以为组织绩效管理提供战略框架。平衡计分卡以组织的战略和对目标市场的价值定位为出发点,把战略转化为可衡量的目标,将目标逐层落实到下级部门,直至个人。组织及其部门的平衡计分卡体现出实施组织战略的一个构想,为绩效管理提供战略框架。

(2)可以促进组织学习。明晰战略,定义目标,制定指标,并讨论目标之间的战略性关联的整个过程本身,就是一个学习的过程。组织中所有的人都参与其中,互相探讨他们在工作中积累的经验,这就会形成一种持久的学习氛围。而且平衡计分卡的学习角度能够激励组织成员学习,不断促进组织变革,持续改进组织绩效。

(3)可以促进变革管理。提高变革管理的有效性,主要考虑以下几个方面:

- 变革的目标;
- 变革的原因;

- 变革的结构；
- 变革目标的进展情况；
- 变革方案的反馈与调整。

平衡计分卡在运用的过程中对于上述方面能够进行全面考虑，从而使变革管理更加有效。

(4)可以为协调组织和消除壁垒提供润滑剂和粘合剂。具体表现为：①平衡计分卡的实施，有助于消除组织内部各部门之间的隔阂，减少跨部门的摩擦。通过改进业务流程，加强跨部门的信息或材料流通，在不同部门间建立相互关联、相互支持的目标。②应用平衡计分卡，利于减少上下级之间的摩擦，更好地衔接公司、部门、个人三个层面的目标，为实施和达到绩效目标提供激励。

### 5.2.10　关键绩效指标法

#### 1. 关键绩效指标的含义

关键绩效指标(简称 KPI)是基于企业经营管理绩效的系统性的考核体系。作为一种绩效考核体系设计的基础，我们可以从以下三个方面来深入理解关键绩效指标的具体内涵特征：

(1)关键绩效指标是用于考核和管理被考核者绩效的可量化的或可行为化的标准体系。也就是说，关键绩效指标是一个标准化的体系，它必须是可以量化的，如果难以量化，那么也必须是可以行为化的。如果可量化和可行为化这两个特征都无法满足，那么就不是符合要求的关键绩效指标。

(2)关键绩效指标体现对组织战略目标有增值作用的绩效指标。关键绩效指标是连接个体绩效与组织战略目标的一个桥梁。既然关键绩效指标是针对组织战略目标起到增值作用的工作产出而设定的指标，那么基于关键绩效指标对绩效进行管理，就可以保证真正对组织有贡献的行为受到鼓励。

(3)通过在关键绩效指标上达成的承诺，员工与管理人员就可以进行工作期望、工作表现和未来发展等方面的沟通。关键绩效指标是进行绩效沟通的基石，是组织中关于绩效沟通的共同辞典。有了这样一本辞典，管理人员和员工在沟通时就有了共同语言。

从表 5-14 中我们可以看出基于关键绩效指标体系的绩效考核体系与一般的绩效考核体系的区别。

表 5 - 14  关键绩效指标体系与传统绩效考核的区别

| 项目 | 基于 KPI 的绩效考核体系 | 传统的绩效考核体系 |
|---|---|---|
| 假设前提 | 假定人们会采取一切必要的行动,以达到事先确定的目标 | 假定人们不会主动采取行动来实现目标;假定人们不清楚应采取什么行动来实现目标;假定制订及实施战略与一般员工无关 |
| 评估的目的 | 以战略为中心,指标体系的设计与运用都是围绕战略来服务的 | 以控制为中心,指标体系的设计与运用来源于控制的意图,也是为更有效地控制个人行为 |
| 指标的产生 | 在组织内部自上而下对战略目标进行层层分解产生 | 通常是自上而下根据个人以往的绩效与目标产生的 |
| 指标的来源 | 来源于组织的战略目标与竞争的需要 | 来源于特定的程序,即对过去行为与绩效的修正 |
| 指标的构成及作用 | 通过财务与非财务指标的结合,体现关注短期效益、兼顾长期发展的原则;指标本身不仅传达了效果,也传递了产生结果的过程 | 以财务指标为主,非财务指标为辅,注重对过去绩效的评价,并且指导绩效改进的出发点是过去绩效存在的问题,绩效改进行动与战略需要挂钩 |
| 收入分配体系与战略的关系 | 与 KPI 的值、权重相搭配,有助于推进组织战略的实施 | 与组织战略的相关程度不高,但与个人绩效的好坏密切相关 |

### 2. 关键绩效指标的设计步骤

应用关键绩效指标法设计绩效考核指标需要经过四个大的步骤,每一个步骤都有更详细的内容。如图 5 - 3 所示。

第一步,确定工作产出。

由于关键绩效指标体现了绩效对组织目标增值的部分,是针对组织目标起到增值作用的工作产出来设定的,因此要想设定关键绩效指标首先要确定工作产出。

① 确定工作产出的几个基本原则。

- 增值产出原则。职位工作产出必须与组织目标相一致,即在组织的价值链上能够产生直接或间接的增值。
- 客户导向原则。定义工作产出需要从客户的需求出发。这里尤其强调的是组织内部客户的概念,这是把组织内部不同部门或个人之间工作产出的

```
┌──────────┐   ┌──────────┐   ┌──────────┐   ┌──────────┐
│1.确定工作 │➤ │2.建立关键绩│➤ │3.设定考核 │➤ │4.审核关键 │
│   产出   │   │效考核指标 │   │   标准   │   │绩效指标  │
└────┬─────┘   └────┬─────┘   └────┬─────┘   └────┬─────┘
     ▼              ▼              ▼              ▼
┌──────────┐   ┌──────────┐   ┌──────────┐   ┌──────────┐
│明确组织  │   │针对不同  │   │确定由谁  │   │指标与标  │
│目标,自上 │   │的工作产  │   │来进行考  │   │准的客观  │
│而下逐步  │   │出确定使  │   │核,明确如 │   │性、指标与 │
│确认增值  │   │用的指标  │   │何对各项  │   │标准的全  │
│产品,绘制 │   │类型,利用 │   │标准进行  │   │面性、指标 │
│客户关系  │   │SMART原   │   │考核      │   │与标准的  │
│图,为岗位 │   │则设计考  │   │          │   │可操作性, │
│各项工作  │   │核指标,为 │   │          │   │提供反馈  │
│产出设置  │   │各项考核  │   │          │   │及修正信  │
│权重      │   │指标划分  │   │          │   │息        │
│          │   │权重      │   │          │   │          │
└──────────┘   └──────────┘   └──────────┘   └──────────┘
```

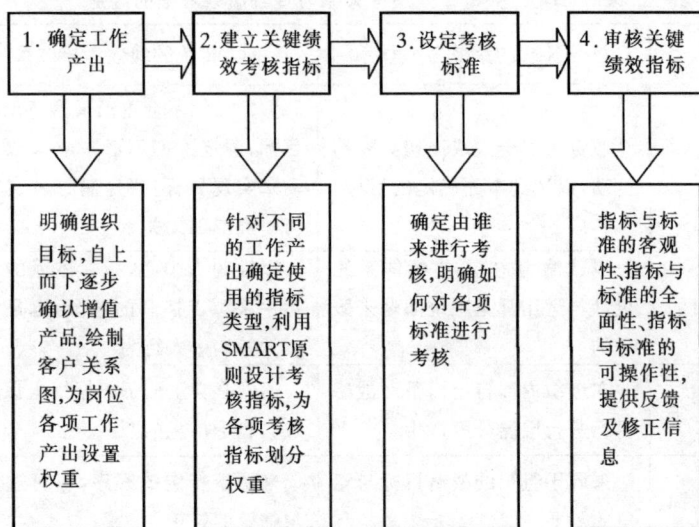

图 5-3　关键绩效指标设计步骤

相互输入输出也当做是客户关系。

- 结果优先原则。一般来说,定义工作产出要首先考虑最终的工作结果。对于有些工作,如果工作的最终结果难以确定,那么就采用过程中的关键行为。

- 设定权重的原则。各项工作产出是应该有权重的。权重是根据各项工作产出在工作目标中的重要性而不是花费时间的多少来设定。

②通过客户关系图确定工作产出。我们通常将某个个体或团体工作产出提供的对象当作该个体或团队的客户,通常包括内部客户和外部客户。在客户关系图中,可以看到一个个体或团队为哪些内外客户提供工作产出,以及对每个客户提供的工作产出分别是什么。在进行绩效考核时,就可以考虑内外客户对这些工作产出的满意标准,以这些标准来衡量个体或团队的绩效。

在得到工作绩效标准后,可以通过进一步的工作分析,分析工作内容中哪些是重要的,哪些是不重要的,甚至哪些是可以从工作内容中忽略的,然后按照重要程度为工作内容设计权重。

第二步,建立关键绩效考核指标。

①关键绩效指标的基本类型。通常来说,关键绩效指标主要有四种类型:数量、质量、成本和时限。表 5-15 列出了常用的关键绩效指标的类型和一些典型的指标举例,以及可以获得验证这些指标的证据来源。

表 5 - 15　关键绩效指标的类型

| 指标类型 | 举例 | 证据来源 |
|---|---|---|
| 数量 | • 产量<br>• 销售额<br>• 利润 | • 业绩记录<br>• 财务数据 |
| 质量 | • 破损率<br>• 独特性<br>• 准确性 | • 生产纪录<br>• 上级评估<br>• 客户评估 |
| 成本 | • 单位产品的成本<br>• 投资回报率 | • 财务数据 |
| 时限 | • 及时性<br>• 到市场时间<br>• 供货周期 | • 上级评估<br>• 客户评估 |

② 确定关键绩效指标的原则。建立关键绩效考核指标要遵循 SMART 原则，SMART 是五个英文单词第一个字母的缩写。S 代表的是"specific"，意思是指"明确具体的"；M 代表的是"measurable"，意思是指"可度量的"；A 代表的是"attainable"，意思是指"可实现的"；R 代表的是"realistic"，意思是指"现实的"；T 代表的是"time-bound"，意思是指"有时限的"。

第三步，设定考核标准。

设定考核标准往往是与建立考核指标一起完成的，我们之所以将其分成两个步骤进行介绍，主要是为了让人们分清楚指标和标准是两个不同的概念。

一般来说指标指的是从哪些方面来对工作产出进行衡量或评估；而标准指的是在各个指标上分别应该达到什么样的水平。指标解决的是我们需要考核"什么"的问题，标准解决的是要求被考核者做得"怎样"、完成"多少"的问题。

①确立关键绩效指标应该把握的要点为：a. 把个人和部门的目标与组织的整体战略目标联系起来，以全局的观念来思考问题；b. 指标一般应当比较稳定，即如果业务流程基本未变，则关键指标的项目也不应有较大的变动；c. 指标应当可控制，可以达到；d. 关键指标应当简单明了，容易被执行者所接受和理解；e. 对关键绩效指标要进行规范定义，可以对每一 KPI 指标建立"KPI 定义指标表"。

②关键绩效指标的特点包括：a. 来自于对组织战略目标的分解；b. 关键绩效指标是对绩效构成中可控部分的衡量；c. KPI 是对重点经营活动的衡量，而不是对所有操作过程的反映；d. KPI 是组织上下的认同。

第四步,审核关键绩效指标。

对关键绩效指标进行审核的目的主要是为了确认这些关键绩效指标是否能够全面、客观地反映被考核者的工作绩效,以及是否适用于考核操作。

审核关键绩效指标主要可以从以下几方面进行:

- 工作产出是否为最终产品?
- 关键绩效指标是否可以证明和观察?
- 多个考核者对同一个绩效指标进行考核,结果是否能取得一致?
- 这些指标的总和是否可以解释被考核者80%以上的工作目标?
- 是否从客户的角度来界定关键绩效指标?
- 跟踪和监控这些关键绩效指标是否可以操作?
- 是否留下超越标准的空间?

**3. 关键绩效指标法的优缺点**

(1)关键绩效指标法具有以下优点:

①目标明确,利于公司战略目标的实现。KPI是组织战略目标的层层分解,通过KPI指标的整合和控制,使员工绩效行为与组织目标要求的行为相吻合,不至于出现偏差,有利地保证了组织战略目标的实现。

②提出了客户价值理念。KPI提倡的是为组织内外部客户实现价值的思想,对企业形成以市场为导向的经营思想具有一定意义。

③有利于组织利益与个人利益达成一致。系统性的指标分解,使公司战略目标成了个人绩效目标,员工个人在实现个人绩效目标的同时,也是在实现公司总体的战略目标,达到两者和谐,使得公司与员工共赢。

(2)关键绩效指标法的局限性在于:绩效考核经常遇到一个实际的问题就是,绩效指标很难保证客观和可量化。其实,对所有的绩效指标进行量化并不现实,也没有必要这么做。通过行为性的指标体系,也同样可以衡量组织的绩效。

## 5.2.11　目标管理法

这里用"三个石匠的寓言"来帮助大家理解什么是目标,什么是目标管理。有个人经过一个建筑工地,问那里的石匠们在干什么,三个石匠有三个不同的回答。

第一个石匠回答:"我在做养家糊口的事,混口饭吃。"

第二个石匠回答:"我在做最棒的石匠工作。"

第三个石匠回答:"我正在盖一座教堂。"

如果我们用"自我期望"、"自我启发"和"自我发展"三个指标来衡量这三个石匠,我们会发现第一个石匠的自我期望值太低。在职场上,此人缺乏自我启发的自觉和自我发展的动力。第二个石匠的自我期望值过高,在团队中,此人很可能是个特立独行式的人物。第三个石匠的目标才真正与工程目标、团队目标高度吻合,他的自我启发意愿与自我发展行为才会与组织目标的追求形成和谐的合力。

管理大师德鲁克曾说:"目标管理改变了经理人过去监督部属工作的传统方式,取而代之的是主管与下属共同协商确定具体的工作目标,事先设立绩效衡量标准,并且放手让部属努力去达成既定目标。此种双方协商一个彼此认可的绩效衡量标准的模式,自然会形成目标管理与自我控制。"

**1. 目标管理法的实施步骤**

(1)确定组织目标。组织的管理者制定整个组织下一年的工作计划,并确定相应的组织目标。

(2)确定部门目标。由各部门领导和他们的上级共同制定本部门目标。

(3)讨论部门目标。部门领导就本部门目标与部门下属人员展开讨论(一般是在全部门会议上),并要求他们分别制定自己的工作计划。换言之,在这一步骤上需要明确的是:本部门的每一员工如何才能为部门目标的实现做出贡献。

(4)对预期结果的界定(确定个人目标)。在这里,部门领导与他们的下属员工共同确定短期的绩效目标。

(5)工作绩效评价。部门领导就每一位员工的实际工作成绩与他们事前商定的预期目标加以比较。

(6)提供反馈。部门领导定期召开绩效评价会议,与下属员工展开讨论,一起来对预期目标的达成和进度进行讨论。

在质量管理中有一种很重要的思想就是 P—D—C—A 循环,在这里我们将它运用在目标管理中,图 5 - 4 可以更清楚地说明目标管理法在实施过程中的步骤。

**2. 确定目标的注意事项**

(1)目标要清楚、明确。在设置目标时,用双方都能理解的语言和术语来表述。如果可能的话,让员工或流程负责人自己设置目标,自己设置的目标对他们更富有价值。如果他们要求管理者为他们设置目标,管理者要创造出自由讨论的气氛,一起设置目标。定下工作目标以后,员工或流程负责人应形成书面的备忘录,有助于他们自我检查。

一般组织目标的通病是叙述太笼统。所定目标虽有一定的弹性,但是还要具体化,例如"销售额比上年增长 10%","到 2006 年市场占有率应达到 20%"等。高层的目标越具体,组织基层制定目标的过程就越简单。

(2)目标要可评估。所设置的目标,要简单且易于评估,最好能用量化指标。

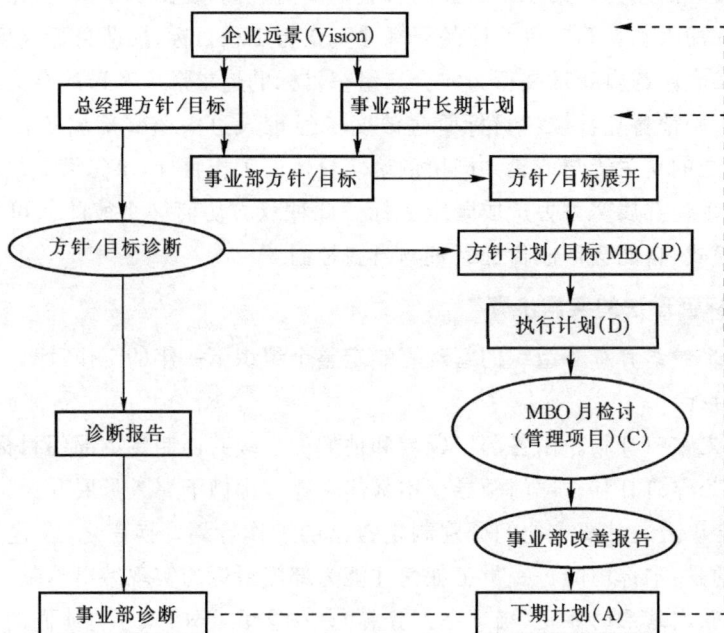

图 5 - 4　目标管理法实施流程

譬如,维修流程的修理数量和返修比率、产品开发与设计流程的开发周期和可行方案、信贷部门的利润总额和利润率等。

如"在下一个计划年度把市场占有率提高 10％",这一目标是可衡量的,它使管理人员在年度中能衡量进展情况,并把绩效和预期目标相对照。

(3)目标要有相容性。一方面,个人目标要相容于流程目标,流程目标要相容于整个组织的目标;另一方面,流程之间、个人之间的目标要衔接。也就是说,一个流程目标的实现要有助于另一个流程目标的实现。

(4)目标要有挑战性。富有挑战性的目标更能激发员工的工作热情,鼓励员工选择十分艰巨而经过努力又能实现的目标。

(5)目标要有主次与先后顺序。对个人或流程设置的多个目标(尽量做到个数少),按其重要性排出优先顺序。

**3. 检测目标的原则**

目标管理法的做法是,在上年年底或当年年初,把年度目标制定出来。遵循 SSMART 的目标检验原则,利于建立有效的绩效目标。SSMART 的具体内容为:

S——stretch,指目标的延展性。每项目标需要使自己在能力范围内再多做一点,若说达到一般目标是 100 分,那延展的满分就是 110 到 130 分。

S——specific,指目标要具体、明确。每项目标的制订,一定是特定的,而不是一个笼统概略性的。

M——measurable,指目标的可测量性。每项目标必须要用量化的指标来评定。评量方法中,数字是最容易取得的,有些可以用数字表达,如多少营业额? 多少市场占有率?

A——achievable,指目标的可实现性。所有的目标虽然比能力范围再多一点,但一定是要经过努力能够达到的。考核者必须帮助被考核者检视目标的可行性,因为达不到的目标,制定跟没制定的结果一样。

R——relevant,指目标的相关性。每项目标必须与直接报告考核者的目标相结合。

T——time-bound,指目标的时间性。要求明确各项目标的时间周期,即限定在什么时间内完成。

目标管理法应用如表 5 – 16 所示。

表 5 – 16　某人力资源部目标管理表

| 填写人:张伟 | 职务:人力资源经理 | | 填写时间:2009 年 12 月 20 日 | |
|---|---|---|---|---|
| 所属季度:第一季度 | 计划时间:2010 年 1 月 1 日—2010 年 2 月 28 日 | | | |
| 总目标: | | | 1 月份 | 2 月份 |
| 1. 协助完成第一季度校园招聘和社会招聘 | | | √ | √ |
| 2. 完成薪酬制度的修订 | | | √ | |
| 3. 完善招聘工作流程的修订及全年招聘费用预算 | | | √ | |
| 4. 完成年度培训规划及修订《培训制度》 | | | | √ |
| 5. 完成招聘宣传品的制作 | | | | √ |
| 6. 协助完成 HRM 系统设计 | | | | √ |
| 7. 协助进行公司内部流程重组 | | | | √ |
| 8. 根据公司需要,完成对应届生做毕业设计的安排 | | | | √ |
| | | | | |
| 1 月份分目标: | | | 完成时间 | |
| 1. 协助完成第一季度校园招聘和社会招聘 | | | 1 月 1 日—1 月 31 日 | |
| 2. 完成薪酬制度的修订 | | | 1 月 1 日—1 月 10 日 | |

续表 5 - 16

| | |
|---|---|
| 3. 完善招聘工作流程的修订及全年招聘费用预算 | 1 月 11 日—1 月 20 日 |
| | |
| 2 月份分目标： | 完成时间 |
| 1. 协助完成第一季度校园招聘和社会招聘 | |
| ①清华大学招聘会 | 2 月 10 日—2 月 11 日 |
| ②北京大学招聘会 | 2 月 14 日—2 月 15 日 |
| ③中国人民大学招聘会 | 2 月 17 日—2 月 18 日 |
| ④北京师范大学招聘会 | 2 月 24 日—2 月 25 日 |
| ⑤其他协助工作（签订就业协议，薪酬讲解） | 2 月 1 日—2 月 28 日 |
| 2.完成年度培训规划及修订《培训制度》 | 2 月 1 日—2 月 10 日 |
| 3.完成招聘宣传品的制作 | |
| ①完成宣传品文字资料 | 2 月 1 日—2 月 10 日 |
| ②完成宣传品的设计 | 2 月 11 日—2 月 20 日 |
| ③完成宣传品的印刷 | 2 月 21 日—2 月 28 日 |
| 4.协助完成 HRM 系统设计 | 2 月 1 日—2 月 28 日 |
| 5.协助进行公司内部流程重组 | 2 月 1 日—2 月 28 日 |
| 6.根据公司需要,完成对应届生做毕业设计的安排 | 2 月 1 日—2 月 28 日 |
| 直接上级意见：<br><br><br>　　　　　　　　　　签名：　　　　　日期： | |

## 4. 目标管理法的优缺点

（1）目标管理法的主要优点如下：

①目标管理使各级部门及员工知道他们需要完成的目标是什么,从而可以把时间和精力投入到能最大限度实现这些目标的行为中去。

②目标管理对组织内易于度量和分解的目标会带来良好的绩效。对于那些在技术上具有可分性的工作,由于责任、任务明确,目标管理常常会起到立竿见影的

效果。

③目标管理有助于改进组织结构和职责分工。由于组织目标的成果和责任力图划归于一个职位或部门,因此目标管理容易发现授权不足与职责不清等缺陷。

④目标管理启发了自觉性,调动了职工的主动性、积极性和创造性。由于强调自我控制、自我调节,将个人利益和组织利益紧密联系起来,因而可提高士气。

⑤从公平的角度来看,目标管理较为公平。因为绩效标准是按相对客观的条件来设定的,因而对它们进行考核就会减少偏见的产生。

⑥目标管理相当实用且费用不高。目标的开发不需要像开发行为锚定式评定量表那么花力气。必要的信息通常由被考核者填写,由考核者批准或进行修订就可以了。

⑦目标管理促进了被考核者及考核者之间的意见交流和相互了解,改善了组织内部的人际关系。

(2)目标管理法具有如下的局限性:

①没有具体指出达到目标所要求的行为。应对一些员工尤其是需要更多指导的新员工提供"行为步骤",具体指出他们需要怎么做才能成功地达到目标。

②目标管理倾向于短期目标,即能在每年年底测量目标。员工们可能会为了达到短期目标而牺牲长期目标。例如,一个开发部的经理,由于要完成今年新产品开发的目标,可能会完全启用老员工而忽视新员工,这种行为有可能损害企业的未来前景(即长期目标的实现)。

③绩效标准因员工的不同而不同。例如,为一位"中等"员工所设置的目标可能比为那些"高等"员工所设置的目标挑战性小,目标管理没有为相互比较提供共同的基础。

**本章思考题**

1. 对考核方法进行分类有哪些实际意义?绩效考核方法的四种分类各有什么特点?

2. 战略导向型绩效考核方法有哪些?各有哪些特点?

3. 对平衡计分卡包含的四个角度进行解释。

4. 简述关键绩效指标法的实施步骤。

5. 选择绩效考核方法时,重点应该考虑哪些因素?

## 案例分析 5-1

### 新星制药公司的目标管理

　　新星制药公司决定在全公司推行目标管理。之前,公司在为销售部门建立奖金体系时已经使用了这种方法。公司通过对比实际销售额与目标销售额,支付给销售人员相应的奖金。这样一来,销售人员的实际薪资就由基本工资和一定比例的个人销售奖金两部分组成。

　　自销售系统实施新政策以来,公司销售额大幅度提高,因此苦了生产部门,他们很难完成交货计划。销售部门开始抱怨生产部门不能按时交货。公司总经理和其他高层管理者决定为公司所有部门、部门经理及关键岗位任职者建立一个目标设定流程。为了实施这个新的举措,他们需要用到绩效评估系统。生产部门的主要目标包括按时交货和库存成本两个部分。

　　公司请了一家咨询公司,付给其高昂的费用,要求咨询顾问负责以下事项:指导管理人员设计新的绩效评估系统;对现有的薪资结构提出改进建议,而且需要从岗位分析和工作描述入手;参与制定奖金体系方案,要求所制定奖金体系与年度目标的实现程度密切相关。咨询顾问们还要就如何组织目标设定的讨论和改进绩效回顾流程,对公司经理予以指导。公司总经理期待着能够很快提高业绩。

　　然而不幸的是,新星制药公司的业绩不但没有上升,反而下滑了。部门间的矛盾加剧,尤其是销售部门和生产部门。生产部埋怨销售部销售预测准确性太差,而销售部埋怨生产部无法按时交货。每个部门都指责其他部门。因此公司客户满意度开始下降,公司的利润也在下滑……

　　——资料来源:根据"中国人力资源网,经典案例,网址:http://www.hr.com.cn"改编。

### 案例讨论

1. 案例中的问题出在哪里?
2. 设定目标且把目标完成程度与工资挂钩,为什么反而导致了部门间矛盾的加剧和公司利润的下滑？

## 案例分析 5-2

### 赵总经理的困惑

　　天宏公司总部会议室，赵总经理正在认真听取关于上年度公司绩效考核执行情况的汇报，其中有两项决策让他左右为难。一是经过年度考核成绩排序，成绩排在最后的几名员工却是在公司干活最多的人。这些人是否按照原先的考核方案降职和降薪？下一阶段考核方案如何调整才能更加有效？二是人力资源部提出要装备一套人力资源管理软件来提高统计工作效率的建议，但一套软件能否真正起到支持绩效提高的效果？

　　天宏公司成立仅四年，为了更好地进行各级人员的评价和激励，在引入市场化的用人机制的同时，建立了一套绩效管理制度。这套方案，用人力资源部经理的话说是细化传统的德、能、勤、绩 4 项指标，同时突出工作业绩的一套考核办法。其设计的重点是将上述 4 个方面细化延展成 10 项指标，并把每个指标都量化出 5 个等级，同时定性描述各等级定义，考核时只需将被考核人实际行为与描述相对应，就可按照对应成绩累计相加得出考核成绩。

　　但在实施考核中却发现了一个奇怪的现象，即实际工作比较出色和积极的员工，考核成绩却常常排在多数人后面，而一些工作业绩并不出色工作有些许错误的员工却排在了前面。一些管理干部对考核结果大排队的方法不理解甚至有抵触心理。不过，综合各方面情况，目前的绩效考核还是取得了一定的成果，具体表现在：一方面，各部门都能够较好地完成绩效考核，而需要进一步确定的是，对于考核排序在最后的员工如何落实处罚措施。如若实施降职和降薪，无疑会伤害一批像他们一样认真工作的员工；如不落实，却容易破坏考核制度的严肃性和连续性。另一方面，本次考核中，统计考评分数的工具比较原始，考核成绩统计工作量太大，人力资源部只有 3 名员工，却要统计总部 200 多员工的考核成绩，每个员工平均有 14 份表格，统计、计算、平均及排序发布，最后还要和这些员工分别谈话。在进行考核的一个半月中，人力资源部几乎都在做这件事情，连其他事情都耽搁了。

　　赵总经理决定亲自请车辆设备部、财务部和工程部的负责人到办公室深入了解一些实际情况。

　　车辆设备部李经理、财务部王经理来到了总经理办公室,当总经理简要地说明了原因之后,车辆设备部李经理首先快人快语回答道:"我认为本次考核方案需要尽快调整,因为它不能真实反映我们的实际工作,例如我们车辆设备部主要负责公司电力机车设备的维护管理工作,总共只有 20 个员工,却管理着公司总共近 60 台电力机车,为了确保它们安全无故障地行驶在 600 公里的铁路线上,我们主要工作就是按计划到基层各个点上检查和抽查设备维护的情况。在日常工作中,我们不能有一次违规和失误,因为任何一次失误都是致命的,也是会造成重大损失的,但是在考核业绩中有允许出现'工作业绩差的情况',因此我们的考核就是合格和不合格之说,不存在分数等级多少。"

　　财务部王经理紧接着说道:"对于我们财务部门,工作基本上都是按照规范和标准来完成的,平常填报表和记账等都要求万无一失,这些如何体现出创新的最好一级标准? 如果我们没有这项内容,评估我们是按照最高成绩打分还是按照最低成绩打分? 还有一个问题,我认为应该重视,在本次考核中我们沿用了传统的民主评议的方式,我对部门内部人员评估没有意见,但是实际上让其他人员打分是否恰当? 因为我们财务工作经常得罪人,让被得罪的人来评估我们财务人员,这样公正吗?"

　　——资料来源:根据"中国人力资源网,网址:http://www.hr.com.cn"改编。

**案例讨论**

1. 天宏公司的绩效管理存在哪些问题?
2. 你认为应该如何解决目前所存在的问题?

# 第 *6* 章

# 绩效考核指标体系构建

绩效考核指标体系构建是绩效管理中最重要的环节,绩效考核指标体系设置的合理与否,影响着绩效考核过程的可操作性,决定了绩效考核的导向性与组织绩效管理目标能否达成。因此,设计绩效考核指标体系、确定绩效考核指标,是组织绩效管理工作的首要因素,也是建立绩效考核体系的关键环节。目前已成为组织人力资源管理工作最关注的问题。

为了帮助学生有效掌握绩效考核指标体系构建的基本理论与技能,本章揭示了绩效考核指标和绩效考核指标体系的内涵与本质;讨论了构建绩效考核指标体系的步骤和方法;介绍了指标权重确定的方法及绩效考核量表的设计。

## 重点问题

⇨ 绩效考核指标的基本概念
⇨ 绩效考核指标的设计步骤
⇨ 运用平衡计分卡、关键绩效指标法和目标管理法设计绩效考核指标
⇨ 绩效考核指标权重的设置
⇨ 绩效考核量表的设计

# 6.1　基本概念

## 6.1.1　绩效考核指标

### 1. 绩效考核指标的概念与构成

　　绩效考核指标又称为绩效考核因素或绩效考核项目,是指在绩效考核过程中把被考核对象的各个方面或各个要素具体为可以测定的考核因素,这种考核因素就是绩效考核指标。绩效考核指标是对被考核对象绩效的表征形式,只有设定了考核指标,绩效考核工作才具有可操作性。

　　绩效考核指标一般包括四个构成要素:
- 指标名称。指标名称是对考核指标的内容做出的总体概括。
- 指标定义。指标定义是指标内容的操作性定义,用于揭示考核指标的关键可变特征。
- 标志。考核的结果通常表现为将某种行为、结果或特征划归到若干个级别之一。考核指标中用于区分各个级别的特征规定就是绩效考核指标的标志。
- 标度。标度用于对标志所规定的各个级别所包含的范围做出规定,或者说,标度是用于揭示各级别之间差异的规定。

　　表 6-1 具体列举了绩效考核指标的构成要素。

表 6-1　绩效考核指标构成

| 指标名称 | 工作效率 | | | | |
|---|---|---|---|---|---|
| 指标定义 | 工作中对工作时间的利用效率 | | | | |
| 标志 | S | A | B | C | D |
| 标度 | 工作高效率化 | 工作效率较高 | 工作效率正常 | 工作效率不高 | 工作效率很低 |

　　表 6-1 中绩效考核指标的"标志"和"标度"是一一对应的。标志和标度就好比一把尺子上的刻度和规定刻度的标准。因此,我们往往将此二者统称为绩效考评的尺度,而"尺"就是"标志","度"即"标度"。

### 2. 绩效考核指标的基本要求

　　为了保证绩效考核过程的可操作性及考核结果的客观公正性,绩效考核指标应满足如下的基本要求:

（1）词意清晰。不论是考核指标的名称或定义，在用词上都要清楚、明确，使任何人都能理解它的意思，不能有模棱两可的感觉。

（2）内涵明确。每个绩效考核指标都规定明确的含义，使得不同的考核者对考核指标内容都有相同的认识。

（3）独立性。每个考核指标尽管有相互作用或相互影响，但一定要有独立的内容，有独立的含义和界定。

（4）针对性。考核指标是针对工作内容而言的，必须与工作内容、工作目标相关，只有这样才能真正起到目标引导作用，避免工作重点偏离目标的方向。

（5）可操作性。对于各项指标，都要有较强的可操作性，也就是说易于衡量。具体设计时可以通过细节化或应用具体的数据来达到可操作性的要求。

（6）其他。考核指标还应该具有现实性、关键性、可控性等其他一些要求。

**3. 绩效考核指标的分类**

绩效考核指标有很多种，对绩效考核指标进行分类，便于人们有效地把握各种绩效考核指标的本质特征，利于指导人们有效地制定绩效考核指标。

（1）根据绩效考核内容的分类。从前面章节对绩效的定义得知，绩效包括了工作业绩、工作能力与工作态度，那么，绩效考核的内容应该涉及工作业绩考核、工作能力考核和工作态度考核三个方面。因此，我们按照绩效考核的内容，将绩效考核指标分为工作业绩指标、工作能力指标和工作态度指标。

①工作业绩指标。工作业绩是工作行为所产生的结果。一般情况下，工作业绩是员工对组织贡献的主要表现形式，对员工的绩效考核因此应突出对员工工作业绩的考核。

工作业绩指标可以表现为某职位的关键工作职责或一个阶段性的项目，也可以是年度的综合业绩。工作业绩指标可具体表现为所完成职位工作的数量指标、质量指标、工作效率指标以及成本费用指标。表 6-2 列举了某企业营销人员的部分工作业绩指标。

表 6-2　营销人员工作业绩指标举例

| 考核内容 | 项　目 | 指　　标 |
|---|---|---|
| 工作业绩 | 销售量 | 1. 产品销售数量<br>2. 顾客对营销员满意程度 |
| | 信　用 | 3. 人际关系<br>4. 顾客对产品的印象 |

**阅读资料 6-1**

### 应该如何考核分公司经理?

　　为了在西南市场赢得一席之地,某公司在重庆设立了销售分公司,派遣 x 君担任分公司首任经理。

　　x 君自担任重庆分公司经理起,深感责任重大。上任伊始,身先士卒,亲率几十名兄弟摸爬滚打,决心不负公司重望。他把最困难的任务留给自己,经常向下属传授经验。但是事与愿违,一年下来,销售业绩还是"与目标差距甚远"。这种状况远远还没有结束,直到第六任分公司经理 y 君上任,销售绩效才打破业绩纪录。

　　对于 x 君和其他 5 位分公司经理,你认为应该如何考核?

　　②工作能力指标。组织中的不同职位对于员工工作能力的要求是不同的,工作能力指标是针对被考核职位对任职者所必须具备能力的要求而制定的。现实中类似"阅读材料 6-1"的情景比比皆是。受环境因素、工作难易程度及工作成果形成周期差异化的影响,员工的工作业绩往往不能如实反映员工对于组织的实际贡献。

　　多数情景下,员工工作业绩具有多因性、滞后性、难以测量性等特点。因此,一方面,员工所表现出的工作业绩可能只是其为组织实际贡献的一部分,甚至是其中很少部分,仅仅考核工作业绩远远不足以反映员工对于组织的贡献;另一方面,某员工的工作业绩,可能是组织其他成员甚至整个团队共同努力的结果,或者与以前任职者的行为结果密切相关。表 6-3 是某企业营销人员工作能力指标举例。

表 6-3　营销人员工作能力指标

| 考核内容 | 项　目 | 指　　标 |
|---|---|---|
| 工作能力 | 智力因素 | 1. 对产品性能掌握程度<br>2. 知识结构及运用 |
| | 推销技巧 | 3. 谈吐<br>4. 观察力、联想力<br>5. 对顾客心理的掌握<br>6. 创新精神 |

　　③工作态度指标。在工作中我们常常可以看到,一个能力很强的员工由于出

工不出力,而业绩平平;另一个能力一般的员工,却由于兢兢业业而做出了引人注目的好业绩。两种不同的工作态度产生了两种截然不同的工作结果。

实际上,工作态度不仅对态度主体的工作业绩有较大的影响,还会影响到组织其他成员工作能力的发挥与工作业绩的实现,也会通过影响组织的效率、风气而最终影响到组织的整体绩效。为了对员工的行为进行引导从而达到绩效管理的目的,在绩效考核中必须包括对工作态度进行考核的指标。某企业营销人员的工作态度指标如表 6-4 所示。

表 6-4　营销人员工作态度指标

| 考核内容 | 项　目 | 指　　　标 |
|---|---|---|
| 工<br>作<br>态<br>度 | 品德修养 | 1. 事业心和进取心<br>2. 责任心<br>3. 真诚 |
| | 工作实践 | 4. 准备资料<br>5. 推销次数及时间运用(心理承受) |

(2)根据指标量化程度的分类。按照指标量化程度的不同,可以将指标分为硬指标和软指标。

①硬指标。硬指标是指那些可以以统计数据为基础,把统计数据作为主要考核信息,以数学手段求得考核结果,并以数量表示考核结果的考核指标。表 6-5 中所列举的就是硬指标。

表 6-5　硬指标实例

| 指标 | 得　分 | | | | |
|---|---|---|---|---|---|
| | 4 | 3 | 2 | 1 | 0 |
| 销售收入<br>增长率 | 比去年同期增长 15% 以上 | 比去年同期增长 10%~15% | 比去年同期增长 5%~10% | 比去年同期增长 5% 至持平 | 达不到去年同期水平 |
| 毛利润 | 100 万元以上 | 80 万~100 万元 | 60 万~80 万元 | 40 万~60 万元 | 40 万元以下 |

使用硬指标进行绩效考核能够摆脱个人经验和主观意识的影响,具有较高的客观性和可靠性。但是,当考核指标所依据的数据不够可靠,或者当考核的指标难以量化时,如果还要追求以硬指标的方式进行,那么,考核结果就难以客观和准确

了。另外,硬指标考核的过程往往较为死板,在考核的过程中缺少人的主观性对考核过程的影响,所以也有缺乏灵活性的弊端。

②软指标。软指标指的是需要通过人的主观判断而得出考核结果的考核指标。在行为科学中,人们用专家考核来取代这种主观考核的过程,由考核的专家直接给被考核对象的绩效状况进行打分或做出模糊评判,得出诸如"很好"、"好"、"一般"、"不太好"及"不好"的判断,如表 6 - 6 所示。

表 6 - 6　软指标实例

| 指　标 | 得　分 | | | | |
|---|---|---|---|---|---|
| | 4 | 3 | 2 | 1 | 0 |
| 一线营销人员工作积极性 | 非常好 | 比较好 | 一般 | 稍差 | 差 |
| 售后服务实施满意情况 | 非常满意 | 比较满意 | 尚可 | 不太满意 | 非常不满意 |

把软指标考核看作专家考核,是因为这种主观考核在客观上就要求考核者必须对所要考核的对象从事的工作相当内行,能够通过不完整的数据资料,在利用大量感性资料的基础上看到事物的本质,做出正确的考核。

运用软指标的优点在于:a. 这类指标不受统计数据的限制,可以充分发挥人的智慧和经验。在这个主观考核的过程中往往能够综合更多的因素,把问题考虑得更加全面,避免或减少统计数据可能产生的片面性和局限性;b. 当考核所需的数据不充分、不可靠或考核指标难以量化的时候,通过软指标考核能做出更有效的判断。因此,软指标考核能够更广泛地运用于考核各种类型员工的绩效。

随着新科学的发展和模糊数学的应用,软指标考核技术获得了迅猛的发展。通过考核软指标并对考核结果进行科学的统计分析,我们能够将软指标考核结果与硬指标考核结果共同运用于各种判断和推断,以提高绩效考核结果的科学性和实用性。

应用软指标的局限性有:很大程度上依赖于考核者的知识和经验来做出判断,容易受各种主观因素的影响。所以,软指标的考核通常是由多个考核主体共同进行,有时甚至由一个特定的群体共同做出一个考核结论,彼此相互补充,从而产生一个比较完善的结论。

③软、硬指标结合。在实际考核工作中,往往不会是单纯使用硬指标或软指标进行考核,而是将两种方法的长处加以综合应用,以弥补各自的不足。在数据比较

充分的情况下,以硬指标为主,辅以软指标进行考核;在数据比较缺乏的情况下则以软指标为主,辅以硬指标进行考核,如表 6-7 所示。

表 6-7　软指标和硬指标结合实例

| 指标 | 得 分 | | | | |
|---|---|---|---|---|---|
| | 4 | 3 | 2 | 1 | 0 |
| 相关部门满意度 | 90%以上的部门非常满意 | 70%～90%的部门非常满意 | 60%～70%的部门非常满意 | 50%～60%的部门基本满意 | 不足50%的部门基本满意 |
| 考核工作有效性 | 提前计划时间 25% 以上完成,效果非常好 | 提前计划时间 10%～25% 完成,效果良好 | 在计划时间完成,效果良好 | 落后计划时间 10%～25% 完成,效果较差 | 落后计划时间 25% 以上完成,效果差 |

在绩效考核中,对于硬指标的考核往往也需要一个定性分析的过程,而对于软指标考核的结果也可以应用模糊数学进行量化的换算。因此,在建立指标体系的时候,应尽量将指标量化,收集相关的统计资料,提高考核结果的准确性。

(3)根据模块化的指标构建思路进行的分类。人们在构建绩效考核指标时往往沿用一种思路:首先,会从“特质”、“行为”、“结果”三个模块着手,进行绩效考核指标体系的框架设计;进而,再确定各模块的具体指标。特质指标、行为指标与结果指标因此也是一种较为常见的绩效考核指标分类方式。三类考核指标的特点比较如表 6-8 所示。特质指标、行为指标与结果指标实例如表 6-9 所示。

表 6-8　　特质、行为及结果指标比较

| 项目 | 特质指标 | 行为指标 | 结果指标 |
|---|---|---|---|
| 适用范围 | 适用于对未来的工作潜力做出预测 | 适用于考核可以通过单一的方法或程序化的方式实现绩效标准或绩效目标的职位 | 适用于考核那些可以通过多种方法达到绩效标准或绩效目标的职位 |

| 项目 | 特质指标 | 行为指标 | 结果指标 |
|---|---|---|---|
| 局限性 | 1. 没有考虑情景因素,通常预测效度较低<br>2. 不能有效地区分实际工作绩效,员工易产生不公正感<br>3. 将注意力集中在短期内难以改变的人的特质上,不利于改进当期绩效 | 1. 需要对那些同样能够达到目标的不同行为方式进行区分,以选择真正适合组织需要的方式,这一点是十分困难的<br>2. 当员工认为其工作重要性较小时意义不大 | 1. 结果有时不完全受被考核对象的控制<br>2. 容易诱使考核对象为了达到一定的结果而不择手段,使组织在获得短期效益的同时丧失长期效益 |

表 6 - 9　行为、特质、结果指标举例

| 类 别 | 指标 | 考 核 要 点 |
|---|---|---|
| 特质类 | 计划能力 | 制定和提出切实可行的计划与方案。本人所负责的工作紧张、有序、有条理。有计划地调整和使用资源 |
| | 学习能力 | 在工作中不断地学习与更新知识,学习他人先进经验。在工作中不断提高工作技能,改进工作方法 |
| | 合作能力 | 能够以大局为重,不计较个人利益,正确地对待他人的批评。能够与同事密切合作,共同做好工作,有参与意识,主动地提出合理化建议 |
| 行为类 | 纪律性 | 严格遵守公司的各项规章制度和工作纪律 |
| | 敬业精神 | 热爱本职工作,始终保持饱满的工作热情。主动承担工作责任,主动解决工作中的问题,脚踏实地地做好每一项工作 |
| | 服务意识 | 主动地为客户和其他部门提供服务。不断改进工作方法,提高服务质量 |
| 结果类 | 计划完成 | 按照工作计划,圆满完成本考核期内的工作任务与目标 |
| | 工作效率 | 工作效率较上个考核期有显著提高 |
| | 工作质量 | 工作质量较上个考核期有显著提高,工作失误明显减少 |

## 6.1.2　绩效考核指标体系

### 1. 绩效考核指标体系的内容与特征

（1）绩效考核指标体系的内容。绩效考核指标体系是指一组既独立又相互关联，并能够完整地表达绩效考核目的和系统运行目标的考核指标。绩效考核指标体系一般包括组织绩效考核指标、部门绩效考核指标和员工绩效考核指标三个层次，每个层次又包括不同的考评维度，每个维度都包含若干具体考核指标，每个指标又包括自己的名称、定义、评价标准和权重。所以，不论是从绩效考核指标体系的总体结构，还是从其具体构成内容上来看，它的结构都是层次分明的。

（2）绩效考核指标体系的特征。迪克森认为，一个好的绩效考评指标体系应该包括两部分绩效考核指标：一部分为通用的绩效考核指标；另一部分是与组织自身特点相符合的特殊指标；另外，绩效考核指标体系应该是由"财务指标"与"非财务指标"相结合而构成的。迪克森于 1990 年提出了一个好的绩效考评指标体系应该具备的 24 个特征：

- 指标体系的设计要与组织目标、人员素质、组织文化以及其关键成功要素相一致；
- 指标体系要与组织的发展战略相关联，运用该指标体系应该能够促进组织战略的实施；
- 指标体系要易于实施；
- 指标体系的所有内容应该力求简单明了；
- 指标体系的设计要注意符合客户的需求；
- 运用指标体系进行考核应该有助于实现各职能部门之间的有机结合；
- 指标体系要包括适合于不同组织层级的多种指标；
- 指标体系的设计要与组织所面临的外部环境相适应；
- 指标体系有助于实现组织中的横向与纵向合作；
- 指标体系能够衡量考核行动所产生的客观结果；
- 指标体系在设计过程中要强调全员参与；
- 指标体系制定在组织中进行了有效地沟通；
- 指标体系所有内容可以被理解；
- 指标体系的所有内容应该得到广泛的认同；
- 指标体系中的每个考评指标要具有现实的可操作性；
- 指标体系中的每个考评指标直接指向重要的、能够产生影响的要素；
- 指标体系中的每个考评指标直接与行为相联系，因果关系明晰；
- 指标体系不仅关注对成本的管理，还关注对于资源及投入的管理；

- 指标体系在考核过程中要拥有有效的渠道以备提供及时反馈；
- 指标体系能与行动上的反馈相衔接；
- 指标体系中的考核指标并不一定是同一量纲；
- 考核结果有助于个人与组织的学习；
- 考核结果能够促进组织或个人的持续提高；
- 不断对照上述 23 个特征对指标体系进行修正，去掉不适应新情况的绩效考评指标，或增加新的更能与战略目标相关的绩效评估指标。

**2. 绩效考核指标体系构建的原则**

建立绩效考核指标体系，应该遵守如下基本原则：

(1)针对性原则。针对性原则即针对考核目的、对象和侧重点的不同，从实际情况出发选择体系内的绩效考核要素和具体指标，使其具有较强的针对性，充分体现出考核对象的性质和特点。

(2)科学性原则。充分运用生理学、心理学、管理学、行为科学等科学原理，采用科学的统计调查方法，借用先进的数据采集、整理、分析工具，保证绩效考核指标体系能够系统、全面、正确地反映和体现考核对象的特性。

(3)明确性原则。在所确认的绩效考核体系中，每个考核指标都要有明确的内容、定义或解释说明，必要时还要列出计算公式，使考核要素和指标的内涵明确、外延清晰。同时考核要素指标的文字表述应力求精练、直观、易懂，选择的要素指标要少而精，考核体系设计要达到规范化和标准化的要求。

(4)其他。上述三个原则是构建指标体系最重要的原则，除此之外，还有一些原则在构建指标体系时也要注意遵循，如：定性指标与定量指标相结合的原则，过程指标与状态指标相结合的原则，普遍性与特殊性相结合的原则，实效性与经济性结合的原则等。

**3. 绩效考核指标体系构建的步骤**

绩效考核指标体系构建步骤如图 6-1 所示。步骤要点为：①必须明确绩效考核指标体系的设计目标。即我们为什么要设计绩效考核指标体系？希望设计出什么样的绩效考核指标体系？在设计的过程中我们应该遵守什么样的原则？等等，这是进行绩效考核指标体系设计的基础。②建立适合组织特点和发展战略需要的绩效考核指标库。指标库应该包括组织绩效考核指标、部门绩效考核指标与个人绩效考核指标，也包括每个层级上不同维度的所有指标，如业绩指标、能力指标等；指标库中的每个指标都要有自己的名称、定义和评价标准。需要说明的是，所建立的指标库不一定能完全涵盖最终确定的每个职位的绩效考核指标，许多指标可以在以下步骤中通过不同的操作方法逐一产生，并补充到指标库中。③选择与职位相适应的指标。指标选择的标准有两个,一是按照职务种类不同而形成的横向分类,二是按照职能等级形成的纵向层次。④确定指标权重。确定权重时要考虑的因素主要包括绩效考核的目的、被考核对象的特征和企业文化的要求。考核目的和考核对象的差别,影响着某个考核指标对于每个考核对象整体工作绩效的影响程度,所以指标权重必须根据考评目的和考评对象而有所不同。绩效考核指标的权重也反映了企业文化倡导的行为或特征。

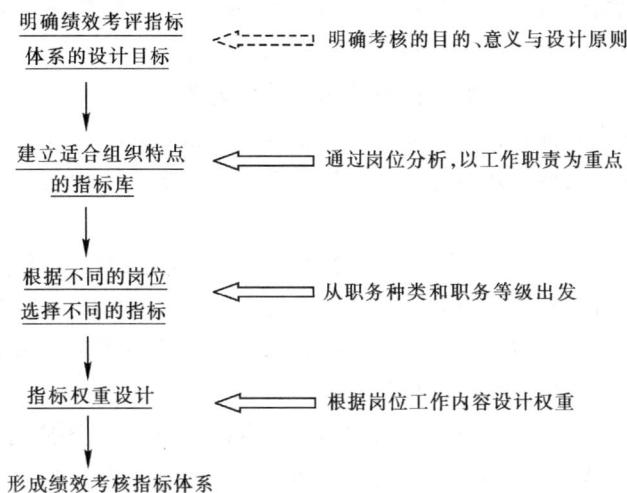

图 6-1 绩效考核指标体系设计步骤

# 6.2 绩效考核指标设计

## 6.2.1 绩效考核指标设计的具体步骤

绩效考核指标的设计应该遵循如图 6-2 所示的步骤。

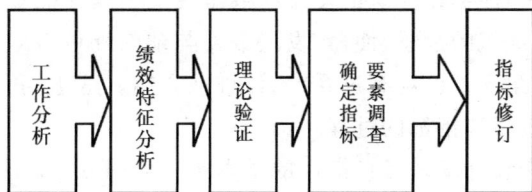

图 6-2 绩效考核指标设计程序

第一步,进行工作分析。工作分析是对该职务工作内容及相关因素作全面地、系统地、有组织地分析。具体过程为:根据绩效考核的目的,确定被考核对象的工作内容、固有性质;了解被考核对象在组织工作流程中所扮演的角色,所承担的责任,以及同上游、下游之间的关系;确定完成该工作应具备的技术、知识、能力和责任。在工作分析的基础上,可以初步确定出绩效考核要素。

第二步,绩效特征分析。将各考核要素分解为适当的绩效特征,并按照需要考核的重要程度进行分档。例如,可以分为"非考核不可"、"非常需要考核"、"需要考核"、"需要考核程度低"及"几乎不需要考核"五个档次。对经过工作分析初步确定的考核要素进行评价,再按照少而精的原则进行选择。

第三步,理论验证。依据绩效考核的基本原理和原则,对所设计的绩效考核要素进行验证,保证其能有效可靠地反映被考核对象的绩效特征,达到最终考核目的要求。

第四步,要素调查,确定指标。针对以上步骤所确定的绩效要素,灵活运用多种方法进行要素调查,确定出最终的绩效考核指标。调查的方法主要有访谈法、观察法、问卷调查法等,在进行要素调查和指标确定时,往往要将几种方法结合起来使用,使指标更加准确、完善与可靠。

第五步,修订。为了使所选择确定的绩效指标更加合理,还应对其进行必要的修改和调整。修改和调整分为两种:一是考核前的修改调整。通过进一步调查分析,将所确定的指标提交专家会议讨论,征求相关主管人员和专家的意见,修改、补充、完善绩效考核指标。二是考核后的修改调整。根据考核的过程及考核结果应用之后出现的问题,经过认真对照比较分析,对指标进行必要的修改,使考核指标更加完善。

## 6.2.2 绩效考核指标的具体设计方法

### 1. 平衡计分卡法应用

应用平衡计分卡,能够把组织的使命和战略转变为具体的绩效目标和绩效考核指标,从而利于将组织的远景、使命、发展战略与绩效评价有效联系起来。关于平衡计分卡法,本书第5章已经有过系统、详细地介绍。这里,我们重点介绍应用平衡计分卡设计绩效考核指标的过程。

应用平衡计分卡设计绩效考核指标的基本步骤如图6-3所示。具体介绍如下:

(1)准备阶段。首先要把客户、销售渠道、生产设备和财务绩效等调查清楚,将每个部分的内容明确定义;其次,把平衡计分卡的背景资料以及描述组织远景、使

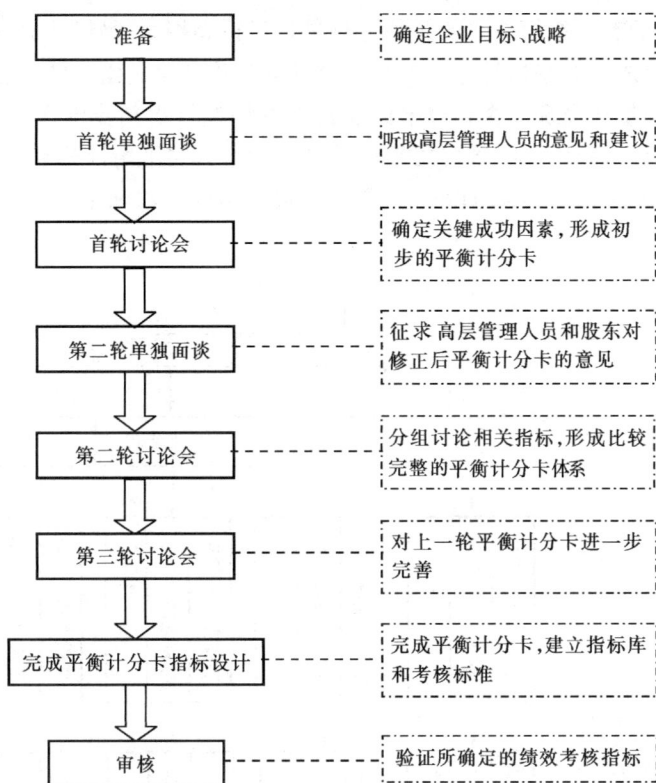

图 6-3　运用平衡计分卡设计指标的步骤

命和战略的文字性材料分发给员工,特别是高层管理者。图 6-4 是某公司的战略目标构成图举例。

（2）首轮单独面谈。首轮单独面谈的对象是公司高层管理人员及大股东代表,以单独会面的形式进行,面谈的时间约为每位 90 分钟。面谈主要目的包括:把握高层管理人员对企业战略目标的理解,了解高层管理人员对企业战略目标和业务评价方面的意见和建议,了解股东对财务以及重要客户、供货商的具体期望。

（3）首轮讨论会。首轮研讨会是由公司高层管理人员组成研讨小组的形式进行,研讨小组主

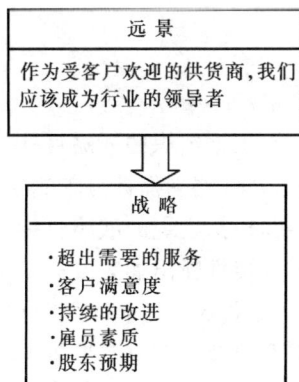

图 6-4　某公司战略目标

要就如何建立适合公司的平衡计分卡展开讨论。具体过程为:首先,研讨小组成员针对各方提出的有关组织战略的各种意见进行辩论和探讨,最终达成一致意见;接着,由研讨小组成员和平衡计分卡的制订者共同讨论并确定组织的关键成功因素;进而,由研讨小组成员和平衡计分卡的制订者共同制订出初步的多层面平衡计分卡,包括组织层平衡计分卡、部门层平衡计分卡和个人层平衡计分卡,具体如图 6-5 所示。多层面平衡计分卡的设计主要是按照嵌套的方法从上至下分级进行的,具体过程如下:

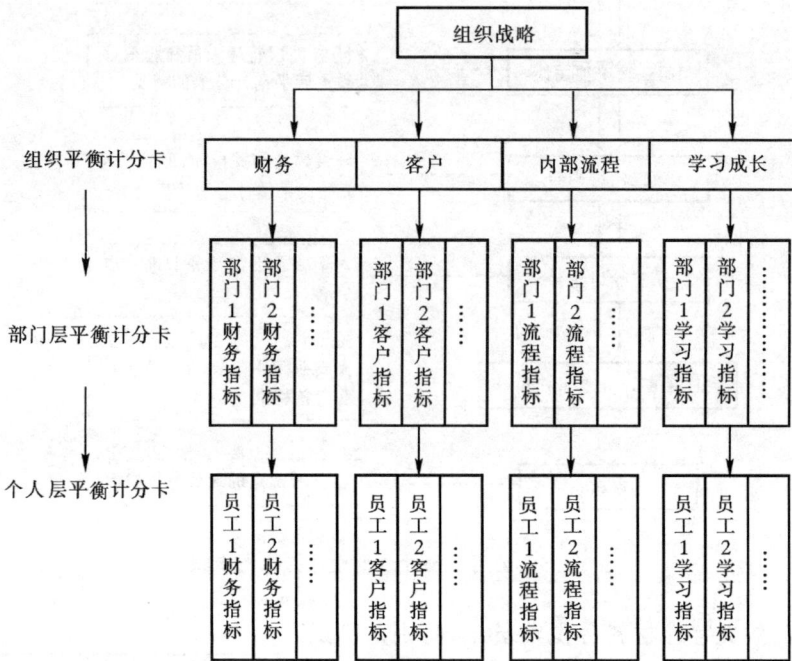

图 6-5　多层级平衡计分卡

①根据组织的战略目标,确立组织取得成功的关键因素,形成组织战略经营计分卡,并依据平衡计分卡制定出如图 6-6 所示的组织层的平衡计分卡。

②根据组织的战略目标、绩效指标和目标值,采用嵌套方式,由组织的平衡计分卡直接推断出如表 6-10 所示的部门层平衡计分卡。例如,公司层平衡计分卡中的"销售收入增长率"就可以直接或间接分解到销售部门。充分考虑各职能部门内部客户及其需求与愿望,结合各部门的职责和作用,完善部门层平衡计分卡的内容。

```
┌─────────────────────────┐
│        财务角度          │
├─────────────────────────┤
│ 利润                     │
│ 主营业务收入             │
│ EBITDA 率                │
│ 百元人工成本创造的收入   │
└─────────────────────────┘

┌─────────────────────┐        ┌─────────────────────┐
│      客户角度        │        │     内部业务角度     │
├─────────────────────┤        ├─────────────────────┤
│ 市场份额            │        │ 网络运行质量指标     │
│ 顾客满意度          │        │ 项目业绩指数         │
│ 平均每户每月服务收入│        │ 安全事件指数         │
│ 用户欠费率          │        │ 投标成功率           │
└─────────────────────┘        └─────────────────────┘

        ┌─────────────────────────┐
        │        发展角度          │
        ├─────────────────────────┤
        │ 新业务收入所占比例       │
        │ 获得满足公司发展需求     │
        │ 的员工                   │
        └─────────────────────────┘
```

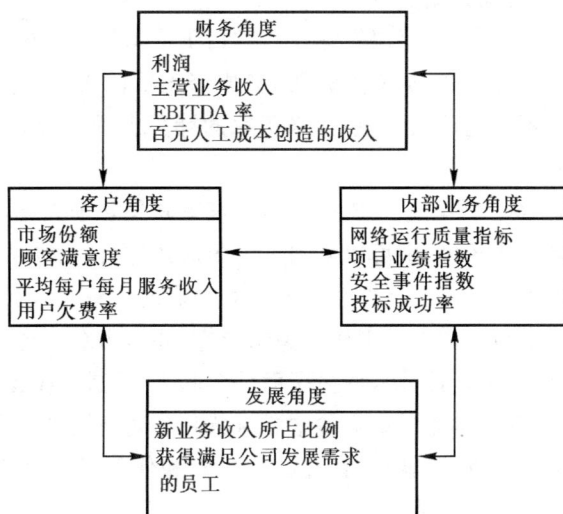

图 6-6 某公司组织层平衡计分卡

表 6-10 某公司 A 部门平衡计分卡

| | 指标 | 计 算 | 权重 | 目标 | 实际完成 |
|---|---|---|---|---|---|
| 财务 | 业务收入目标完成率 | 实际业务收入/计划业务收入 | 20% | | |
| | 故障造成的经济损失 | 故障时间×平均每小时的收入 | 20% | | |
| 客户 | 用户网络质量投诉降低率 | （上月网络质量投诉次数/本月网络质量投诉次数）－1 | 20% | | |
| 内部 | 运维质量指标完成率 | 参照省公司下达的考核办法 | 10% | | |
| | 故障发生率（日常故障、重大故障） | 参照省公司下达的考核办法 | 10% | | |
| 发展 | 运维技术人才流失率 | 流失的技术人才/本部门技术人才数 | 10% | | |
| | 本部门人员合格率 | 本部门符合职位说明书要求的人数/本部门所有人数 | 10% | | |

③按照设计部门层平衡计分卡的原则和程序,以组织和部门的平衡计分卡为基础,根据个人职位工作的关键职能,设计出个人层面的平衡计分卡。个人平衡计分卡包含三个不同层级的衡量信息,所有员工在日常工作中都能轻易看到这些战

略目标、测评指标和行动计划。

（4）第二轮单独面谈。在高层管理人员对初步平衡计分卡讨论之后，制定者要对讨论得出的结果进行考察、巩固和证明，形成修正后的平衡计分卡。之后，组织高层管理人员进行第二轮单独面谈，就修正后的计分卡的内容和实施征求高层管理者和股东的意见。

（5）第二轮讨论会。参与这一轮讨论的不仅有高层管理人员，还包括其他重要职位的员工。如果人数较多，则可以采用分组的形式进行，由高层管理人员分别带领自己的直接下属进行讨论。重点在于增强对企业的远景、目标和战略的共识；着重讨论平衡计分卡中与组内人员工作有关的指标，并提出对实施的构想；在讨论的最后，要把战略目标和平衡计分卡的多层面结合起来，形成一个比较完整的计划。

（6）第三轮讨论会。本轮讨论会的主要对象是公司高层管理人员，主要目的为是在前两轮讨论会的基础上，就公司的战略、目标和任务最终达成共识；最后确定出每个层面平衡计分卡中具体的指标。

（7）完成平衡计分卡设计。最终完成平衡计分卡的设计，并建立指标库。按照企业平衡计分卡、部门平衡计分卡和个人平衡计分卡不同级别的要求，完成组织从高到低不同层次的评价标准。

（8）审核。由平衡计分卡制定者按照有效的绩效考核指标体系的要求，对已经制定出的平衡计分卡中的绩效考核指标进行检验，完善整个指标体系，形成最终的平衡计分卡指标体系。

### 2. 关键绩效指标法应用

利用 KPI 方法设计指标的过程一定要具有流程性、计划性和系统性，在设计指标的过程中要遵守定性方法和定量方法相结合的原则，使指标的定义和评价标准都清晰明了、易于操作，也就是说设计出的每个指标都必须是可以测量的，而且所有指标之间都要具有相对独立性和一定的层次性。我们在前面的章节已经介绍过，关键业绩指标的设计分为四个大的步骤，在这里我们对通过这四个步骤确定组织关键绩效指标进行详细的介绍。

第一步，确定工作产出。

首先，由于关键绩效指标体现了绩效对企业目标增值的部分，是针对企业目标中起到增值作用的工作产出设定的，因此要想设定关键业绩指标，首先需要确定增值产品。在确定增值产品的过程中要注意遵循增值产出原则、客户导向原则和结果优先原则，整个过程应从确定企业的增值产品开始，然后从上至下逐级分解，最后得出企业中每个部门到每个岗位的增值产品。

其次，我们通常将某个个体或企业工作产出服务的对象当作是这个个体或企

业的客户,在进行绩效考核时,可以通过内外部客户对工作产出的满意标准来衡量
个体或企业的绩效,所以在确定工作产出时,必须明确该个体或企业的客户关系。
客户关系图就是通过图示的方式表现一个个体或企业工作产出所面对的内外客
户,它可以使所有的客户关系和工作内容一目了然,是确定工作产出的重要方法。
客户关系图的具体例子如图 6-7 所示。

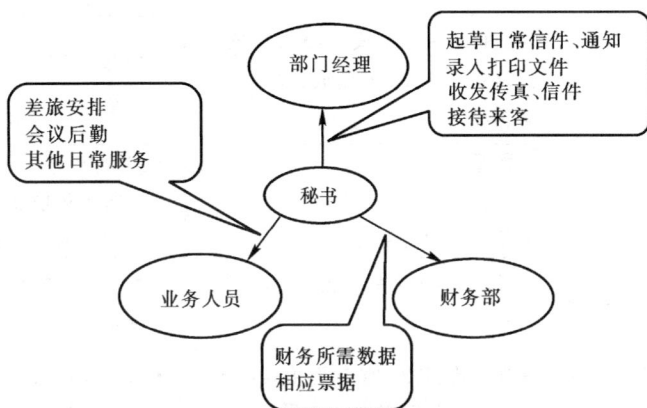

图 6-7　秘书岗位的客户关系图

　　图 6-7 中,该秘书所面对的客户主要有三类:一是部门经理;二是部门内的业
务人员;三是财务部门的相关人员。秘书向经理提供的工作产出有起草日常信件、
通知,录入、打印文件,收发传真、信件,接待来客。因此,我们在衡量秘书对经理的
工作完成情况时,就应该考虑上面四项工作产出经理的满意度,秘书的绩效标准也
就是在这些工作产出上的质量、数量、时效性等。例如,文件的录入、打印标准性如
何;起草的文件是否达到了经理对质量的要求等等。只要能够把企业的内外部客
户分析完全,并把客户、工作产出与客户满意度相联系,客户关系图的方法同样适
用于对企业的工作产出进行分析。

　　最后,在了解了各个层级的增值产品和客户关系后,必须通过进一步的工作分
析,分析所有岗位工作内容中哪些是重要的,哪些是不重要的,甚至有些是可以从
工作内容中忽略的,然后按照重要程度为工作产出设计权重。

　　第二步,建立关键绩效考核指标。

　　建立关键绩效考核指标要遵循 SMART 原则,表 6-11 是正确运用 SMART
原则建立绩效考核指标的具体做法。

表 6 - 11　　运用 SMART 原则的要点及举例

| 原则 | | 正确做法 | 错误做法 |
|---|---|---|---|
| Specific<br>明确具体的 | 要点 | ·切中目标<br>·适度细化<br>·随情况变化 | ·抽象的<br>·未经细化<br>·复制其他情境中的指标 |
| | 举例 | 安全报告完成：安全报告在安全会议举行前 10 天完成，并上交主管领导 | 安全报告完成：及时完成安全报告 |
| Measurable<br>可度量的 | 要点 | ·数量化<br>·行为化<br>·数据或信息可得 | ·主管判断<br>·非行为化描述<br>·数据或信息无从获得 |
| | 举例 | 出勤状况：年无故缺勤次数不超过 5 次 | 出勤状况：在本年度出勤状况良好 |
| Attainable<br>可实现的 | 要点 | ·在付出努力的情况下可以实现<br>·在适度的时限内可实现 | ·过高或过低的目标<br>·期间过长 |
| | 举例 | 销售额：2005 年的销售额比 2004 年提高 20％ | 销售额：以后 10 年每年的销售额比 2004 年翻 5 番 |
| Realistic<br>切实可行的 | 要点 | ·可证明的<br>·可观察的 | ·假设的<br>·不可观察或不可证明的 |
| | 举例 | 工作态度：产品的次品率低于 5％ | 工作态度：工作认真负责 |
| Time-bound<br>有时限的 | 要点 | ·使用时间单位<br>·关注效率 | ·不考虑时效性<br>·模糊的时间概念 |
| | 举例 | 自用户投诉起 24 小时内拿出令用户满意地解决方案 | 及时处理所有用户投诉 |

常用的关键绩效指标有：

- 数量指标：产量、工作量、销售额等，主要来自业绩记录与财务数据；
- 质量指标：合格产品的数量、错误的百分比、准确性、独特性等，主要来自生产记录，内外部客户的评价；
- 成本指标：单位产品的成本，投资回报率等；
- 时限指标：及时性，供货周期等；
- 行为指标：胜任特征，关键行为。

关键绩效指标实例如表 6 - 12 所示。

表 6 - 12　关键绩效指标实例

| 关 键 绩 效 指 标 实 例 | | |
|---|---|---|
| 工作产出 | 指标类型 | 具 体 指 标 |
| 销售利润 | 数 量 | ·年销售额 ·税前利润百分比 |
| 新产品设计 | 质 量 | ·上级评价:创新性、体现公司形象<br>·客户评价:性价比、相对竞争对手产品的偏好程度、独特性、耐用性 |
| | 时 限 | ·预定的时间表 |
| 销售费用 | 成 本 | ·实际花费与预算的变化 |

第三步,设定考核标准。

绩效考核标准是指对绩效考核指标进行考量、评定、分级、分等的尺度。考核标准应该在管理者和员工双方沟通协调取得认同之后再制定出来,这样不仅有利于双方在评价中不产生分歧,而且可以通过员工参与来激励员工达到甚至超过标准。下面是一种可行的操作步骤:

- 管理者和员工分别或由一方先单独拟订出一个绩效指标考核标准;
- 组织员工进行沟通、讨论,如果涉及内容是组织或团队的绩效指标评价标准,则工作团队中起码要有相当人数的代表参与到制定考核标准的工作中;
- 对存在的分歧进行研究,管理者尽力使标准得到下属的认同,同时符合组织发展的需要;
- 在讨论和分析的基础上制订出最终的绩效指标考核标准。

考核标准应该是不以人的能力等因素为转移的客观标准,体现出绩效考核的公正性。具体来说,考核标准应该具备以下的特征:

- 考核标准是基于工作制定的,不因任职者的变化而改变;
- 考核标准是一般员工可以达到的;
- 考核标准必须是公开的,并且应该十分明确;
- 考核标准必须尽可能具体,必须是可以衡量的;
- 考核标准要有时间的限制;
- 考核标准必须可以随着需要而改变;
- 考核标准必须是以文字形式表达出来的。

表 6 - 13 及表 6 - 14 提供了一些职位 KPI 的考核标准。

表 6-13　管理人员态度 KPI 考核标准

| 指标名称 | 考核要点 | 考核标准 | | | | |
|---|---|---|---|---|---|---|
| | | 优 | 良 | 中 | 较差 | 差 |
| 积极性 | 对改善现状,是否具有高昂的意愿和热情 | | | | | |
| | 是否有不心甘情愿的工作态度 | | | | | |
| | 是否积极地学习业务工作上所需要的知识 | | | | | |
| | 是否坚持到底不畏挫折 | | | | | |
| 协作性 | 是否坚持立场,促成团结与合作 | | | | | |
| | 是否有阳奉阴违的行为 | | | | | |
| | 是否与他人有无谓的争执 | | | | | |
| | 对后进者是否亲切关照 | | | | | |
| | 是否乐意协助他人工作 | | | | | |
| 责任心 | 是否能认清自己在组织中的立场与角色,对此负责到底 | | | | | |
| | 对其工作是否不必再令人操心 | | | | | |
| | 是否不必指示、监督,也能明快、迅速地工作 | | | | | |
| | 对工作失误,是否往往逃避责任或辩解 | | | | | |
| | 对上司是否有敷衍的现象 | | | | | |
| 纪律性 | 是否能遵守工作规则、标准以及其他规定 | | | | | |
| | 在时间或物质上是否有公私不分现象 | | | | | |
| | 是否以不实的理由请假或迟到 | | | | | |
| | 是否唆使他人破坏规定 | | | | | |
| | 服装或态度是否有不整、不规矩现象 | | | | | |

**表 6－14　助理、秘书类职位考核标准**

| 指标名称 | 考核要点 | 考核标准 | | |
|---|---|---|---|---|
| | | 5 分 | 3 分 | 1 分 |
| 业务知识 | 是否具备业务上必要的知识，包括一般常识 | 除了职务担当所要求的全部业务知识外，还具备精深的专业知识和技能 | 基本上具备承担和完成本职工作的知识 | 知识水平低于所担任的职务和职称 |
| 文字表达能力 | 文章的写作技巧与表达能力如何 | 能够准确地用文字形式表达自己想表达的意图；简明扼要，易于理解 | 几乎不需要加以修改补充，比较准确地表达意见 | 文理不通，意图不清，需要作大修改 |
| 语言表达能力 | 语言口头表达能力如何 | 简明扼要，具有出色的谈话技巧，易于理解 | 抓住要点，表达意图、陈述意见不太需要重复说明 | 含糊其辞，意图不明，意思不清，常需要反复解释 |
| 执行力 | 能否克服困难，坚持不懈，完成任务 | 困难面前无所畏惧，不屈不挠地排除万难，按计划完成任务 | 大致能按计划执行，并较好地完成任务 | 不能按上司要求很好地完成任务 |
| 判断力 | 是否具有正确判断事物的能力 | 能迅速理解并把握复杂的事物，并做出正确的判断 | 大致能做出正确的判断 | 日常事务工作经常判断失误，耽误工作进程 |
| 交涉力 | 是否依据事实，有力地进行交涉，取得圆满成功 | 能够以真诚的态度取得顾客的好感，依据事实，表明自己的意见，说服对方，取得圆满成功 | 能够较好地根据客观情况和事实记录，表明自己的看法，不侵犯用户的利益，通过交涉，解决问题 | 态度生硬，手段拙劣，伤害用户感情，引起对方发怒 |

第四步,审核关键绩效指标。

在我们确定工作产出,并且设定了关键绩效指标和标准之后,还需要进一步对这些关键绩效指标进行审核。审核关键绩效指标主要可以从以下几方面进行:

- 在指标的制订中是否主要关注的是最终的工作产出;
- 在指标的制订中是否真正运用了客户关系图;
- 关键业绩指标是否可以证明和观察;
- 指标考核是否易于跟踪与监控;
- 某个被考核者的考核指标是否可以解释其 80％ 以上的工作目标;
- 考核标准的设定是否为被考核者留下了可超越的空间;
- 指标体系整体运用统计方法分析后的信度和效度。

**3. 目标管理法应用**

目标管理法是一种基本的绩效考核方法,之所以能得到推广,原因在于这种做法与人们的价值观和处事方法相一致,而且它能更好地把个人目标和组织目标有机结合起来,减少工作中的盲目性。我们在这里着重介绍如何运用目标管理法的基本原理设计绩效考核指标,具体步骤如下:

(1)初步制定目标。一个组织的目标分为组织、部门、员工三个层次。目标的制定有两种形式,一种是从上到下,一种是从下到上。顾名思义,第一种开始于组织的最高层,他们提出组织使命和战略目标,然后通过部门逐层往下传递直至具体的员工。在不同的层级要有相应的人员对制定目标负责,最后要达到为每个员工都设立目标。第二种开始于基层员工,由他们提出个人的目标,然后层层上报,最终合并为组织的目标,在实际运用中第二种方式运用较少。制定目标过程通常是一个员工及其上级、部门及其上级通力合作的过程,在确定目标的同时也要初步确定每项目标如何测量。制定目标的过程如图 6 - 8 所示。

(2)确定目标。组织中的高层管理者组织中层管理者对制定好的目标进行讨论,中层管理者再和部门内的员工讨论,把讨论结果记录并上报到人力资源部门。考核指标的制定者在研究讨论结果后对目标体系和目标测量标准进行修正,务必使各个层级的目标和测量标准都得到相关人员的认同。在确定目标的同时要设定完成这一目标的时间要求,也就是说当员工为这一目标努力时,可以合理安排时间,了解自己目前在做什么,已经做了什么和下一步还要做什么。确定后的目标要具有以下特点:

- 目标是上、下级一致认同的;
- 目标必须符合 SMART 原则;

- 目标最好有个人努力的成份；
- 目标最好存在于一项完整的工作任务中；
- 目标越少越好。

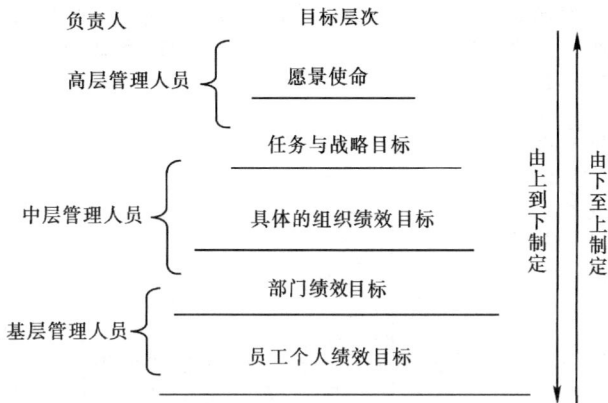

图 6-8　绩效目标制定过程

表 6-15 是确定后的目标、评价标准和时间框架的实例。

表 6-15　绩效目标实例

| 目标名称 | 计划目标 | 评价尺度 | | | 时间框架 | |
| --- | --- | --- | --- | --- | --- | --- |
| | | 优 | 中 | 差 | 目标执行时间 | 考核时间 |
| 取得合理的利润 | 实现 12% 的投资回报率 | 超额完成 | 达到目标 | 没有达到目标 | 2009 年 1 月 1 日—2009 年 12 月 20 日 | 2010 年 1 月 10 日 |
| 改善交流与沟通 | 每月发布两页新闻短讯，每次发布准备时间不超过 40 个工作小时 | 两项目标超过原定目标；或一项达到一项超过 | 两项目标均达到 | 两项目标有一项没达到 | 2009 年 1 月 1 日—2009 年 12 月 20 日 | 2010 年 1 月 10 日 |
| 提高业务技术部门的生产率 | 在无额外费用并保持目前质量水平的情况下，产量增加 5% | 超额完成 | 达到目标 | 没有达到目标 | 2009 年 1 月 1 日—2009 年 12 月 20 日 | 2010 年 1 月 10 日 |

| 目标名称 | 计划目标 | 评价尺度 | | | 时间框架 | |
|---|---|---|---|---|---|---|
| | | 优 | 中 | 差 | 目标执行时间 | 考核时间 |
| 培训管理人员 | 设计并实施一项 40 小时的有关管理的室内培训项目,其中能够包括管理培训的工作时间不超过 20 小时,参加培训的人员有 90% 的通过率 | 两项目标一项达到一项超过 | 两项目标均达到 | 两项目标有一项没达到 | 2009 年 1 月 1 日—2009 年 12 月 20 日 | 2010 年 1 月 10 日 |
| 安装一个计算机系统 | 在网管中心完成计算机控制系统,要求系统分析时间不超过 500 个小时,前三个月内系统运行中断的时间不超过运行时间的 1% | 两项目标一项达到一项超过 | 两项目标均达到 | 两项目标有一项没达到 | 2009 年 1 月 1 日—2009 年 7 月 1 日 | 2010 年 1 月 10 日 |

　　(3)确定目标的重要程度。对于任何一个层级和层级中不同的职位或侧重,不同绩效目标的重要程度也不一样,绩效目标越重要,在总的绩效考核中份量就越重。所以管理人员必须对不同层级的目标和工作内容进行分析,分别对组织绩效目标、部门绩效目标和员工个人绩效目标三个层级中的每个目标确定重要程度。

　　(4)将绩效目标转化为绩效指标。按照对应性将制定好的目标转化为绩效考核指标,在这个过程中并不要求一一对应,整个指标体系和目标体系必须是等价关系,即指标体系必须把所有的绩效目标都体现出来,但是又不能有和目标毫不相干的多余指标。目标转化为指标的同时,也要把目标的评价标准转化为绩效考核指标的评价标准,而目标的重要程度经过计算也要转化为指标权重,具体如图 6 - 9所示。

　　(5)对指标进行审查。运用绩效考核的基础理论和指标设计的要求对所确定的指标进行检查和修改,并完善指标体系。表 6 - 16 是一个完整的以目标管理为基础的绩效指标考核表。

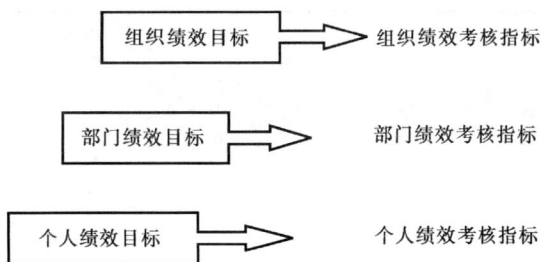

图6-9 目标与指标对应关系图

**表6-16 目标管理绩效指标考核表**

| 序号 | 绩效指标名称 | 计划目标 | 重要性 | 完成日期 | 截至5月1日目标进展情况 | 截至10月1日目标进展情况 | 年度考核 | | 困难及不可控影响因素说明 | 考核分数 |
| --- | --- | --- | --- | --- | --- | --- | --- | --- | --- | --- |
| | | | | | | | 完成数 | 完成百分比（%） | | |
| 1 | 销售电话拨打次数（次） | 100 | 3 | 2009/12/20 | 33 | 76 | 104 | 104.0 | | 3.12 |
| 2 | 接触新顾客人数（人） | 20 | 4 | 2009/12/20 | 14 | 18 | 18 | 90.0 | | 3.60 |
| 3 | 批发3号新产品数（个） | 30 | 5 | 2009/12/20 | 7 | 22 | 30 | 100.0 | | 5.00 |
| 4 | 销售1号产品数（个） | 10000 | 5 | 2009/12/20 | 4360 | 7100 | 9750 | 97.5 | | 4.88 |
| 5 | 销售2号产品数（个） | 17000 | 5 | 2009/12/20 | 8320 | 14200 | 18700 | 110.0 | | 5.50 |
| 6 | 服务电话（个） | 35 | 4 | 2009/12/20 | 2 | 6 | 11 | 31.4 | | 1.26 |
| 7 | 成功完成销售课程（次） | 4 | 2 | 2009/12/20 | 0 | 1 | 2 | 50.0 | 上半年外地出差较多 | 2.20 |

| 序号 | 绩效指标名称 | 计划目标 | 重要性 | 完成日期 | 截至 5 月 1 日目标进展情况 | 截至 10 月 1 日目标进展情况 | 年度考核 | | 困难及不可控影响因素说明 | 考核分数 |
| --- | --- | --- | --- | --- | --- | --- | --- | --- | --- | --- |
| | | | | | | | 完成数 | 完成百分比（％） | | |
| 8 | 月底完成销售报告次数（次） | 12 | 2 | 2005/12/20 | 5 | 10 | 10 | 83.0 | 10、11 月工作太忙 | 1.66 |
| 目标考核基数 | 30 | 考核等级 | | 优 | 目标整体完成率 | | 90％ | | 考核总分 | 27.22 |

# 6.3　绩效考核指标权重设置

在指标体系的建立步骤中,我们曾经提到,设计了绩效考核指标之后,还要为不同的绩效考核指标设定相应的权重。在绩效考核指标体系中,各项指标的权重,代表了各项指标在绩效考核体系中的相对重要性或者绩效考核指标在总分中所占的比重。某项指标的权重越大,说明该指标对组织和员工的意义越大,因此,通过绩效指标权重的设定或调整,可以对员工的行为起引导作用。

## 6.3.1　指标权重设计的依据和原则

设置某一个考核指标的权重是指赋予该指标的一个系数,体现了该指标在整个绩效考核指标体系中的相对重要程度和对整体绩效的相对贡献大小。被考核者的职位不同,绩效指标的侧重点就不同。对于管理人员,部门绩效和能力指标要求较高,销售人员则侧重于个人绩效;绩效考核的目的不同,也要求对考核指标的权重进行相应调整,比如,在用于奖酬分配时,业绩方面的指标所占的权重较大,而用于人事决策时,能力方面的指标所占的权重较大。因此,要根据不同的评价对象、不同的考评时期和不同的考核目的对各项指标的权重加以确定。考评对象和考核目的是基于组织战略、工作流程和工作职位特征而制定的,所以指标的权重从根本上说是依据组织战略、价值观、工作流程、关键工作环节等因素来确定的。指标权重的确定要遵循以下原则:

- 以战略目标和经营重点为导向的原则；
- 整体优化平衡原则；
- 现实贡献与未来发展相结合的原则；
- 主观判断与客观事实相结合的原则。

### 6.3.2 指标权重确定的方法

指标权重确定的方法有很多种，总体上可以分为主观判断和定量分析两大类：第一类是主观判断法，即由专家根据专业知识和经验对指标重要性做主观判断；第二类是定量分析法，即通过各种定量方法将指标的重要性量化为具体的权重值。在确定绩效考核指标权重时，要考虑指标的数量、处理的便利性和方法的实用性，选择采用相应的方法。通常情况下要综合使用几种方法，特别是注意将主观判断和定量处理相结合。下面我们将分别介绍权重确定的方法。

**1. 主观判断**

（1）主观经验法。主观经验法是一种依靠历史数据和专家直观判断确定权重的简单方法，决策者需要根据自己的经验对各项考核指标的重要程度做出判断。运用主观经验法，或者从领导意图出发对各项考核指标的权重进行分配，或者组织专家集体讨论得出结果。这种方法需要组织有比较完整的考核记录和相应的评价结果，此方法的主要优点在于决策效率高、成本低，容易被人们接受，适合于专家治理型企业；主要缺点是由此方法获得的数据信度和效度相对较低，且对决策者能力要求很高。

（2）德尔菲（Delphi）法。德尔菲法是 20 世纪 60 年代初，美国兰德公司的专家们提出的一种定性预测方法，其目的在于避免集体讨论可能存在的屈从于权威或盲目服从多数的缺陷。德尔菲法作为一种主观、定性的方法，不仅可以用于预测领域，而且可以广泛应用于各种评价指标体系的建立和具体指标的决策过程。因此在确定绩效考核指标权重时，德尔菲法也是一种行之有效的主观判断方法。

运用德尔菲法的具体步骤如下：

第一步，组成专家小组。要求按照所需确定权重的相关范围确定专家，专家人数的多少，可根据相关范围的大小和涉及面的宽窄而定，一般不超过 20 人。

第二步，向所有专家提出所要征询的问题及有关要求，并附上有关这些问题的所有背景资料，同时请专家提出还需要什么材料，然后由专家做出书面答复。

第三步，各个专家根据他们所收到的材料，提出自己的意见，并说明自己是怎样利用这些材料提出意见的。

第四步，将各位专家第一次判断意见汇总，列成图表，进行对比，再分发给各位专家,让专家比较自己同他人的不同意见,修改自己的意见和判断;也可以把各位专家的意见加以整理,或请身份更高的其他专家加以评论,然后把这些意见再分送给各位专家,以便他们参考后修改自己的意见。

第五步,将所有专家的修改意见收集起来、汇总,再次分发给各位专家,以便做第二次修改。逐轮收集意见并为专家反馈信息是德尔菲法的主要环节。收集意见和信息反馈一般要经过三四轮,在向专家进行反馈的时候,只给出各种意见,但并不说明发表各种意见的专家的具体姓名。这一过程重复进行,直到每一个专家不再改变自己的意见为止。这时各位专家的意见也趋向于一致,最终保证了征询结果的正确性。

德尔菲法的优点在于能充分发挥各位专家的作用,集思广益、准确性高,能在运用方法的过程中把各位专家间意见的分歧点表达出来,取各家之长,避各家之短。在运用德尔菲法时要注意根据考核指标的性质选择好专家,决定适当的专家人数,并在开始之前拟订好意见征询表,这些都影响着最终结果的有效性。

**2. 定量方法**

(1)对偶加权法。对偶加权法是将各考核指标进行比较,然后将比较结果进行汇总比较,从而得出权重的加权方法。具体计算时将各考核指标在首行和首列中分别列出,将行中的每一指标与列中的各个指标进行比较,比较标准为:行中指标的重要性大于列中指标的重要性得 1 分,行中指标的重要性小于列中指标的重要性得 0 分。最后将各考核指标的得分进行加总得到各指标得分,将各指标得分除以总分便求出各指标的权重。

我们结合表 6 - 17 所示的实例来说明用对偶加权法确定指标权重。

表 6 - 17　对偶加权法

| 指标 | A | B | C | D | E | F | 合计 |
|------|---|---|---|---|---|---|------|
| A | — | 1 | 0 | 1 | 1 | 1 | |
| B | 0 | — | 0 | 1 | 1 | 0 | |
| C | 1 | 1 | — | 1 | 1 | 0 | |
| D | 0 | 0 | 0 | — | 1 | 0 | |
| E | 0 | 0 | 0 | 0 | — | 0 | |
| F | 0 | 1 | 1 | 1 | 1 | — | |
| 指标得分 | 1 | 3 | 1 | 4 | 5 | 1 | 15 |

表 6-17 中各指标权重分别为 $W_A = 1/(1 + 3 + 1 + 4 + 5 + 1) = 1/15$；$W_B = 3/15；W_C = 1/15；W_D = 4/15；W_E = 5/15；W_F = 1/15$。

(2)倍数加权法。倍数加权法首先要选择出最为次要的考核指标,以此为比较基准,赋值为 1。然后将其他考核指标的重要性与该指标进行比较,得出重要性的倍数,然后再进行归一处理。倍数加权法的应用实例如表 6-18 所示。

在表 6-18 所列的 6 个考核指标中,假设 C 为最次要指标,拿其他要素的重要性与其相比,重要性倍数关系分别在表中列出。6 项合计倍数为 1.5+2+1+3+5+2=14.5,故各项考核指标权重分别为 1.5/14.5,2/14.5,1/14.5,3/14.5,5/14.5 和 2/14.5。

表 6-18　倍数加权法

| 考核要素 | 与 C 相比的倍数关系 |
| --- | --- |
| A | 1.5 |
| B | 2 |
| C | 1 |
| D | 3 |
| E | 5 |
| F | 2 |

倍数加权法的优点在于它可以有效地区分各考核指标之间的重要程度。在实际运用过程中,我们也可以不选用最次要考核指标,而选用更具有代表性的考核指标为基本倍数。

(3)权值因子判断表法。权值因子判断表法的基本操作步骤是:

第一步,组成专家小组。包括人力资源专家、评价专家和相关的其他人员。根据对象和目的的不同,可以确定不同的人员构成。

第二步,制定评价权值因子判断表,如表 6-19 所示。

第三步,由各专家分别填写评价权值因子判断表。填写方法:将行因子与列因子进行比较。如果采取的是 4 分值,赋值标准则为:非常重要的指标为 4 分,比较重要的指标为 3 分,同样重要为 2 分,不太重要的为 1 分,很不重要的为 0 分。

第四步,对各位专家所填权值因子判断表进行统计,权重=各因子评分总计/所有因子评分总计的加总,或者权重=平均评分/平均评分合计。具体如表 6-20 所示。

表 6 – 19　权值因子判断表

| 序号 | 指标 | A | B | C | D | E | F | 评分值 |
|------|------|---|---|---|---|---|---|--------|
| 1 | A | — | 4 | 4 | 3 | 3 | 2 | 16 |
| 2 | B | 0 | — | 3 | 1 | 4 | 1 | 12 |
| 3 | C | 0 | 1 | — | 1 | 2 | 2 | 6 |
| 4 | D | 1 | 2 | 3 | — | 3 | 3 | 12 |
| 5 | E | 1 | 0 | 2 | 1 | — | 2 | 6 |
| 6 | F | 2 | 1 | 2 | 1 | 2 | — | 8 |

表 6 – 20　　权值因子判断统计表

| 指标 | 考核者 | | | | | | | | 评分总计 | 平均评分 | 权值 | 调整后权值 |
|------|----|----|----|----|----|----|----|----|--------|---------|------|-----------|
| | 1 | 2 | 3 | 4 | 5 | 6 | 7 | 8 | | | | |
| A | 15 | 14 | 15 | 16 | 16 | 16 | 15 | 15 | 122 | 15.25 | 0.25417 | 0.25 |
| B | 16 | 8 | 10 | 12 | 12 | 12 | 11 | 8 | 89 | 11.125 | 0.18542 | 0.19 |
| C | 8 | 6 | 5 | 6 | 6 | 7 | 9 | 8 | 56 | 7.00 | 0.11667 | 0.12 |
| D | 8 | 10 | 10 | 12 | 12 | 11 | 12 | 8 | 83 | 10.375 | 0.17292 | 0.17 |
| E | 5 | 6 | 7 | 6 | 6 | 5 | 5 | 7 | 47 | 5.875 | 0.09792 | 0.10 |
| F | 8 | 16 | 13 | 8 | 8 | 9 | 8 | 13 | 83 | 10.375 | 0.17292 | 0.17 |
| 合计 | 60 | 60 | 60 | 60 | 60 | 60 | 60 | 60 | 480 | 60 | 1.00002 | 1.00 |

(4)层次分析法(AHP)。应用层次分析法计算指标权重系数,实际上是按被考核指标体系的内在逻辑关系,以评估指标(因素)为代表构成一个有序的层次结构,然后针对每一层的指标,运用专家的知识、经验、信息和价值观,对同一层次的指标进行两两比较对比,确定层次中诸因素的相对重要性,并按规定的标度值构造比较判断矩阵。再由组织者计算比较判断矩阵的最大特征根,解特征方程,从而确定决策方案相对重要性的总排序。下面用实例来说明 AHP 的应用步骤:

第一步,确立思维判断定量化的标度。AHP 方法在对指标的相对重要程度进行测量时,一般按照心理学的要求引入九分位的相对重要的比例标度,构成一个判断矩阵 $A$,矩阵 $A$ 中各元素 $B_{ij}$ 表示横行指标 $B_j$ 对各列指标 $B_i$ 的相对重要程度的两两比较值($B$ 为 $A$ 的下一级指标)。九分位标度如表 6 – 21 所示。

表 6-21　　9 分位标度表

| $B_i$指标与 $B_j$指标比 | 极重要 | 很重要 | 重要 | 略重要 | 相等 | 略不重要 | 不重要 | 很不重要 | 极不重要 |
|---|---|---|---|---|---|---|---|---|---|
| $B_i$指标评价值 | 9 | 7 | 5 | 3 | 1 | 1/3 | 1/5 | 1/7 | 1/9 |
| 备　　注 | 取 8,6,4,2,1/2,1/4,1/6,1/8 为上述评价值的中间值 | | | | | | | | |

第二步,构造判断矩阵。运用两两相比较的方法,对各相关元素进行两两比较评分,根据中间层的若干指标,可得到若干两两比较判断矩阵。

设共有 $k$ 个专家参与指标权重系数确定。设第 $x$ 个专家认为第 $i$ 个指标相对于第 $j$ 个指标的相对重要性为 $B_{ij}^x(x=1,2,3,\cdots,k)$,则共给出如下的 $K$ 个判断矩阵。

$$A^x = \begin{bmatrix} B_{11} & \cdots & B_{1j} & \cdots & B_{1n} \\ \vdots & \vdots & \vdots & \vdots & \vdots \\ B_{i1} & \cdots & B_{ij} & \cdots & B_{in} \\ \vdots & \vdots & \vdots & \vdots & \vdots \\ B_{n1} & \cdots & B_{nj} & \cdots & B_{nn} \end{bmatrix} \quad （n \text{ 为指标个数}）$$

当各专家给出的判断矩阵一致性较差,即对某两个指标相对重要性的判断差距较大时,就需要由专家对其进行协商和判断。当所有的 $B_i$ 和 $B_j$ 的相对重要性系数都按要求给定后,就将 $k$ 个专家的意见按下述方法进行综合:

①当 $i<j$ 时,取各专家判断值的算数平均值,即:

$$B_{ij} = \frac{1}{k} \sum_{x=1}^{k} B_{ij}^x$$

②当 $i>j$ 时,取各专家判断值的调和平均数,即:

$$B_{ij} = \frac{k}{\sum_{x=1}^{k} B_{ij}^x} = \frac{k}{\sum_{x=1}^{k} \frac{1}{B_{ij}}}$$

③当 $i=j$ 时,取 $B_{ij}=1$,这样就得到综合了 $K$ 个专家意见的判断矩阵。

根据判断矩阵 $A$ 中指标两两比较的特点,明显的有 $B_{ij}>0$, $B_{ij}=1$, $B_{ij}=1/B_{ji}$, $i=1,2,3,\cdots,n$。因此,判断矩阵 $A$ 是一个正交矩阵,每次判断时,只需要作 $n(n-1)/2$ 次比较即可。

第三步,计算各判断矩阵的特征向量。关于判断矩阵权重计算的方法有两种,它们是几何平均法(根法)和规范列平均法(和法),计算结果经归一化处理后即为下级各要素对上级某要素的权重。

第一种方法,几何平均法计算步骤如下:

①计算判断矩阵 $A$ 各行各个元素的乘积:

$$m_i = \prod_{j=1}^{n} a_{ij} \quad i = 1, 2, \cdots, n$$

②计算 $m_i$ 的 $n$ 次方根:

$$\bar{\omega}_i = \sqrt[n]{m_i}$$

③对向量 $W = (\bar{\omega}_1, \bar{\omega}_2, \Lambda, \bar{\omega}_n)^{\mathrm{T}}$,进行归一化处理:

$$\omega_i = \bar{\omega}_i / \sum_{j=1}^{n} \bar{\omega}_j$$

向量 $\overline{W} = (\omega_1, \omega_2, \Lambda, \omega_n)^{\mathrm{T}}$ 即为所求权重向量。

④计算矩阵 $A$ 的最大特征值 $\lambda_{\max}$:

$$\lambda_{\max} = \frac{1}{n} \sum_{i=1}^{n} \frac{(AW)_i}{\omega_i}$$

对于任意的 $i = 1, 2, \cdots, n$,式中 $(AW)_i$ 为向量 $AW$ 的第 $i$ 个元素。

第二种方法,规范列平均法计算步骤如下:

①将 $A$ 的元素按列归一化,即:

$$\bar{a}_{ij} = \frac{a_{ij}}{\sum\limits_{i=1}^{n} a_{ij}}$$

得知矩阵 $\widetilde{A} = |\bar{a}_{ij}|$

②求各行和的平均值:

$$\omega_i = \frac{1}{n} \sum_{j=1}^{n} \bar{a}_{ij}$$

向量 $W = (\omega_1, \omega_2, \Lambda, \omega_n)^{\mathrm{T}}$ 即为所求权重向量。

③计算矩阵 $A$ 的最大特征值 $\lambda_{\max}$:

$$\lambda_{\max} = \frac{1}{n} \sum_{i=1}^{n} \frac{(AW)_i}{\omega_i}$$

第四步,检验矩阵的一致性,以证明如此计算的权重是可以被接受的。

虽然在构造判断矩阵 $A$ 时并不要求判断具有一致性,但判断偏离一致性过大也是不允许的。因此需要对判断矩阵 $A$ 进行一致性检验。步骤如下:

①计算一致性指标:

$$CI = \frac{\lambda_{\max} - n}{n - 1}$$

$n$ 为判断矩阵的阶数。

②计算相对一致性指标：

$$CR = \frac{CI}{RI}$$

式中 $RI$ 为平均随机一致性指标，是足够多个根据随机发生的判断矩阵计算的一致性指标的平均值。1-10 阶矩阵的 $RI$ 取值见表 6-22。

表 6-22　RI 取值表

| 矩阵阶数 $n$ | 1 | 2 | 3 | 4 | 5 | 6 | 7 | 8 | 9 | 10 |
|---|---|---|---|---|---|---|---|---|---|---|
| $RI$ | 0 | 0 | 0.58 | 0.90 | 1.12 | 1.24 | 1.32 | 1.41 | 1.45 | 1.49 |

一般而言 $CR$ 越小，判断矩阵的一致性越好，通常认为 $CR < 0.1$ 时，判断矩阵具有满意的一致性。

# 6.4　绩效考核表的设计

绩效考核表是绩效考核的直接工具，也是前期绩效考核准备工作成果的直接表现，所以绩效考核表的设计影响着整体绩效考核工作的结果。绩效考核表的具体设计步骤为：

第一步，绩效指标设计。绩效指标考核表的设计实际上从指标的设计就已经开始了，指标的设计在前面的章节已经有详细的介绍。

第二步，考核标度设计。考核标度是指考核指标的程度差异与状态的顺序和刻度。考核标度可分为量词式、等级式、数量式及定义式等。比如比较常用的五分制"5，4，3，2，1"就是数量式；"很好、较好、合格、较差、很差"就为量词式。

第三步，对考核标准赋值。赋值是根据绩效考核指标、指标考核要点，并结合指标标度和权重，制定出的考核标准分值。

第四步，检验考核量表。完成了上面的几个步骤，基本就可以形成考核量表。但是为了避免指标在设计过程中产生偏差，有必要对量表进行检验。在实际操作中，组织可以根据自己的实际情况，对自己所关心的几个方面进行检验即可。

## 6.4.1　业绩指标考核表

业绩指标考核表也就是针对组织、部门和员工的工作业绩考核而设计的考核表。业绩指标考核表的设计要针对不同组织的特点，依据所采取的绩效考核方法、制度和考核对象的特点来设计，所以业绩指标考核表的形式是灵活多样的。下面以表 6-23 所示的业绩指标考核表为例,说明业绩考核表的设计方法和思路。该考核表包括三个部分内容,即工作完成情况、业绩指标评价、指导意见与改进方向。

**表 6-23　业绩指标考核表**

| | 工作内容 | | | | | | | |
|---|---|---|---|---|---|---|---|---|
| **工作<br>完成<br>情况** | 期望目标 | | | | | | | |
| | 自我评价 | | | 自我评分 | | | | |
| | | | | 5 | 4 | 3 | 2 | 1 |
| | 上级评价 | | | 上级评分 | | | | |
| | | | | 5 | 4 | 3 | 2 | 1 |

| 指 标 考 核 | | | | | | | |
|---|---|---|---|---|---|---|---|
| 指标名称 | 指标考核要点 | 分　数 | | | | | 指标<br>权重 |
| | | 5 | 4 | 3 | 2 | 1 | |
| 工作质量指标 1 | | | | | | | |
| 工作质量指标 2 | | | | | | | |
| 工作质量指标 3 | | | | | | | |
| …… | | | | | | | |
| 工作数量指标 1 | | | | | | | |
| 工作数量指标 2 | | | | | | | |
| 工作数量指标 3 | | | | | | | |
| …… | | | | | | | |
| 指标<br>考核<br>结果 | 第一次考核 | 考核总分:　　　　　等级: | | | | | |
| | 第二次考核 | 考核总分:　　　　　等级: | | | | | |
| | 第三次考核 | 考核总分:　　　　　等级: | | | | | |
| 指导意见与<br>改进方向 | | | | | | | |
| 备注 | | | | | | | |

内容一:"工作完成情况"。

首先,将考核对象所承担的工作内容列举出来,例如对于销售经理来说,他的工作内容依次是销售产品、协调下属关系。

　　其次,要如实填写"期望目标"。期望目标的填写要尽可能定量化,如销售额达到100万,三个月内完成工作等。期望目标是在考核期开始前就定好的,但是目标也不是一成不变的,必要时要根据实际情况和环境的变化,经过组织所有相关人员共同协商加以调整。

　　第三,是填写自我评价和上级评价意见。自我评价和上级评价是考核对象自身和考核对象的直接上级对工作完成情况的评价,可以将这项内容分成两部分:第一部分,采用文字形式对工作完成情况进行描述和评价;第二部分,则可以让填表者选择一个等级或分值,使评价更加直观。

　　内容二:"业绩指标评价"。

　　业绩指标评价部分主要是对所制定的业绩指标进行评价,指标的制定我们已经在前面章节中进行了论述。业绩指标考核表首先包括了指标名称,其次有指标考核要点和考核得分,还有指标的计分权重。在完成单个业绩指标评价之后,有一个总考核得分情况和考核等级情况,这是在把指标得分和权重进行计算后得到的。业绩指标评价使业绩评价更客观,结果也更加量化。

　　内容三:"指导意见和改进方向"。

　　在完成上述两部分的内容之后,从业绩考核表中就可以看到业绩考核的结果;也可以通过考核结果了解到工作中存在的问题和不足;最后,针对考核结果,要求上下级进行绩效沟通,结合工作中的不足,为今后工作提出指导意见和改进方法,以促进下一步工作的改进与提高。因此,这一栏要填写工作中需要改进的方面和改进的措施。

## 6.4.2　能力与态度指标考核表

　　能力与态度指标考核表是针对能力和态度指标的考核而设计的考核表。每个组织都是由不同类别和层次的员工组成的,例如,管理人员、技术人员等,在管理人员中又可分为高层管理人员、中层管理人员、基层管理人员。每种类别、层次的人员都分别担当不同的工作,在考核中也需要按照不同的工作标准和规范来进行,所以在设计绩效指标考核表之前,要对所有的考核对象进行层次和类别的划分。考核对象的层次基本上分为三层,即高层、中层、基层,而类别则由组织的性质决定,一般的可以分为以下几类:①管理类;②专业类;③事务类;④现场管理类;⑤现场专业类;⑥技术类;⑦现场技术类;⑧操作类;⑨辅助职务类等等。分层与分类的结果如表6-24所示。

表 6-24　组织考核对象分层分类表

| 层级 | 等级 | 类别 |
|---|---|---|
| 高层 | 9<br>8<br>7 | 管理、专业、技术 |
| 中层 | 6<br>5<br>4 | 现场管理、现场专业、现场技术、事务 |
| 基层 | 3<br>2<br>1 | 操作、辅助、事务 |

一般而言,组织中层次和类别的不同,对于能力和态度的考核要求也有所不同,所以每个层次在能力和态度要求上都有不同的侧重点,表 6-25 是一个针对不同层次和类别的态度能力考核要点表。

表 6-25　按照层次和类别的重点态度能力表

| 考核项目 | 考核内容 | 高层 | | | 中层 | | | | 基层 | | |
|---|---|---|---|---|---|---|---|---|---|---|---|
| | | 管理 | 专业 | 技术 | 事务 | 现场管理 | 现场专业 | 现场技术 | 事务 | 操作 | 辅助 |
| 态度考核 | 纪律性 | | | | | | | | • | • | • |
| | 协作性 | | | | | • | • | • | | | |
| | 积极性 | • | | | • | • | • | • | | | |
| | 责任心 | | • | • | | | | | | • | |
| 能力考核 | 知识 | | • | • | • | | | | • | | |
| | 技能 | | | | | | • | • | | • | |
| | 判断力 | • | | | | | | | • | | |
| | 计划力 | • | • | • | | • | • | | | | |
| | 体力 | | | | | | | • | | • | |
| | 指导力 | • | | | | • | | | | | |
| | 协调力 | | | | | | | | | | |

在选择好考核要点后,就可以具体设计能力与态度考核表。表 6 - 26 是能力与态度考核表举例,该考核表包括 4 个部分:综合考核、具体事实、能力态度指标考核、能力开发。

表 6 - 26 能力态度考核表

| | | | | | | | | |
|---|---|---|---|---|---|---|---|---|
| 综合考核 | 自我考核 | | | | | | | |
| | 上级考核 | | | | | | | |
| | 人力资源部考核 | | | | | | | |
| 具体事实 | 自我陈述 | | | | | | | |
| | 上级陈述 | | | | | | | |
| | 人力资源部 | | | | | | | |
| 能力与态度指标考核 | 指标名称 | 指标考核要点 | 分 数 | | | | | 指标权重 |
| | | | 5 | 4 | 3 | 2 | 1 | |
| | 能力指标 1 | | | | | | | |
| | 能力指标 2 | | | | | | | |
| | 能力指标 3 | | | | | | | |
| | …… | | | | | | | |
| | 态度指标 1 | | | | | | | |
| | 态度指标 2 | | | | | | | |
| | 态度指标 3 | | | | | | | |
| | …… | | | | | | | |
| | 指标考核结果 | 第一次考核 | 考核总分: | | | 等级: | | |
| | | 第二次考核 | 考核总分: | | | 等级: | | |
| | | 第三次考核 | 考核总分: | | | 等级: | | |
| 能力开发 | | ①培训 ②岗位指导 ③自我开发 | | | | | | |
| 备注 | | | | | | | | |

第一部分:综合考核。

"综合考核"是对任职者所有与工作能力有关的因素的考核,这些因素包括知识、技能、经验以及体力因素、意识素质等，甚至需要将性格因素如温顺、鲁莽、冷静、好动、麻木等包括在内；同时，还要对被考核者的艺术修养、伦理道德、宗教信仰进行评价，因为这些因素都会对工作业绩产生影响。考核者可以通过对被考核者进行综合考核，为以后的指标考核提供参考。

第二部分：具体事实。

综合考核是综合性的考核，是依靠考核者对被考核者的主观判断进行的，所以必定带有一定的主观偏差。"具体事实"栏目是对综合考核的补充，设置这个栏目就是让参加综合考核的主体把支持他们意见的事实填写在这里，使考核更具有客观性。

填写这一栏时需要注意，这里的"具体事实"不是考核表填写时所发生的"近期事实"，而是整个考核期所发生的具体事实，因此，考核者应该做好日常工作记录，在考核时按照记录结果在该栏目中填写。

第三部分：能力与态度指标考核。

"能力态度指标考核"部分是对已拟定的能力和行为考核指标进行考核，这部分和上一节业绩指标考核是基本相似的，在判断选择相应分数后按照权重折算最后得到总分。

第四部分：能力开发。

"能力开发"是根据能力与态度两方面的考核结果，总结出被考核者在能力和态度上的不足，然后为被考核者制定能力开发方式。能力开发内容的确定首先要征求参与考核的评价人的意见，然后经过与被考核者和人力资源部门沟通协商，最终填写在能力开发栏目里。一般能力开发有培训、岗位指导和自我开发三种方式。

**本章思考题**

1. 什么是绩效考核指标？绩效考核指标有哪些基本要求？
2. 绩效考核指标体系的特征有哪些？
3. 构建绩效考核指标体系应遵循哪些原则？
4. 构建绩效考核指标体系应遵循什么样的步骤？
5. 简述利用平衡计分卡设计绩效考核指标的具体过程。

**案例分析 6-1**

## A 组织的绩效考核

　　A 组织是具有行政职能的全额预算事业单位,但是随着整个国家机构、人事改革的不断扩大,市场化的不断深入,A 组织的机构设置、内部体制也日趋多元化,人员组成状况复杂。既有全额拨款事业单位,也有实行企业化管理的经营性单位。人员组成既有国家公务员,也有在社会上招聘的各类专业技术人员,具体情况千差万别。A 组织人力资源部门经过长时间的研究,设计了如下的部门和中层管理人员绩效考核方法。

### 1. 部门绩效考核

　　根据考核和被考核对象的不同,A 组织的部门绩效考核可以分为三个层面:第一个层面是 A 组织对总部各部门的绩效考核,由总部办公室负责对总部各部门依据目标责任书进行;第二个层面是 A 组织对其下属全额事业单位的绩效考核,人力资源管理部门依据各单位签订的目标责任书进行;第三个层面是 A 组织对其下属经营性单位的绩效考核,依据各单位签订的经营合同书,由财务部门组织进行。

　　(1)部门绩效考核目标任务的确定程序。部门绩效考核主要以目标实现、目标成效和年度业绩为主导,围绕部门目标任务书展开。而部门目标任务书的确定,首先由部门根据 A 组织年度目标任务来决定部门的目标任务和标准要求,然后依据部门的目标任务确定中层管理人员的目标任务责任和标准,并将这些目标任务作为部门运行、考核、评估和奖励的标准。具体而言,总部各部门目标是在自定的基础上由分管领导审核并送总部办公室安排相关会议审定;下属全额事业单位的部门目标确定也是在自定的基础上报人力资源管理部门审核后交分管领导审核并送总部办公室安排相关会议审定。

　　(2)部门绩效考核目标任务的形式与内容。A 组织对总部各部门、下属单位的绩效考核内容主要以目标责任书的形式确定和下达。就目标责任书的形式而言,部门目标责任书由目标任务、完成时限、权重分值等项目构成(见表 6-27),在目标任务一栏主要填写对该部门的考核目标内容,平均而言,一个部门的考核目标要达 20 项以上。在完成时限一栏,填写与每一个考核目标相对应的时间要求,而在权重分值一栏,则填写每一项考核目标在 100 分的总分中所占的分值大小。就目标责任书所规定的考核内容而言,部门目标责任书中确定的考核目标主要包括经济目标、管理目标、改革目标、精神文明创建目标等四个方面内容。具体说明如下:

①经济指标。经济指标主要包括单位创收发展目标、上交管理费指标、固定资产保值增值目标、职工收入指标。

②管理目标。管理目标主要包括业务管理目标、单位管理发展目标、职工教育培训目标。

③改革目标。改革目标包括机制改革、经营创新、人力资源开发、单位资质升级。

④精神文明创建目标。精神文明创建目标主要包括职业道德建设、文明单位创建、创佳评差、争先创优。

考核过程为:职能管理部门根据部门目标责任书,按考核周期对每个部门、单位进行考核,对每项目标进行量化打分,然后加权汇总,得到部门绩效考核的最终成绩。

表 6-27　A 组织对部门绩效考评目标责任书示意表(以总部办公室为例)

| 序号 | 目标任务 | 完成时限 | 分值 |
|------|---------|---------|------|
| 1 | 完成临时聘用人员的合同、协议管理,办理临时聘用人员的养老保险,从德、能、勤、廉等方面做好干部职工考评工作,规范完善人事管理 | 12 月 | 9 |
| 2 | 完成上级管理部门安排的人事档案达标工作 | 10 月 | 6 |
| …… | …… | …… | |

## 2. 中层管理人员绩效考核

A 组织对于中层管理人员的绩效考核,主要实行与中层管理人员所在单位的绩效考评核结果相挂钩的原则,即获得一、二、三等奖的单位,其正职领导享受相应的一、二、三等奖,其副职领导则后推一个等级。如某部门获得一等奖,则该部门正职领导享受一等奖,而副职领导享受二等奖。另外对于全面完成了目标任务,但绩效评比中未获得名次的单位,由该单位自行确定给予其正副职领导一定奖励。

中层管理人员绩效考核结果的使用,主要体现在获得一、二、三等奖的单位,其正职领导可以列为优秀中层干部候选人,同时对于机关和全额事业单位的获奖中层管理人员还可享受一定数额的奖金,对于经营性单位的获奖中层管理人员由 A 组织确定奖励政策,奖金由所在基层单位兑现。另外绩效考核结果对于中层管理人员各项先进的评选也有一定促进作用。

另外,对于中层管理人员还进行了定期的民主评议,即运用 360 度考核法,分别由下属员工、其他中层管理人员、主管领导等不同的考核主体对中层管理人员做出评价,并将各方面的评价打分综合,从而得到该中层管理人员考评的最终评价结果。具体的考核表中设有德、能、勤、绩四个指标(见表 6-28)。

表 6-28 A 组织现行绩效考核表

| 考核指标 | 考核要点 | 评分说明 | 得分 | 说明 |
|---|---|---|---|---|
| 德 | 是指政治立场、思想表现、职业道德、社会伦理道德、廉洁自律情况 | 优(10 分) | | |
| 能 | 是指专业理论水平、业务工作能力、策划协调能力、开拓创新能力、书面及口头表达能力、知识更新能力 | 良(7~9 分) 一般(4~6 分) | | |
| 勤 | 是指工作态度、工作作风、勤奋敬业精神和遵守劳动纪律情况 | 较差(3~2 分) | | |
| 绩 | 是指履行职责情况,完成工作任务的数量、质量、效率 | 差(1 分以下) | | |

**案例讨论**

1. A 组织对各部门目标的设计存在什么问题?

2. A 组织中层管理人员绩效考核指标的设计是否合理? 你认为应该如何改进?

**案 例 分 析 6-2**

### 销售人员绩效考评

    B企业的前身为国有制药厂,是一家集中药材萃取、加工、生产和销售为一体的制药企业,以生产加工中药、普药为主。随着企业高层管理者现代管理理念的增强,B企业本着"合作、创新、诚信"的经营理念,在各个方面都取得一定的进步,市场占有率也有所增长,产品开始销往全国各地。B企业的短期目标是要在三年内,把公司发展成为销售业绩突破2亿,名牌产品3到5个的中药生产企业。但是,公司组建销售队伍是刚刚开始,所以在销售队伍的组建过程中,缺乏市场经验,盲目学习、照搬其他企业的模式,没有人才储备。在短短的一年当中更换了两任销售总经理,销售部门人员流失率居高不下,最高达56%。产品市场占有率还是偏低,生产出来的药品有时甚至会出现长时间的滞销,造成资金积压,出现资金周转危机。B公司的高层管理人员聘请了销售和人力资源方面的专家对企业销售管理进行了诊断,发现公司对销售人员的人力资源管理工作存在许多问题,特别是绩效考核部分。表6-29是B公司销售业务人员岗位说明书。

**表6-29 销售业务员岗位说明书**

| 岗位说明书 | 部 门 | 岗位名称 | 岗位编号 |
|---|---|---|---|
| | 销售中心 | 销售业务员 | x-2003 |
| 职 务 描 述 | | | |
| 岗位概要 | 区 域 内 销 售 工 作 | | |

岗位职责

1. 依据省区工作计划,制定个人工作计划

2. 按照公司要求,完成销售总指标及重点产品销售指标

3. 执行公司营销策略,开发客户,实现产品覆盖率计划

4. 做好客户服务工作

5. 掌握产品知识,培育销售技巧与人际技巧

6. 确保按时上报各类报表

7. 注重团队合作,为建立高绩效的团队作贡献

8. 执行公司的各项规章制度

续表 6 - 29

| 考 核 要 点 |
| --- |
| 1.销售指标完成情况 |
| 2.客户发展及维护 |
| 3.执行能力、沟通能力和学习能力 |
| 任 职 要 求 |
| 大专以上学历,医药或相关专业,有亲和力、执行力 |

**案例讨论**

请为销售业务人员设计业绩和能力态度绩效考核表。

# 第 7 章

# 绩效反馈与绩效改进

　　大多数组织的绩效管理过程只进行到绩效考核就告一段落,各式各样的表格在花费了大量时间和精力填写完成后被束之高阁。主管人员觉得很累而且没有成果,员工也觉得很累而且充满疑惑。考核结果没有反馈给员工,所以问题仍然存在,绩效仍然不高,沟通仍然不顺畅。而这还导致了从高层到员工对绩效管理有效性的怀疑,对继续推行绩效管理的障碍。怎样才能实施真正的绩效管理? 怎样才能让被考核者了解自己的绩效状况? 怎样才能将主管人员的期望传达给员工? 这就要通过绩效反馈与面谈来完成。

## 重点问题

⇨ 绩效反馈的意义
⇨ 如何进行有效的绩效反馈
⇨ 绩效面谈的障碍
⇨ 绩效面谈前应做哪些准备
⇨ 如何进行绩效面谈
⇨ 绩效面谈的技巧
⇨ 如何开展绩效改进工作

## 7.1　绩效反馈

### 7.1.1　绩效反馈的作用

　　反馈是绩效考核的重要环节,因为绩效考核的目的在于改进员工的绩效。知名的思想先锋斯宾塞·约翰认为,人的首要动力就是对结果的反馈,"反馈是夺标的早餐"。研究人类行为的心理学家发现,反馈是使人产生优秀表现的最重要的条件之一。如果没有及时、具体的反馈,人们往往会表现得越来越差。绩效反馈不但能够帮助个体调整自我知觉、自我评价和行为,还能提高自我管理水平,使员工行为朝向预定的个体和组织目标,最终有助于绩效改进,因此绩效反馈也是一种有价值的组织资源。在没有反馈的情况下,人们无从对自己的行为进行修正,从而无法逐步提高,甚至可能丧失继续努力的愿望。同样的道理,员工绩效不佳的原因之一就是没有得到及时、具体的反馈。有学者认为,缺乏具体与频繁的反馈是绩效不佳的最普遍原因之一。如果人们不知道自己做得好不好,就无从进一步改进;如果人们一直以为自己做得很好,他们就不会改变长期以来的错误做法,甚至造成越来越糟糕的结果。

### 7.1.2 绩效反馈应遵循的原则

在管理实践中,反馈是主管人员普遍使用的一种管理手段,正确的绩效反馈要遵循以下原则:

(1)反馈应当是经常性的,而不应当是一年一次。其原因有两点:首先,主管人员一旦意识到在员工的绩效中存在缺陷,就有责任立即去纠正它,如果员工的绩效在 1 月份时就低于标准要求,而主管人员却非要等到 12 月份再去对其绩效进行考核,那么这就意味着组织要蒙受 11 个月的生产率损失;其次,绩效反馈过程的有效性的一个重要决定因素是员工对于考核结果不感到奇怪。因此,一个很容易发现的规则就是,应当向员工提供经常性的绩效反馈,从而使他们甚至在正式的考核过程结束之前就几乎能够知道自己的绩效考核结果。

(2)强调具体行为。在进行绩效反馈的时候,根据员工的具体行为,明确指出他到底"错"在何处,而又"好"在何处。要避免下面这样的陈述:"你的工作态度很不好。"或"你的出色工作留给我深刻印象。"它们过于模糊。在提供这些信息时,你并未告诉接受者足够的资料以改正他的态度,或你以什么基础判定他完成了出色的工作。

(3)反馈只针对工作本身而不针对个人。反馈,尤其是消极反馈,应是描述性的而不是判断或考核性的。无论你如何失望,都应使反馈针对于工作,而永远不要因为一个不恰当的活动而指责人,说某人"很笨"、"没能力"等常常会导致相反的结果,它会激起极大的情绪反应,这种反应很容易忽视了工作本身的错误。当你进行批评时,记住你指责的是工作相关行为,而不是个人。

(4)把握反馈的良机。信息反馈有效性的一个重要表现就是它的及时迅速性。如果能针对被考核者的近期行为提出一些及时的、有意义的信息反馈,将会对他的工作绩效的改进具有较大的裨益。比如,当新员工犯了一个错误时,最好紧接在错误之后或在当天工作结束时就能够从主管那里得到改进的建议,而不是要等到几个月后的绩效考核阶段才获得。如果你需要花时间重新回想当时的情境和恢复某人的记忆,那么你所提供的反馈很可能是无效的。另外,如果你注重塑造员工的行为,拖延对不当行为的反馈则会降低反馈能起到的预期效果。当然,如果你尚没有获得充足的信息或者你很恼火,或者情绪极为低落,此时仅仅为了快速的目的而匆忙提供反馈则会适得其反。在这些情况下,反馈的"良机"意味着"一定程度的推迟"。

(5)确保理解。你的反馈是否足以清楚、完整,接受者能否全面准确地理解你的意思?别忘了每一次成功的沟通都需要信息的传递与理解。主管人员平时最好用简单的语言、易懂的言词来传达讯息,而且对于说话的对象、时机要有所掌握,有时过分的修饰反而达不到想要完成的目的。让接受者复述你的反馈内容可以了解你的本意是否被彻底领会。

## 阅读资料 7-1

有一个秀才去买柴,他对卖柴的人说:"荷薪者过来!"卖柴的人听不懂"荷薪者"(担柴的人)三个字,但是听得懂"过来"两个字,于是把柴担到秀才前面。

秀才问他:"其价如何?"卖柴的人听不太懂这句话,但是听得懂"价"这个字,于是就告诉秀才价钱。秀才接着说:"外实而内虚,烟多而焰少,请损之。(你的木材外表是干的,里头却是湿的,燃烧起来,会浓烟多而火焰小,请减些价钱吧。)"卖柴的人因为听不懂秀才的话,于是担着柴就走了。

(6)使消极反馈指向接受者可控制的行为。让他人记住那些自己无法左右的缺点毫无意义。消极反馈应指向接受者可以改进的行为。比如,责备员工因为忘记上闹钟而上班迟到是有价值的,但要责备他因为每天上班必乘的地铁出了电力故障,使他在地铁里整整呆了一个小时,却是毫无意义的。因为这种情况他自己也无法改变,相反,还会让员工产生反感,觉得主管人员吹毛求疵。

另外,如果消极反馈强调接受者可以控制的方面,则尤其可以指明如何做能够改进局面。这不但减弱了批评造成的伤痛,并会给那些知道自己存在问题却苦于不知如何解决的接受者提供了指导。

(7)有效的信息反馈应具有能动性。这里说的能动性有多种含义。首先,反馈信息时要因人而异。不同的人有不同的特点和不同的需要,只有采用不同的反馈方式方法,才能体现信息反馈的初衷。如果仅仅从考核者的角度出发,而不考虑被考核者的实际情况,则会事倍功半,起不到信息反馈的作用。信息反馈的目的是为了给下属提供必要的引导和帮助,决不是给其造成某种心理压力或情感伤害。其次,提高员工参与的自觉性。有效的信息反馈是为了交流和沟通某种绩效的信息,而不是给下属提出某种指令和要求。通过必要的信息交流,使下属可以根据自己的实际情况和工作能力,自主地选择适应性强的途径和方法,自觉地做出改进工作的决策。再次,有效的信息反馈应集中于重要的关键的事项。尽管考核者可能掌握了大量信息,但只需提供那些关键的特定信息就足以发挥引导员工的功能了。如果信息量过大只能降低反馈信息的适应性,起不到指导、帮助下属的作用,满足不了改进工作绩效的要求。最后,有效的信息反馈应考虑下属心理承受能力。上级主管所反馈的信息应强调下属的所说、所做和如何做的,而不是要解析员工为什么要这样做,其心理动机是什么。如果上级主管过多揣测下属的某种行为的动机和意图,就会引起下属的“自我保护意识”的心理反应,对上级主管产生怨恨、怀疑和不信任感,造成上下级之间的隔离和疏远,这种不具适应性的信息反馈,对于员工潜能的开发和利用是极为不利的。

　　根据反馈的内容和态度,可以将绩效反馈分为三类:正面反馈、负面反馈和中性反馈。其中,中性反馈和负面反馈都是针对错误的行为进行的反馈;而正面反馈则是针对正确行为进行的反馈。

### 7.1.3　如何对错误的行为进行反馈

　　针对错误行为进行反馈就是通常所说的批评。批评既可能是消极的,也可以是积极的和具有建设性的。具有消极意义的批评就属于负面反馈,比如:

- “你是怎么搞的,这么简单的问题也解决不了!”
- “你到底是怎么了? 难道你不能更努力一些,准时上交季度报告吗?”

　　可以看出,以上这些反馈都很无理,而且也不够具体。很显然,这样的反馈除了让员工对主管人员更加抵触外,不能发挥任何作用。

　　在很多情况下,员工并不清楚自己犯过几次错误甚至是否犯了错误。有时候,员工也许知道自己犯了错误,但不明白自己究竟错在哪里。这时,就需要主管人员在一旁提醒他们,并对他们的错误行为做出有效反馈,让员工了解自身存在的问题并解决问题。如果主管人员的反馈不能明确指出员工的不足之处,只是一味指责,那么这样的反馈是有害无益的。主管人员针对员工的错误行为进行反馈不能是负面反馈,而应该是中性反馈。

　　例如,员工小陈又一次迟到了。多数主管的批评方式往往是:“你怎么又迟到了,难道你不能做到准时一点吗?"这样的批评对减少员工的迟到行为也许有一定作用,但往往会伤害员工的自尊,从而造成主管与员工之间的紧张关系。如果主管这样说:"小陈,我注意到这是你这一周的第三次迟到,这种行为是不被接受的。请你以后注意!"在员工表示接受这样的批评之后,主管还应该表示认同,例如"这样就好了"、"谢谢"等,以加强反馈效果。后一种反馈方式就是中性反馈,既不会产生主管与员工之间的紧张关系,又可以达到纠正错误行为的目的。

从上面这个例子可以看出,虽然中性反馈针对的是错误行为,但也可以是积极和建设性的。关于如何使中性反馈变成积极的建设性反馈,许多学者提出了不同的看法。美国加利福尼亚大学洛杉矶分校的心理学家亨得利·文辛格对批评作了大量研究,他发现建设性批评应该具有七个要素:

- 建设性批评应该是战略性的。
- 建设性批评要维护对方的自尊。
- 建设性批评应该发生在恰当的环境中。
- 建设性批评是以进步为导向的。
- 建设性批评是互动式的。
- 建设性批评是灵活的。
- 建设性批评能够传递帮助的信息。

以下分别对这七个要素进行分析。

(1)建设性批评是战略性的。战略性批评要求我们应该有计划地对错误行为进行反馈。在批评之前,我们应充分明确反馈的目的,理清思路,并选择恰当的语言。主管人员往往会在发现员工出现失误的情况下,由于愤怒而无法控制自己的言行。这种情况下的反馈将是消极的。如果发生这样的情况,我们建议主管人员首先应该冷静一下,不要因为生气而口无遮拦,要知道批评本身并不是最终目的。在绩效管理中,我们对员工错误行为进行反馈,目的是为了让员工了解自身的错误,从而找到改进绩效的方法。这才是反馈的战略性目的所在。

(2)建设性批评要维护对方的自尊。每一个主管人员都应该记住自尊对每一个人来说都是一件脆弱而宝贵的东西。消极的批评容易伤害人,容易打击自尊,对人际关系具有破坏性。因此,为了进行建设性批评,主管人员应当在绩效反馈中采用保护对方自尊的方式。例如,在一份报告中秘书小张又一次搞错了报告格式。主管看到后气愤地喊道:"你怎么这么笨,难道你不能做到准确一点吗?"这样的批评方式很常见,但这样往往会伤害员工的自尊,从而造成主管人员与员工之间的紧张关系。我们建议主管人员使用下面的批评方式来避免这类问题的发生:

"你是不是需要⋯⋯的帮助才能够⋯⋯""我是不是忘了告诉你⋯⋯"等。

为了做到这一点,最简单的方法就是在你批评对方之前进行一下简单的换位思考。如果你是被批评的人，你会不会由于听到这样的话而感到自尊受到伤害？如果主管人员能够做到这一点，主管人员与员工双方的关系就能够得到很大改善。

（3）建设性批评应该发生在恰当的环境中。在绩效管理中寻找恰当的时机进行绩效反馈是每一个主管人员应该掌握的管理技巧。主管人员在进行批评之前应充分考虑时间、地点和环境几个因素，寻找这些因素的最佳组合，以确定员工接受批评的最佳时机。通常，我们主张与犯错误的员工进行一对一的交流。这种方式能够最大限度地维护员工的自尊。但是这并不是绝对的。例如在团队的工作环境中，如果只是进行私下的批评往往得不到充分的信息或帮助，不利于员工最大限度地改进绩效。如果主管人员能够在团队中形成一种批评公开化的良好氛围和文化，这类反馈就能够放到团队成员的集体会议上进行。在这种情况下，整个团队的成员都能够对犯错误的员工提供必要的帮助。

在团队管理中一种常见的方式就是团队成员集中起来，使用"头脑风暴法"对出现问题的员工出点子。这样的团队会议能够激发成员之间团结互助的良好关系，有利于提高所有团队成员的工作绩效。

（4）建设性批评是以进步为导向的。批评并不是最终目的，批评的目的是促使员工取得进步。因此，主管人员在进行绩效反馈时应着眼于未来，而不应该抓住过去的错误不放。强调错误的批评方式会使员工产生防御心理，这将对绩效反馈的效果起到消极影响作用。我们可以通过下面的例子说明这一点。例如，王小姐在进行市场调查的工作中选择了不恰当的样本采集方法，因而影响了统计结果的可信度。主管人员在发现这一问题之后不应叫嚷"你的方法简直太笨了，这个报告完全不能说明任何问题"等等，而应该基于促使改进绩效的目的，用下面的方式进行批评："应该……""用……的方法能够使……"。这类以进步为导向的批评才能真正达到绩效反馈的最终目的——提高员工的未来绩效。

（5）建设性批评是互动式的。与建设性批评相对的、消极的批评往往是单向的。这种完全由主管人员单方操纵和控制的单向批评往往会引起员工的难堪，引起员工对主管人员的排斥心理，甚至即使主管人员的批评是正确的，员工也不买账。因为单向批评没有给员工说明理由的机会，员工会认为主管人员什么都不了解，只会乱批评，没有人情味，对主管人员的批评听不入耳，更别提会加以改进了；而且单向批评由于不注意与员工进行交流，会产生一种使员工脱离团队的离心力，哪怕主管人员对这些问题再三批评强调，态度再坚决严厉，也不可能产生任何积极的效果。

建设性批评主张让员工参与到整个绩效反馈的过程中，这就是所谓的互动式绩效反馈。主管人员应该通过有效的提问引导员工针对工作中出现的问题提出他的看法和建议。主管人员可以用如下的提问方式："你认为为什么会出现这样的问题?""是不是我没能告诉你……"等等。同时注意态度要诚恳,语气要温和。

(6)建设性批评是灵活的。灵活性要求主管人员在批评时应当针对不同对象和不同情况采用不同的方式,并在批评过程中根据对方的反应进行方式上的调整。通俗地说,主管人员也要学会"察言观色",一旦在批评员工过程中发现他神色不对,主管人员就要考虑自己的措辞是否得当。或者如果了解到要批评的对象因为家中有事,最近精神一直不振,主管人员就要及时调整反馈策略,以一种对方能接受的方式给予反馈。之所以强调建设性批评要灵活,是因为我们批评的目的是为了能让员工接受我们的反馈,并能在今后工作中加以改进。如果我们反馈的意见不能为员工所接受,就不能达到这一目的,反而会引起员工反感。因此在建设性的批评过程中要保持灵活性。

有许多主管人员习惯于进行严格的批评。他们通常是严厉的上级,有强烈的指挥欲望,他们的绩效反馈方式就是直接告诉员工他们错误何在,对意见交流不感兴趣。通过前面几条原则的了解,我们已经知道了这种做法的弊端。主管人员应该让员工有机会说出他们的想法,并根据员工的反应适当地调整沟通方式。前面在第一条中我们谈到了反馈之前进行计划的必要性。但是,并不是说整个反馈过程就应该严格按照计划中的安排来进行。灵活性批评要求管理者对批评方式进行及时调整,以达到最佳效果。

(7)建设性批评能够传递帮助的信息。建设性批评应该让员工充分感受到主管人员对他们的关注,相信他们会进步,并使他们相信自己能够得到来自主管人员的充分的帮助。主管人员应该通过制度安排和具体行动来证明这一点,并在批评时充分地让员工感受到这一点。当员工在工作中遇到困难,他们需要的是能够与他并肩作战的人。因此,主管人员在批评的时候应该强调改进而不是单纯地指出错误,应该明确地表明他对员工的信心,应该提供明确、具体的建议以表明自己帮助他们的愿望。这种传递帮助信息的批评能够改善员工与主管人员之间的关系,提高员工对主管人员的信任感,在团队工作环境中还能够增强团队凝聚力。这对于更好地实现绩效管理的目标非常有益。

如果主管人员能够按照上述七条建议对员工的错误行为进行绩效反馈,就能够避免消极的负面反馈,将中性反馈变成积极的建设性反馈。这样的反馈,不但可以有效减少员工的错误行为,而且能够维护甚至改善主管与员工的关系。

### 7.1.4　如何对正确的行为进行反馈

一般而言,主管人员比较重视对员工的错误行为进行反馈,往往会忽视对员工的正确行为进行反馈,对犯错行为减少的情况的反馈更少见。实际上,对员工正确行为以及错误行为不断减少做出相应反馈,会让员工意识到主管人员对他们的关注,这就大大激发了他们的自信和工作热情,并会自觉地把这些正确行为继续保持下去,甚至可能带动周围人群形成好的行为方式。所以说,对员工进行正面反馈的效果要比负面反馈或中性反馈效果好得多。当然,无论是哪一种绩效反馈,主管人员最终目的都是为了提高员工的绩效。达到这一目的可以通过两种途径来实现:一是减少不好的行为;二是增加员工好的行为。对错误行为的反馈将注意力集中于减少不好的行为上,这种反馈很有可能会带来一些负面影响。而针对正确行为进行恰当的反馈能够避免这些问题,并有效地提高员工的绩效水平。

主管人员往往会忽视对于正确行为的反馈,主要有两方面原因:

**1. 主管人员对正确行为的理解不够全面**

有相当一部分主管人员也知道应该在员工很好地完成了一项工作之后给予及时的肯定。但他们对于犯错减少的情况却视而不见。

主管人员们往往觉得对于员工减少错误的所谓进步做出正面的反馈是一件困难的事情。因为他们认为员工还在犯错,虽然犯错次数是减少了,但如果对此进行正面反馈的话,员工会不会误认为主管人员允许他们犯少量的错误呢？也有的主管人员担心,对员工过于"宽容",不利于培养员工对工作的责任感和专业精神,所以他们对这种情况一般采取不做任何反馈的态度。但是他们忽略了员工需要得到肯定的心理。试想一下,一个车间工人在操作新机床的第一天,犯了许多操作失误,出了很多废次品,在受到车间主管批评后,为了弥补过失,第二天,他小心翼翼,虽然由于不熟练还出废次品,但数量已经大大减少了,他觉得很骄傲,他希望主管能看到他这一成绩,但偏偏主管对此不作任何反应。这位工人内心忐忑不安,以为主管还是不肯原谅他昨天的过失。在接下来的日子,精神高度紧张,惟恐再出差错,但越是紧张,出的废次品就越多,对他的自信心打击就越大。如果主管在看到他的错误减少之时给予他肯定的反馈,这位员工一定会感到劲头十足,因为主管看到了他的成绩,从而心情轻松愉快,进而促使工作效率提高。可见,对于员工错误减少的肯定也是必要的。另外,当主管人员试着要对犯错误减少的人进行称赞时,他们往往不知该如何表达,主管人员怕员工误认为是对他们错误的讽刺,进而引发尴尬的局面。为了解决这些困惑,主管人员们应该注意:称赞员工减少犯错误的行为并不等于称赞这个错误本身。如果你对他们的进步进行了有效的正面反馈,他们将会在未来取得更多进步。例如一个新来的员工在做一份周报表时经常出错,主管人员每次指出她的错误在哪儿,并且让她知道这一工作的重要性。这一次只发现了一处微小的错误,主管人员就可以及时的肯定她的进步:"你看,这次只错了一处,而上次错了四处,看来你的确进步很快,再努努力,下次争取没有错误。"到了下次交报表的时候,她已经毫无错误了。

**2. 主管人员声称没有足够的时间来做这件事,或者找不到合适的方式进行这种反馈**

声称没有足够的时间进行这种反馈是因为不知道什么是对正确行为的合适的反馈方式。实际上,最好的反馈方式就是对员工行为直接的认同和赞扬。就像下面这些话所表达的那样:

- 这件事你做得棒极了!
- 谢谢你,这段时间以来你很努力。
- 连我都没法将它做得那么好。
- 你进步的速度超出了我的预期。

下面是主管人员在进行正面反馈时应遵循的四点原则:

- 用正面肯定来认同员工进步,例如应针对"成功率的提高"而不是"失败率的降低";
- 要明确地指出受称赞的行为;
- 当员工的行为有所进步时应给予及时反馈;
- 正面反馈中应包含着这类可能对团队、部门乃至整个组织的绩效造成影响的行为。

### 7.1.5　有效的自我反馈机制

所谓自我反馈指的是在建立一套严格、明确的绩效标准基础上使员工自觉地将自己的行为与标准相对照,从而肯定自己做得好的行为,发现自己不足的行为的机制。自我反馈是一种特殊的绩效反馈方式,是主管人员对员工进行绩效反馈的重要补充,其优越性体现在:

- 能够有效地使员工对自己的绩效表现有一个正确的认识;
- 有助于发挥员工的积极性和创造性;
- 可以减轻主管人员的负担;
- 有助于提高反馈的及时性和准确性。

自我反馈的方法也有局限性。比如,由于受自利性偏差等影响,员工对自己的行为不能作出正确的评价;有时,员工并不十分清楚什么是好的行为,什么是不好的行为等。这些因素会影响自我反馈的效果,或给自我反馈带来困难。一般而言,自我反馈的方法在高重复性或例行工作上比较容易实施。

一家大型企业的销售经理要求每一名销售人员在每个月底都要上交一份关于所负责销售工作的情况报告,其中包括对现有市场和目标市场状况的详细分析。但是,这位经理对员工上交的报告十分不满。因为他认为员工们的报告没有汇报一些他认为应该交代的信息。为了解决这一问题,该经理与员工们共同列出了报告中应该回答的所有重要问题,制定了一份具体的项目清单。遗憾的是,员工们即使掌握了这个清单,还是没能上交令经理满意的情况报告。经理就此问题进行了调查。他惊讶地发现,即使员工们手上有问题清单,也没有在上交报告之前根据这份清单进行一一的核对。所以这名经理对此进行了具体规定,要求员工今后在上交报告之前必须根据清单对报告的内容进行核对。这项规定执行之后,报告的质量得到了明显的改观。

从这个例子中我们可以看出,自我反馈机制的前提就是制定一套员工反馈时使用的绩效标准,然后建立一套机制或办法使员工能够自觉地根据这一标准对自己的工作情况进行自我检视。显然,容易制定明确的绩效标准的工作,实施自我反馈更容易。

对于创新性工作而言,自我反馈也十分重要。因为主管人员不可能每时每刻都在注意员工行为。对于那些制定绩效标准比较困难的工作,我们可以通过规定更加灵活的标准来解决这个问题。事实上,在实际工作中,自我反馈机制每时每刻都在发挥着十分重要的作用。因为,只有制定标准比较困难的情况,而没有无标准的情况。

# 7.2　绩效面谈计划与准备

绩效面谈是来自上级的口头绩效反馈,是组织中最为普遍的绩效反馈方式。绩效反馈的主要目的是为了改进和提高绩效,为了有效进行考核结果的反馈,应开展与员工的面谈。通过面谈,使被考核者知道自己在过去的工作中取得了何种进步,自己在哪些方面还存在不足,有待在今后的工作中加以改进提高。人们常说,知人者智,自知者明。但往往是自己不自知,对自己的短处、劣势或不足看得过轻,或者根本看不清。实际上即使是一名最优秀的主管,也会感到有效批评下属的难度。

## 7.2.1　绩效面谈的目的

总结起来,绩效面谈有以下几个目的:

**1. 员工了解自己在本绩效周期内的业绩是否达到所定目标,行为态度是否合格,双方是否达成对考核结果一致的看法**

对同样的行为和结果,不同的人有不同的看法。主管人员对员工的考核代表的是主管人员的看法,而员工可能会对自己的绩效有另外的看法。比如,主管人员可能认为绝对不能接受的行为,员工却有可能认为是很正常并且是不可避免的。

这一阶段的任务就是要对同一行为或结果最终达成一致看法。这不是一个容易的过程,有时候需要沟通很多次才能完成,因为员工的看法一旦形成,就很难轻易使之改变。因此,必须进行沟通以达成一致的看法,这样才能制定下一步的绩效改进计划。

**2. 使员工认识到自己的成就和优点**

每个人都有被他人认可的需要。当一个人做出成就时,他需要得到其他人的承认或肯定。因此,绩效面谈一个很重要的目的,就是使员工认识到自己的成就或优点,从而对员工起到积极的激励作用。

**3. 指出员工有待改进的地方**

员工的绩效中可能存在一些不足之处,或者员工目前的绩效表现是比较优秀的,但如果今后想要做得更好仍然有一些需要改进的方面,这些都是在绩效面谈的过程中应该指出的。通常来说,员工想要听到的不只是肯定和表扬的话。他们也需要有人中肯的指出其有待改进的方面。

**4. 探讨绩效未合格的原因所在并制定绩效改进计划**

让员工承认自己的绩效不合格可能是很难的,一旦员工和主管人员在这个问题上达成一致,接下来的工作就是双方就该如何解决绩效问题做一探讨,也就是形成绩效改进计划。

在双方对绩效考核的结果达成一致意见后,员工和主管人员可以在绩效面谈的过程中一同制定绩效改进计划。通过绩效面谈的交流,双方可以充分的沟通关于如何改进绩效的方法和具体的计划。员工可以提出自己的绩效改进计划并且向主管人员提出自己需要他提供怎样的支持,以及如何让主管人员得到自己的绩效改进信息。主管人员则对员工如何改进绩效提出自己的建议。

**5. 主管人员向员工传递组织的期望**

组织的愿景目标及未来期望是要通过主管人员传递给员工的。在反馈与面谈中进行传递是一个合适的时机。因为组织的战略是要层层分解到具体的工作岗位上,在与员工讨论工作目标的过程中,就可以将组织的愿景贯穿其中,让员工感受到具体的目标而不是一种无形的愿景,这样更有利于员工将其落实到实处。

**6. 协商下一个绩效管理周期的目标与绩效标准**

绩效管理是一个往复不断的循环。一个绩效管理周期的结束,同时也是下一个绩效管理周期的开始。因此,上一个绩效管理周期的绩效反馈面谈可以与下一个绩效管理周期的绩效计划面谈合并在一起进行。由于刚刚讨论完员工在本绩效管理周期中的绩效结果以及绩效的改进计划,于是,在制定绩效目标的时候就可以参照上一个绩效周期中的结果和存在的待改进的问题来制定,这样既能有的放矢的使员工的绩效得到改进,又可以使绩效管理活动连贯的进行。

要想充分实现绩效面谈的上述目的,一方面要了解绩效面谈中可能遇到的障碍;另一方面是绩效面谈之前必须要做好充分的准备。由于绩效面谈是主管人员与员工双方的责任,所以不仅主持绩效反馈与面谈的主管人员要做好准备,参与面谈的员工也得有所准备。

## 7.2.2　绩效面谈的障碍

很多情况下,绩效面谈往往成了主管和员工都颇为头疼的一件事。由于主管人员要面对面地与下属人员讨论绩效上的缺陷,而面谈结果又与随后的绩效奖金、工资晋升等有联系,一旦要面对面地探讨如此敏感和令人尴尬的问题,非常容易给双方带来紧张乃至人际冲突。正因为如此,绩效面谈常常是比较难进行的。

造成绩效面谈实施中的障碍的主要原因有:

**1. 主管人员不重视或者缺乏技巧**

许多主管人员不是很重视绩效反馈面谈这个环节,往往认为填写完考核表格、算出绩效考核的分数就算是绩效考核结束了。他们不能进行有效的绩效面谈的原因通常有:

- 没有时间。很多主管人员都常常以工作太忙、没有时间进行绩效面谈为理由而省略了绩效面谈这个环节,或者匆匆进行敷衍了事的面谈。
- 认为面谈是没有必要的。有些主管人员认为给出绩效考核的分数就可以了,即使要给员工反馈也就给一个书面的结果就行了,反正谈不谈都不会对结果有什么改变,因此面谈也就没有什么意义了。
- 缺乏面谈的技巧。有些主管人员由于没有掌握进行绩效面谈的适当技巧,或者对是否能够与员工进行融洽的沟通缺乏信心,因而不愿意进行绩效面谈。有些主管人员也常常有失败的绩效面谈体验,比如在面谈中情绪激动、气氛紧张、面谈后的情况比面谈之前更糟糕等等。

**2. 绩效管理体系设计与实施中的问题**

有时候,由于绩效管理体系的设计与实施中存在问题,而使绩效面谈不能有效的进行。主要的问题是:

- 绩效指标本身设计不够科学,不能客观反映员工的工作表现,或者有些重要的方面没有包含在绩效指标中。
- 打分的时候主观性比较大,绩效考核的分数不能很好的反映员工的实际工作表现差异,容易引起争议。

- 在工作实施的过程中,主管人员不注重与员工沟通以及对员工进行辅导,很多问题没有在过程中及时解决,所有问题都攒到一起与员工秋后算总账,这样就很可能形成对峙和僵局。面谈不仅解决不了问题,反而给双方今后的工作带来麻烦,结果还不如不谈。

**3. 员工抵制面谈**

员工的抵触情绪也会给面谈造成困难:

- 员工不愿意参加面谈是因为他们觉得是在走形式,面谈时笼统的就事论事,没有提出针对性的改进意见,对自己没有帮助,甚至是"浪费时间"。绩效面谈后工作照旧,自己仍不清楚今后努力的方向。
- 主管人员在面谈中的表现造成员工对面谈发怵。面谈时一些主管喜欢扮演审判者的角色,倾向于批评下属的不足,或者成了主管人员的一言堂,下属只是听众的角色,这样绩效面谈往往也就变成了批评会。

### 7.2.3　主管人员应做的准备

主管是面谈的主持者,为了保证绩效面谈的效果,主管在绩效面谈前应做好如下几个方面的准备:

**1. 选择适宜的面谈时间**

选择什么时间进行绩效面谈是非常关键的。主管人员在选择绩效面谈时间时通常要注意以下几个问题:

(1)选择主管人员和员工双方都有空闲的时间。如果在绩效面谈的时间又安排了其他事情,那么在绩效面谈时就很难集中注意力,难免要想到其他的事情。应该注意,这个时间一定要和员工一起商定而不要由主管人员单方面来决定,这样一方面可以表示出对员工的尊重,另一方面也可以确认员工在这段时间是否有其他的安排。另外,还应该计划好面谈将要花费多长时间,这样有利于双方把握面谈反馈的进度和安排好自己的其他工作。

(2)主管人员要选择一个自己以及员工都可以全身心投入到绩效面谈中去的时间。尽量不要选择接近下班的时间。因为,在接近下班的时候,员工常常归心似箭,很难集中精力与主管人员进行交流。应避免处在时间压力之下的绩效面谈。例如,主管人员马上要去参加总经理召集的会议,或者员工马上要赶去见客户。在这样的情况下,面谈往往会心不在焉,草率收场,许多想要说的话都没有来得及说,无法展开细致的讨论。

(3)选择主管人员和员工双方情绪都稳定的时间。不同的情绪感受会使个体对同一信息的解释截然不同。狂喜或抑郁,都可能阻碍有效的沟通。最好避免在情绪不好的时候进行绩效面谈。比如,一个员工刚刚在客户那里遭到刁难,一肚子委屈,经理在绩效面谈时又偏偏认为他在客户服务方面做得不够好,这时员工的自信心会受到很大的挫伤,情绪会比较低落,对经理的批评会存有较大的抵触情绪。

(4)避免安排得过于紧凑。有些主管人员往往是在人力资源部门催交绩效考核表的时候才安排员工面谈,可能是抽出半天时间,与部门中十几名员工进行走马灯般的面谈。这样安排存在的问题:一方面可能是与前面几名员工面谈的时候兴致还比较高,到了后面几名员工就会谈得越来越简单,许多鼓励员工的话也都省略不说了;另一方面的问题是很容易在员工之间进行对比,例如刚刚与一个表现优秀的员工谈过后,与一个表现一般的员工谈的时候就会感觉到这个员工表现很差。

**2. 选择适宜的面谈地点**

面谈地点的选择也很重要。最常见的面谈地点是主管者的办公室。办公室可以营造一种严肃、正式的感觉,但也经常会遇到各种各样的打扰,例如电话、来访的客人等。而且,办公室也会给人以明显的上下级的感觉,容易给员工造成层级的压力。例如,经理坐在一个很大的老板台后面一张高大的老板椅上,而员工坐在对面一张小小的椅子上,很容易让员工产生你高我低、你大我小的压抑的感觉,这样就很难进行平等开放的沟通。为此,有些主管人员选择一些小型的会议室,将环境布置得比较轻松、和谐,并且远离电话和来访的客人,喝喝茶,聊聊天,将绩效问题在双方愉快的气氛中解决掉,也不失为一种好方法。另外,选择类似咖啡厅这样的地方与员工进行面谈,也可以让员工感到比较放松,容易充分表达真实的感受,但成本可能比较高。

要想进行有效的面谈,除了选择最佳的场所外,场所的布置尤其是桌椅的摆放对面谈双方,尤其是下属员工的心理影响是不容忽视的。图 7-1 中的一系列简图表示的就是一些在办公室环境下常见的面谈距离和位置关系。这些不同的位置关系往往可以营造出不同的面谈氛围。

面谈中的座位位置通常有图 7-1 中的几种类型:

在绩效面谈中,如果采用图 7-1(A)这样的形式,主管人员与员工面对面而坐,双方距离较近,目光直视,容易给对方造成心理压力,使得员工感觉到自己好像是在法庭上接受审判,使其紧张不安,以致无法充分表达出自己的想法。在图 7-1(B)中,主管和员工斜对面而坐,这种距离和空间营造出的是一种理性的氛围,但其缺点是亲密感不够。在图 7-1(C)中,主管和员工并肩而坐,心理距离较近,也不易造成心理压力。但如果对那些不够开放的员工来说,这样近的距离反而会使他们感觉到不自在、有压力,而且也不利于观察对方的表情。在图 7-1(D)中,主管和员工呈一定的角度而坐,可以营造出和谐的感觉,缓和心理紧张。主管在进行面谈之前,可以根据实际需要,按照图 7-1(C)或(D)的样式来布置场所,但一定要

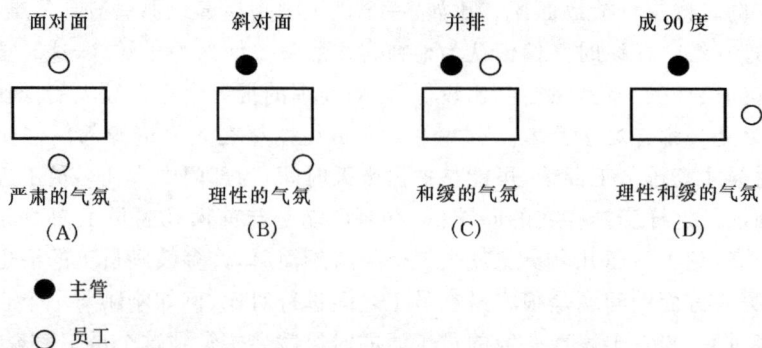

图 7 - 1　绩效面谈中的座位位置示意

避免图 7 - 1(A)的布置方法。

### 3. 熟悉员工的工作内容及绩效表现

在进行绩效面谈之前,主管人员必须准备好面谈所需的各种资料。这些资料包括对员工的绩效进行考核的表格、员工日常工作表现的记录等,并且把收集到的相关资料加以整理阅读。同时还应收集员工个人资料,包括教育背景、家庭环境、工作经历、性格特点、职务以及业绩情况等。必须针对员工的特性采用适当的面谈策略和技巧。

### 4. 计划好面谈的内容、程序和进度

面谈要进行哪些内容、先谈什么后谈什么、每一部分进行多长时间、面谈要达到何种目的、运用哪些技巧来促进双方沟通等,这些要点都应事先计划好,才能有备无患。

### 5. 对面谈中可能出现的问题进行预计和准备

这种准备是一种心理上的准备,也就是要充分估计到被考核的对象在面谈中可能表现出来的情绪和行为。要做好这种准备,就必须很好地了解被考核对象的个性特征,以及本次绩效考核结果对其可能产生的影响,被考核对象对本次绩效考核可能表现出来的态度等。尤其是要准备好一旦被考核对象与主管人员的意见出现不一致时,将要如何解释和对待。例如,有的员工可能在本次绩效考核中得到的考核比较低,这虽然是基于事实的客观考核,但可能与员工的自我考核有一定的差距,员工对考核结果的接受可能会有一定的困难。有些员工可能会过于敏感,情绪很不安和紧张。还有的员工可能会提出超出绩效考核本身范围之外的问题,例如职位的晋升、薪资的调整和奖金的发放比例等方面的问题,因此也需要准备好对于这些可能会遇到的问题的回答。

### 7.2.4　员工应做的准备

除了主管在绩效面谈前要进行充分准备外,员工也应有所准备,以便在面谈中能参与讨论,使面谈能达到双向沟通的目的。员工应该完成的准备工作主要有下列 4 项:

**1. 准备好相关的证明自己绩效的依据**

绩效面谈主要针对的是员工在上一个绩效考核周期中的表现。在面谈的过程中,主管往往会要求员工根据自己的实际情况陈述上一周期的工作情况。因此,员工应该充分地收集整理一些能够表明自己绩效状况的事实依据,对某些未按时完成的或做得不够好的工作,也应该说明理由。

**2. 准备好向主管提出的问题,解决自己工作过程中的疑惑和障碍**

绩效面谈是一个双向交流的过程,不但主管可以向员工问一些问题,员工也可以主动向主管提出一些自己所关心的问题。绩效面谈通常是一对一地进行交谈,因此员工不必担心谈话内容被第三者所得知,可以比较开放地进行沟通。员工可以准备一些与绩效管理有关的问题,以便在面谈中向主管提问。

**3. 准备好个人的发展计划,正视自己的优缺点和有待提高的能力**

绩效面谈注重现在的表现,更注重将来的发展。因此,主管除了想听到员工对个人过去绩效的总结和考核之外,也希望了解到员工个人的未来发展计划,特别是针对绩效中不足的方面如何进一步改进和提高的计划。员工要能够提出自己的发展目标和计划,而不是等待主管为自己制定发展计划,这样的做法本身就是一种能够得到主管赞赏的行为。

**4. 将自己的工作安排好**

由于绩效面谈可能要占用约一两个小时的时间,这段时间内员工无法在自己的工作岗位上,因此应事先安排好工作时间,在这段时间内避开一些重要的事情。如果有非常紧急的事情,应交代给同事,由同事帮助处理一下。工作交代妥当,才能在面谈中集中精神,并且保证面谈不被外界事物干扰,使面谈得以顺利进行。

总之,绩效面谈是主管人员和员工有计划、有准备进行的一项活动,只有在双方的共同努力下才能很好的完成这项工作。

## 7.3　绩效面谈的实施

### 7.3.1　绩效面谈的内容

做绩效考核一方面是为了肯定员工的成绩和优点,对员工的业绩给予实事求是的回报；另一方面，也是为了找出员工的差距和今后进一步发展的空间。通过业绩的考核，上司可以发现今后如何为员工的发展创造条件以及如何利用员工的优势为组织做出更大的贡献。绩效面谈的内容应围绕员工上一个绩效周期的工作开展，一般包括四个方面的内容：

### 1. 工作业绩

工作业绩的综合完成情况是主管进行绩效面谈时最为重要的内容。在面谈时应将考核结果及时反馈给下属，如果下属对绩效考核的结果有异议，则需要和下属一起回顾上一绩效周期的绩效计划和绩效标准，并详细地向下属介绍绩效考核的理由，通过对绩效结果的反馈，总结绩效达成的经验，找出绩效未能有效达成的原因，为以后更好地完成工作打下基础。

### 2. 行为表现

除了绩效结果以外，主管还应关注下属的行为表现，比如工作态度、工作能力等。主管对下属工作态度和工作能力的关注可以帮助下属更好地完善自己，并提高其技能，也有助于帮助下属进行职业生涯规划。

### 3. 改进措施

绩效管理的最终目的是改善绩效。在面谈过程中针对下属未能有效完成的绩效计划，主管应该和下属一起分析绩效不佳的原因，并设法帮助下属提出具体的绩效改进措施。

### 4. 新的目标

绩效面谈作为绩效管理流程中的最后环节，主管应在这个环节中根据上一绩效周期的绩效计划完成情况，结合下属新的工作任务，和下属一起提出下一绩效周期中的新的工作目标和工作标准，这实际上是帮助下属一起制定新的绩效计划。

需要强调的是，绩效面谈的重点应该放在诊断不良业绩上，因为这可能是阻碍员工发展、影响业绩提高的"瓶颈"，员工的能力欠缺、态度不端可能就存在于此。不良业绩诊断主要围绕表 7-1 所示的几个方面展开。

表 7-1　业绩诊断问题举例

| |
|---|
| • 什么是业绩差异？ |
| • 正在做的事与应该做的事之间的区别是什么？ |
| • 什么事情使工作进展得不令人满意？ |
| • 是技能不足吗？ |
| • 个人现在的技能能否满足所要取得业绩的需要？ |
| • 技能多长时间使用一次？ |

- 是否有对业绩的定期反馈？
- 有妨碍取得业绩的障碍吗？
- 个体是否知道工作预期是什么？
- 是否可以采取一些办法来减少干扰？哪种解决办法是最好的？
- 能否找出所有可能的解决办法？
- 是否每种办法着重解决绩效中发现的一个或几个问题（如技能不足、缺乏潜力、奖励不正确或精神不佳等）？

## 7.3.2　绩效面谈的过程

企业主管在绩效面谈之前应该做好三个方面的计划，即如何开始面谈、面谈顺序和内容、什么时候结束面谈以及如何结束面谈。具体步骤见表 7 - 2。

表 7 - 2　绩效面谈的过程

| 面谈步骤 | 面谈内容 |
| --- | --- |
| 第一步 | 营造一种积极、和谐的气氛 |
| 第二步 | 说明面谈的目的、步骤和时间 |
| 第三步 | 根据预先设定的绩效指标讨论员工的工作完成情况 |
| 第四步 | 与员工一起分析成功与失败的原因 |
| 第五步 | 讨论员工行为表现与组织价值观相符合的情况 |
| 第六步 | 讨论员工在工作能力上的强项、有待改进的方面以及可能的解决途径 |
| 第七步 | 讨论员工的发展计划 |
| 第八步 | 为员工下一绩效周期的工作设定目标和绩效指标 |
| 第九步 | 讨论员工需要的资源与帮助 |
| 第十步 | 双方签字认可 |

## 7.3.3　绩效面谈策略选择

面谈没有一个既定模式，因为在这个过程中，参与者是主管与员工，而不是工人与机器，每一个员工的绩效表现和性格都不一样，面谈主管应根据不同员工的特点采取不同的绩效面谈策略。

### 1. 优秀的员工

这类员工工作积极，业绩突出，与其进行绩效面谈往往是比较愉快的。他们是中层经理创造良好团队业绩的主力军，是最需要维护和保留的。面谈策略应是主管在了解公司激励政策的前提下予以奖励，并提出更高的目标和要求。

### 2. 绩效好、态度差的员工

这部分员工的不足之处在于工作忽冷忽热，态度时好时坏。其原因多缘于两方面：一种是性格使然，喜欢用批判的眼光看待周围事物，人虽然很聪明，但老是带着情绪工作；第二种是沟通不畅所致。对此下属，切忌两种倾向：一是放纵（工作离不开这类人，工作态度不好就不好，只要干出成绩就行）；二是管死（光业绩好有什么用，这种人给自己添的麻烦比做的事多，非要治治不可）。对于这样的员工，一是通过良好的沟通建立信任，了解原因，改善其工作态度；二是通过日常工作中的辅导，改善工作态度，不要将问题都留到下一次绩效面谈。

### 3. 一直无明显进步的员工

有的员工业绩总是徘徊不前，没有什么明显的进步，这种现象主要有三种原因：一是员工现在的职务不适合他，限制了他的发展；二是员工安于现状，不思进取；三是工作的方法不对。考核者要根据实际情况，开诚布公地与他们进行交流，查明他们没有进步到底是由于什么样的原因造成的，然后对症下药。对于第一种情况，考核者应跟他讨论是不是现职不太适合他，要不要换个岗位，并帮助员工分析什么样的职位适合他；对于第二种情况，考核者应该委婉提醒他"不进则退"的道理，同时也应肯定他之前的工作，再度激发他的热情；如果是员工的工作方法不对，那么就可以帮助他一起分析在哪些方面可以改进，制定明确的、严格的绩效改进计划是绩效面谈的重点。总之，主管人员既要让员工看到自己的不足，又要切实为员工着想，帮助员工找到有效的改进方法。

### 4. 绩效差的员工

跟那些绩效差的员工进行绩效面谈是一件比较令人头疼的事情，但主管人员却又不得不去面对。有的绩效差的员工可能会比较自卑，认为自己一无是处，破罐子破摔；有的绩效差的员工可能并不认为自己绩效差，这样绩效面谈中就容易与主管人员有意见的冲突。所以，主管人员跟那些绩效差的员工进行绩效面谈尤其要注意面谈技巧，要意识到造成员工绩效差的原因有多种，例如工作态度不良、积极性不足、缺乏培训、工作条件恶劣等。对此，考核者必须具体分析，找出真正的病因并采取相应措施，切忌不问青红皂白，就认定准是这位员工的过错。这样不仅会挫伤员工积极性，也使主管意识不到自己内部问题的存在，从而丧失改进发展的良机。

**5. 年龄大、工龄长的员工**

对这种下级一定要特别慎重。他们看到比自己资历浅的年轻人后来居上,自尊心会受到伤害,或者是对自己未来的出路感到焦虑。因此,对待这些年龄大、工龄长的员工一定要尊重他们。首先要肯定他们过去为组织做出的贡献,并且对他们表示亲切的关怀,但也一定要让他们知道,过去的成绩是不能被抹杀掉的,但也不能代表现在或将来的成绩。绩效考核是对一定时间范围内的成绩的考核,而且是有客观依据的,因此也应该让他们接受现实的差距。

**6. 过分雄心勃勃的员工**

有雄心是优良品质,但过分则不好。他们会急于希望被提升和奖励,尽管他们此时还没到达这种水平。因此,对于这样的员工,要用事实向他们表明一些现在的差距,但不能对他们一味地泼冷水,要与他们讨论未来发展计划的可能性,帮助他们制定现实的计划。

**7. 沉默内向的员工**

这种人就是不爱开口,在绩效面谈的过程中,除非主管人员问到他们一些问题时他才做出回答,否则的话,他不会主动表达自己的观点。他们在与主管交流时可能会局促不安,紧张而手足无措;也有可能表现的沉静、冷漠、矜持。对他们只有耐心启发,采用提出非训导性的问题或征询意见的方式,促使其做出反应,也可找出他比较感兴趣的话题,激发他们谈话的兴趣,再慢慢转到正题。

**8. 发火的员工**

有时,在绩效面谈的过程中,员工的意见与主管人员的意见发生冲突,员工可能会由于强烈的不同意见或不满意而发火。在这种情况下,主管人员要耐心听他讲完,尽量不要马上跟他争辩或反驳。从他发泄出来的话可以听出他气愤的原因,然后再与他共同分析,冷静地、建设性地找出解决问题的办法。

### 7.3.4 主管人员绩效面谈中应注意的问题

主管人员在与员工的绩效面谈中起到主导的作用,主管人员的表现直接影响到绩效面谈的效果以及整个绩效管理体系实施的效果。因此,在绩效面谈中,主管人员应该注意下列问题:

**1. 建立和维护彼此的信任**

组织里职位呈阶梯结构,员工与主管之间存在着等级差别。要想进行一次成功的面谈,必须从多方面消除这种不平等,解除员工的防御心理,建立一种彼此信任的、轻松自如的谈话氛围,表 7-3 比较了信任和缺乏信任两种不同情况的面谈气氛。如何营造彼此信任的气氛？除了选择一个最佳的谈话场所和时间外，主管的言行举止都会影响到员工的情绪。所以，一个优秀的主管往往会选择与员工成一定角度或并肩而坐的交谈方式，并尽量模糊与员工之间的等级差异。主管可以通过说话方式、语调、肢体动作等让员工感受到他的真诚，使员工能够无拘无束地发表自己的意见，必要时来一杯咖啡或是红茶，将有助于缓和情绪，制造良好的气氛，使双方沟通顺畅。绩效面谈是主管人员与员工双方的沟通过程，沟通要想顺利的进行，要想达到理解和共识的目的，就必须要有一种彼此信任的氛围。此外，在正式面谈开始之前，花几分钟做应酬似的交谈，以消除员工的紧张情绪，也是十分必要的。

总之，在面谈中，主管对员工要像对一个多年的老朋友或老同事那样亲切自然，而不能像是一个裁判对待犯规的球员那样高高在上。

表 7 - 3　　信任和缺乏信任两种不同面谈气氛的比较

| 信任的面谈气氛 | 缺乏信任的面谈气氛 |
| --- | --- |
| • 自在、轻松 | • 紧张、恐惧、急躁 |
| • 舒适 | • 不舒适 |
| • 友善、温馨 | • 冷漠、敌意 |
| • 敢于自由开放地说话 | • 不敢开放地说话 |
| • 信任 | • 挑战、辩解 |
| • 倾听 | • 插嘴或打断 |
| • 理解 | • 不理解 |
| • 开放的胸怀 | • 狭隘的胸怀 |
| • 乐于接受别人的批评 | • 怨恨别人的批评 |
| • 不同意时不攻击别人 | • 不同意时争辩或侮辱对方 |

### 2. 清楚地说明面谈的目的

如果想要使面谈双方取得良好的面谈效果，就必须有一致的面谈目的。如果面谈双方对面谈的目的还没有形成一致的意见，各自怀着不同的目的，那么可以想像的出，面谈就不会朝着一致的方向进行。因此，主管人员在面谈开始时一定要清楚地说明面谈的目的，可以选择使用较积极的字眼，例如，"今天面谈的目的是希望大家能一起讨论一下你的工作成效，并希望彼此能有一致的看法，肯定你的优点，也找出有待改进的地方。紧接着我们要谈谈你的未来及如何合作而达到目标。"并且在面谈的过程中，当一方表达的方向偏离了这个面谈目的时，另一方就可以重申这一面谈的目的,将对方拉回到正确的轨道上来。

### 3. 双向沟通

绩效面谈是一种双向沟通的过程,绝不能变成主管单方面的训导,这是每一个主管人员都应该牢记的一条原则。在平时工作的时候,可能主管人员对下属发出指令的时候比较多,而下属人员可能没有太多的机会表达自己的观点,发号施令的主管很难实现从上司到"帮助者"、"伙伴"的角色转换。但主管人员一定要借助绩效面谈的机会让下属人员把自己真实的想法说出来,才能有效地了解下属的问题和期望。

因此,面谈中要注意鼓励员工说话,主管常犯的最大的错误是他们总在不停地说。当涉及到职工工作中的问题时,主管要认真倾听员工解释。这里所说的倾听,是要"真正地去听",而不只是保持缄默,这是一个动态的过程,也是一个互动的过程。对于那些沉默内向的员工,可能往往心里有话但是不会或不愿意表达,这时主管要通过巧妙地提问暗示,使其能系统地表达自己的看法;遇到那些滔滔不绝、旁征博引的外向型员工,主管要及时将谈话引回正题。一个优秀的主管要擅长发掘对方的想法以及他的感受。所以,主管人员必须提高自己倾听的能力,掌握倾听的技巧。因为倾听表示了对员工的尊重和爱护,有助于获得员工的信任和好感。

### 4. 适当做记录

有的主管人员在面谈时不做记录,当他已经与七八名下属人员进行面谈后,如果问他"您与第一名员工谈了些什么",可能有的主管人员早已忘记了;或者过了一段时间之后,你再想知道当初绩效面谈时谈了些什么,可能已经回忆不起来了。人们依靠自己的大脑记住的信息往往是有限的,因此应该借助一些其他的记录手段。

### 5. 避免对立和冲突

由于在面谈的过程中双方可能会有不同的见解,因此出现争论的场面也是不可避免的。作为主管人员应该尽量避免激烈的对立和冲突的出现。在有的情况下,当出现不同意见时,主管人员往往习惯于用领导的权威对下属进行压制,这样做难以得到双赢的结果,反而更加剧了主管人员与员工之间的对立和不信任。正确的做法是,主管人员应就存在不同见解的问题向员工解释清楚原则和事实,争取员工的理解,同时也多站在员工的角度,设身处地地为员工着想,对自己错误的观点要勇于当着员工的面承认。承认自己的不对不但是不丢面子,反而会赢得员工的信任。只有这样做才能达到双赢的结果。

### 6. 记住面谈的重点和目的

在面谈过程中,始终要牢记面谈的重点和目的,围绕重点和目的进行面谈。面谈内容以绩效、激励为主,对于过去发生过错误的下属,最主要的是让他放开心理负担,全身心投入到今后的工作中去,并提醒他注意汲取教训,不要再发生类似错误,并对他下一阶段的工作给以指导意见。面谈时,如果下属提出好的看法或意见,应立即给以肯定和赞扬,激发他的谈话兴趣;当下属提出不足时,要给予指导意见。为了确保面谈能促进工作绩效的改善,必须制定工作改善目标计划,还要与被考核者一起解决工作中所遇到的问题,与他们一起确定可以衡量的绩效目标以及达到目标的时间表,以此激发他们工作积极性。

**7. 优点和缺点并重**

主管人员常常认为已经了解了被考核者的才能,因此,整个绩效面谈的目的就是为了告诉员工他们的问题和不足。这样的主管人员在绩效面谈中从不讨论员工已经取得的任何成绩,而是认为这些都是一目了然的事情。其实,这是不正确的。员工的优点和缺点都是在绩效面谈中应该找出来的,不能只重视其中的一个方面而忽视另一方面。而且不能由于一个员工绩效很好、优点很多就可以掩盖他的缺点,也不能由于一个员工有比较明显的缺点就抹杀他的优点。

**8. 以积极的方式结束面谈**

能留下愉快回忆的面谈是十分成功的面谈。为此,除了在面谈中要让员工畅所欲言、一吐为快以外,在面谈结束时,主管要尽量采取积极的、令人振奋的结束方式,让员工在离开时满怀积极的意念,而不是想着消极的一面心怀不满。在结束时,主管可以握着员工的手,或拍拍员工的肩,语气和蔼而诚恳地说:"辛苦了,回去工作吧。"或"小李,感谢你积极的态度,相信通过这次谈话,我们能互相帮助,在未来的工作中取得更好的成绩。"如此这般,可以收到极佳的效果。

值得说明的是,在很多情况下,绩效面谈的目的并没有完全达到,也应该停止面谈。例如,双方的信任关系出现裂痕;下班的时间到了;员工已经面带倦容,注意力不能集中了;出现意外的急事打断;对某个问题有分歧等等。在这种情况下,一般应另约一个时间进行面谈。

## 7.3.5　绩效面谈效果的衡量

面谈结束后,必须对面谈效果加以考核,作为将来改进面谈的依据。面谈效果考核应集中回答这样一些问题:

- 此次面谈是否达到了预期目的?
- 下次面谈应怎样改进面谈方式?
- 有哪些遗漏须加以补充?哪些讨论显得多余?
- 此次面谈对被考核者改进工作有何帮助?
- 面谈中被考核者充分发言了吗?

- 在此次面谈中自己学到了哪些面谈技巧？
- 自己对此次面谈结果是否满足？面谈结果是否增进了双方的理解？
- 此次面谈的总体考核如何？

对于得到肯定回答的问题，下一次面谈中就应该坚持；对于得到否定回答的问题，下一次面谈就必须加以改进。

# 7.4　绩效面谈的失误与技巧

## 7.4.1　绩效面谈中常见的失误

主管在与员工面谈时，由于自身的偏见、面谈技巧不足等可能会使面谈达不到预期的效果，或者使面谈效果适得其反。在实际工作中，较为常见的绩效面谈失误有以下几种：

### 1. 偏见与先入为主

面谈虽然依据绩效考核结果进行，但有的主管仍然容易带有错误的预备知识或先入为主的观念，甚至持有个人偏见。错误的预备知识，有时会比没有预备知识而进行面谈产生更为糟糕的结果。先拥有客观的预备知识，然后心态上又要以白纸的状态来主持面谈，这虽然极不易做到，但它却是面谈主持者所应注意的重要项目之一。这是一种由于晕轮效应产生的最大谬误，应予以特别注意并尽量避免。

**阅读资料 7-2**

从前有一个人遗失了一把斧头，他怀疑被隔壁的小孩偷走了。于是，他就暗中观察小孩的行动，不论是言语与动作，或是神态与举止，怎么看，都觉得小孩是像偷斧头的人。由于没有证据，所以也就没有办法揭发。隔了几天，他在后山找到了遗失的斧头，原来是自己弄丢了。从此之后，他再去观察隔壁的小孩，再怎么看也不像是会偷斧头的人。

### 2. 不适当的问话

对于面谈中发问的技巧，尽管主管人员事前已有妥善的准备，但到了面谈的现场还是会难免有错。例如，发问的内容不充分、诱导发问、同时问两件以上的事、提出无法回答的问题等，诸如此类的错误发问，既无法得到正确的答案，也无法掌握事实或对方真正的心思。

**3. 了解的信息不足或误解**

主管在主持绩效面谈时常会发生对员工所说的话不能够十分了解,或忽视、省略、夸大解释等情况。这是由于主管的能力不足、错误的预备知识或偏见等因素所造成的。为了避免发生这种误差,主管在主持绩效面谈的过程中应将对方的谈话加以归纳、反馈、质疑后再确定,以求真正的了解。

**4. 期待预定效果**

主管在个别的谈话或发问当中,如果事先在心中存有强烈的预期心理,期待对方大概会这样回答,某个情况一定会那样发展等,则会在不知不觉中把员工所言的内容曲解,而朝自己所期待的方向去引导。此时员工所说的话,对主管而言,都会错以为是自己所描绘的"设计图"的一部分。这也是要特别注意的误差。

**5. 局部夸大**

局部夸大是指过分重视谈话的某一个细节,以致迷失了全体的重心,结果连细节也弄错了,即所谓"瞎子摸象"、以偏概全的错误。

**6. 以自我为中心和感情化的态度**

当主管太过沉溺于自我感情或自我中心的想法,就会失去面谈的公正性。人一旦感情化,则连基本事实都不能把握,更无法去了解对方的心情如何了。甚至也有主管对持不同意见的员工挑起辩论的极端情况。像这种做法,在指导启发向上型的面谈中,其面谈效果不但等于零,而且还可能产生副作用。

**7. 以对方为中心及同情的态度**

过度顾虑对方的立场,以同情的态度给予过多的建议的情形,反而会使对方产生厌烦的感觉。在员工的表达能力不足,没有办法将自己想说的事情充分表达出来时,应该适当地给予帮助,例如摘要和确认等。不过也应适可而止,过度就不好了。像"总之,你的意思是……是不是这样……"这一类的帮腔,若是变成诱导对方讲出主管自己所期待的结果就不妥当了。

上面所述主管容易陷入的错误,反过来说,也容易成为员工的共同错误。例如,主管的发问不恰当,则员工也容易被误导,导致搞错问题或误认事实、产生错觉,甚至仅凭想象给予应答等错误。所以,为了在绩效面谈中扮演好一个称职的面谈指导者角色,主管应该对绩效面谈的误差予以足够的重视并努力避免。

## 7.4.2　绩效面谈的技巧

绩效面谈是一种艺术,如果面谈主管能够充分把握面谈的技巧,通过与下属的双向沟通,就能让下属的工作表现得更加积极,组织也会因此受益无穷。

**1. 积极倾听技巧**

**阅读资料** 7-3

　　　美国知名主持人林克莱特一天访问一名小朋友,问他说:"你长大后想要当什么呀?"小朋友天真地回答:"嗯……我要当飞机的驾驶员!"林克莱特接着问:"如果有一天,你的飞机飞到太平洋上空时所有引擎都熄火了,你会怎么办?"小朋友想了想:"我会先告诉坐在飞机上的人系好安全带,然后我挂上我的降落伞跳出去。"当在现场的观众笑的东倒西歪时,林克莱特继续注视着这孩子,想看他是不是自作聪明的家伙。没想到,接着孩子的两行热泪夺眶而出,这才使林克莱特发觉这孩子的悲悯之情远非笔墨所能形容。于是林克莱特问他:"为什么要这么做?"小孩的答案透露出一个孩子真挚的想法:"我要去拿燃料,我还要回来!!"

　　　你听到别人说话时,你真的听懂他说的意思了吗? 你懂吗? 如果不懂,就请听别人说完吧,这就是"听的艺术"。

　　绩效面谈是主管人员与员工的双向沟通过程。然而有的情况下,绩效面谈却不太注重双向沟通,变成了主管人员对员工的训话。事实上。主管人员通过绩效面谈应该是想要更多地了解来自员工的信息。因此,在绩效面谈中,主管人员一定要给员工讲话的机会,让员工多表达自己的观点。这样,在沟通的过程中就要求具有很好的倾听技巧。

　　(1)倾听中的误差。作为一名有效的听众应具备"听"的能力常常被认为是理所当然的。我们常常把听到的内容和倾听混为一谈。听主要是对声波振动的获得;倾听,则是弄懂所听到的内容的意义,它要求对声音刺激给予注意、解释和记忆。有很多因素会妨碍我们对所听到的内容的理解,以下列出了影响听的效果的九大因素:

　　①身体本身不适。太热、过冷、疲倦或者头痛,都会影响一个人听的能力和他对说话者的注意程度。

　　②扰乱。电话铃声、打字声、电扇转动的声音等其他一切来自物质环境的声音可能会干扰沟通过程。

　　③心中另有他事。惦记着其他的会议、文件或报告都会阻碍听力。

④事先已有问题的答案。对别人提出的问题自己已经形成了答案或者总是试图快点止住别人所要提的问题。这些都会影响你专注地去听。

⑤厌倦。对某人有厌倦感,因此在他有机会说话之前你已经决定不去听他说了些什么。

⑥总想着自己。心中总是充斥着自己,则必然会破坏沟通。

⑦个人对照。总是认为别人在谈论自己,即使在并非如此的时候也这么认为。

⑧对他人的情感倾向。对某人的好恶会分散人的听力。

⑨选择性的倾听。心理学家的研究发现,人的认知系统当中存在类似过滤器的机制,在信息加工时会选择一些信息,而把另外一些信息过滤掉。人们会有选择地听取信息,常常是选择那些自己关心的信息或者与自己观点一致的信息。由于听取的信息不全面,常常会影响对信息内容的准确理解。

正是由于以上诸多原因,我们有时会对别人的语义发生错误的理解,有时人们常常会由于相互之间不能正确理解对方的语义而导致人际矛盾。例如,有这样的一个故事:老张请了四个朋友老赵、老钱、老孙和老李到家里来吃饭,老赵、老钱和老孙都来了,惟独老李没有来。老张就自言自语地说:"怎么该来的没有来?"老赵听了这句话,心里想:"该来的没有来,那么我是不该来的了。"于是就走了。老张看到老赵走了,又在嘴里犯嘀咕:"哎,这不该走的怎么倒走了?"老钱听了这话,心里想:"他是不该走的,那我一定是该走的了。"于是,老钱也走了。老张追悔莫及,说道:"其实,我不是在说他们嘛。"老孙听了这话,心里想:"不是在说他们,那一定是在说我了。于是,老孙也走了。"你看,就是由于对语言发生了错误的理解,搞得朋友们不欢而散了。

这样的例子举不胜举,在生活中,我们每个人都会不自觉地犯倾听的错误。那么怎样才是对说话者的说话内容做出的正确反应呢? 怎样的倾听才是正确的倾听呢?

(2)主动倾听与被动倾听。有效的倾听是积极主动的而非被动的。在被动倾听时,你如同一台录音机一样接收传给你的信息,只有当说话者提供的信息清楚明了、生动有趣而吸引你的注意力时,你才可能接受说话者传递的绝大部分信息。而积极的倾听则要求你得投入,使你能够站在说话者的角度上理解信息。因此,积极的倾听是一项辛苦的劳动。你需要精力集中,需要彻底理解说话者所说的内容,运用积极倾听技术听课的学生,一堂50分钟的课下来,会和老师一样疲惫,因为他们在倾听时所投入的精力与老师讲课时投入的精力一样多。

积极的倾听有四项基本要求:①专注;②移情;③接受;④对完整性负责的意愿。

人的大脑容量能够接受的说话速度,是一般人说话速度的6倍,这使得倾听时大脑有相当多的时间闲置未用。积极的倾听者精力非常集中地听说话人所说的内容,并关闭了其他成百上千混杂在一起、容易分散注意力的念头(如金钱、性别、职业、聚会、朋友、待修的轿车等)。那么,在大脑的空闲时间里积极的倾听者干什么呢? 概括和综合所听到的信息,不断地把每一个细微的新信息纳入到先前的框架中。移情要求你把自己置身于说话者的位置上。你应努力去理解说话者想表达的含义而不是你想理解的意思。注意移情要求说话者的知识水平和你的灵活性两项因素。你需要暂停自己的想法与感觉,而从说话者的角度调整自己的所观所感,这样可以进一步保证你对所听到的信息的解释符合说话者的本意。

积极的倾听表现为接受,即客观地倾听内容而不作判断。这不是件容易的事。说话者所说的话常常导致了我们的分心,尤其当我们对其内容存有不同看法时,这是很自然的。当我们听到自己不同意的观点时,会在心里阐述自己的观点并反驳他人所言。显然,这样做时我们会漏掉余下的信息。积极倾听者的挑战就是接受他人所言,而把自己的判断推迟到说话的人说完之后。

积极倾听的最后一项要素是对完整性负责。也就是说听者要千方百计地从沟通中获得说话者所要表达的信息。达到这一目标最常用的方法是,在倾听内容的同时倾听情感以及通过提问来确保理解的正确性。

(3)开发有效的积极倾听技能。倾听是一门可以通过训练掌握的技巧。很多人认为听是一种被动的行为。他们很可能会感到烦闷,如果他们不参与谈话还可能会感到无精打采。善听则不是消极的行为,它是积极的行为。听者对于交谈的投入绝不亚于说话者。人们不真正去听的原因是如果他们这样做了,他们就不得不受外界新信息的影响,他们必须面对别人的看法。在这些新知识和新感悟的基础上,他们就必须改变他们自己的观点和已经形成的看法。而对很多人而言,他们是不愿意改变他们习惯的思维方式的。他们认为回到自己驾轻就熟的东西上总比去实验新的东西要安全稳当得多。但是,我们如果不竭力去听懂他人,是不可能进步的,也不可能成为这些人的优秀领导者。

综观积极倾听的文献,我们发现有效的倾听者表现出八种具体行为。在阅读这些行为时,考察一下你自己的倾听实践在多大程度上与此一致。如果你至今尚未使用这些技术,那么从现在开始改进最好不过了。

①使用目光接触。当你在说话时对方却不看你,你的感觉如何? 大多数人将其解释为冷漠和不感兴趣。"你用耳朵倾听,他人却通过观察你的眼睛判断你是否在倾听。"这实在有点滑稽。与说话的人进行目光接触可以使你集中精力,减少分心的可能性,并能鼓励说话的人。

②展现赞许性的点头和恰当的面部表情。有效的倾听者会对所听到的信息表现出兴趣,如何表示? 通过非言语信号。赞许性的点头、恰当的面部表情与积极的

目光接触相配合,向说话人表明你在认真聆听。

③避免分心的举动或手势。倾听者表现出感兴趣的另一做法是避免那些表明思想走神的举动。在倾听时,注意不要进行下面的活动:看表、心不在焉地翻阅文件、拿着笔乱写乱划等。这会使说话者感受到你很厌烦或不感兴趣。另外,这也表明你并未集中精力因而很可能会遗漏一些说话者想传递的信息。

④提问。批判性的倾听者会分析自己所听到的内容,并提出问题。这一行为提供了清晰度,保证了理解,并使说话者知道你在倾听。

⑤复述。复述指用自己的话重述说话者所说的内容。有效的倾听者常常使用的语句:"我听你说的是……"或"你是否是这个意思?"为什么要重述已经说过的话呢? 有两个原因:一是核查你是否认真倾听的最佳监控手段。如果你的思想在走神或在思考你接下来要说的内容,你肯定不能精确复述出完整的内容。二是精确性的控制机制。用自己的语言复述说话者所说的内容并将其反馈给说话的人,可以检验自己理解的准确性。

⑥避免中间打断说话者。在倾听者作出反应之前先让说话者讲完自己的想法。在说话者说时不要去猜测他的想法,当他说完时你就会知道了。

⑦不要多说。大多数人乐于畅谈自己的想法而不是聆听他人所说。很多人之所以倾听仅仅是因为这是能让别人听自己说话的必要付出。尽管说可能更有乐趣,而沉默使人不舒服,但我们不可能同时做到听和说。一个好听众知道这个道理并且不会多说。

⑧听者与说者的角色顺利转换。对于在报告厅里听讲的学生,可能比较容易在头脑中形成一个有效的倾听结构。为什么呢? 因为此时的沟通完全是单向的,老师在说而学生在听。但老师—学生这样的双向固定角色并不典型。大多数工作情境中,听者与说者的角色在不断转换。有效的倾听者能够使说者到听者,以及听者再回到说者的角色转换十分流畅。从倾听的角度而言,这意味着全神贯注于说者所表达的内容,即使有机会也不去想自己接下来要说的话。

**2. 表达的技巧**

在绩效面谈中,除了要善于倾听之外,还要善于运用各种表达的技巧。

(1)使用开放性的问题。在绩效面谈中,主管人员应该多给员工一些表达的机会,那么主管人员就不应该问那些用"是"、"不是"就可以回答的问题,而是应该尽量问一些开放性的问题。通过开放性的问题,可以得到员工真正的观点或对事实的表述。

常用的开放性问题有:

"你觉得……怎么样?"

"你认为……如何?"

使用开放性问题的优点是：

①表示对对方的兴趣。当别人对我们所想的问题或我们所了解的某些事情感兴趣时,我们会感到很得意。通过使用开放性的问题,也是让下属感觉到上级对自己以及对自己的某些观点是感兴趣的,这样容易拉近上下级之间的关系,更容易从员工那里获得比较多的信息。

②这样的提问能调动对方的主动性,使对方感到很舒服。被提问者得到了一个主动表达的机会,这些开放性的问题使他处在一个主动的地位上。

③使员工排除戒备心理,让主管人员了解到更多的有关员工个人的情况,可以发现问题所在,以便制定出更有针对性的计划。

(2)适当地做出反应。在仔细倾听对方的发言之后,以重现或是用自己的语言来表达,对讲话者做出回应,这也是比较好的一种沟通技巧。为了能够准确地反应他人的感觉,就必须要真正地倾听,而不要只考虑自己打算说什么。在很多情况下,做出适当的反应是非常必要的,因为:

①通过适当的反应,可以展现出你已经明白了别人所说的话。如果你的反应是正确的,别人会更有兴趣说下去;如果你的反应是不正确的,那么他人就会对你进行纠正,这样反复下去,最终会创造出相互了解和理解的结果。

②通过双方相互对对方做出反应,谈话会越来越能找到共同的感觉,在共同的感觉基础上趋向于创造出达成协议的气氛。

③有效的反应可以使人抓住主要的观点,以便进行一个有逻辑的交谈。

④反应可以推动他人进一步表达自己的观点或者澄清一些问题。

⑤反应是避免争议的好办法。因为他能使你在不拒绝或不接受他人意见的情况下做出反应。

(3)学会问问题。在交流中提问是非常重要的一种获取信息的手段。通过有效地提问,可以让对方更好的在你所关心的某一方面拓展或进一步解释。在绩效面谈中,当主管人员听到员工表明对事物的看法时,可以直接提问以获取进一步的信息。

常用的提问方式有:

"你觉得你在⋯⋯方面做得很好,那么你能具体讲讲你觉得好在哪里吗?"

"你说你希望⋯⋯,那么具体我们能做些什么呢?"

"你觉得他们这样做不合理,那么你觉得应该怎么做呢?"

直接对员工提问具有以下优点:

①使主管人员得到关于员工的工作和思想状况的更多的信息,而这些信息对主管人员都是非常重要的。

②给员工以信任的机会,使得员工能够更加开放地表达自己,有利于最终达成

共识。

③建立员工与主管人员之间良好的关系,使得沟通有和谐的氛围。

**3. 非语言沟通**

在绩效面谈中,除了传递语言信息,同时也在传递非语言信息。面谈双方往往需要通过非语言信息传递各自的想法。有学者在著作中列举了一些常见体态语的基本含义。需要注意的是,当脱离了具体的沟通环境时,这些体态语往往是空洞的、没有意义的。为了真正理解体态语所表达的内容,必须结合沟通发生的具体环境、双方的关系和沟通的内容等进行综合判断。了解一些常见体态语的含义,能够帮助我们更敏锐地观察和理解面谈对象的想法,并从中学会更好地控制自己的行为,从好的方向影响面谈的进程。下面是一些体态语的基本含义:

- 说话时捂上嘴:说话没把握或撒谎。
- 摇晃一只脚:厌烦。
- 把铅笔等物放到嘴里:需要更多的信息,焦虑。
- 没有眼神的沟通:试图隐瞒什么。
- 脚置于朝着门的方向:准备离开。
- 擦鼻子:反对别人所说的话。
- 揉眼睛或捏耳朵:疑惑。
- 触摸耳朵:准备打断别人。
- 触摸喉部:需要加以重申。
- 紧握双手:焦虑。
- 握紧拳头:意志坚决、愤怒。
- 手指头指着别人:谴责、惩戒。
- 坐在椅子的边侧:随时准备行动。
- 坐在椅子上往上移:以示赞同。
- 双臂交叉置于胸前:不乐意。
- 衬衣纽扣松开,手臂和小腿均不交叉:开放。
- 小腿在椅子上晃动:不在乎。
- 背着身坐在椅子上:支配性。
- 背着双手:优越感。
- 脚踝交叉:收回。
- 搓手:有所期待。
- 手指扣击皮带或裤子:一切在握。
- 无意识的清嗓子:担心、忧虑。
- 有意识的清嗓子:轻责、训诫。

- 双手紧合指向天花板:充满信心和骄傲。
- 一只手在上,另一只手在下,置于大腿前部:十分自信。
- 坐时翘二郎腿:舒适、无所虑。
- 一个人有太多如下的体态语时可被认为是在撒谎:眨眼过于频繁、说话时掩嘴、用舌头润湿嘴唇、清嗓子、不停地做吞咽动作、冒虚汗和频繁地耸肩。

需要记住的重要一点是,非语言信息常常是人们在无意的状态下表现出来,或无意识地接受并做出反应的。因此,当语言信息和非语言信息不一致时,人们则更倾向于相信非语言反映出来的信息。比如,如果销售人员被训练得看起来礼貌待客,但可能身体语言流露出了他内心里并不喜欢他的工作,也不喜欢与客户打交道,那么礼貌待客就失去了意义。学习体态语的可能含义,能够帮助我们从一些无意识的非语言信息组合的行为中有意识的获取信息。而这些非语言信息的组合使我们能够对这些行为做出分析判断,从而更好地把握沟通对象的真正意图。

# 7.5 绩效改进

绩效改进是绩效管理过程中的一个重要环节。传统绩效考核的目的是通过对员工的工作业绩进行考核,将考核结果作为确定员工薪酬、奖惩、晋升或降级的标准。而现代绩效管理的目的不限如此,员工能力的不断提高以及绩效的持续改进才是其根本目的。所以,绩效改进工作的成功与否,是绩效管理过程能否发挥效用的关键。

## 7.5.1 绩效改进的指导思想

要做好绩效改进工作,首先必须明确它的指导思想,绩效改进的指导思想主要体现在以下几点:

(1)绩效改进是绩效考核的后续工作,所以绩效改进的出发点是对员工现实工作的考核,不能将这两个环节的工作割裂开来考虑。由于绩效考核强调的是人与标准比,而非人与人比,因此,绩效改进的需求,应当是在与标准比较的基础上确定的。

绩效标准的确定应该是客观的,而不是主观任意的,只有找到标准绩效与实际绩效之间的差距(而非员工与员工之间绩效的差距),才能明确绩效改进的需求。通过员工之间比较进行的考核,只能恶化员工之间的关系,增加员工对绩效考核的抵触情绪;而通过人与标准比较进行的考核,由于有了客观评判的标准,员工从心理上更能接受绩效管理,因为他们明白绩效管理的目的确实是为了改进他们的绩效。

(2)绩效改进必须自然地融入部门日常管理工作之中,才有其存在价值。绩效改进不是主管人员的附加工作,不是组织在特殊情况下追加给主管人员的特殊任务,它应该成为主管人员日常工作的一部分,主管人员不应该把它当成一种负担,而应该把它看做是一项日常的管理任务来对待。当然,这种自然融入的达成,一方面有赖于优秀的企业文化对主管人员和员工的理念灌输,使他们真正认可绩效改进的意义和价值,另一方面有赖于部门内双向沟通的制度化、规范化,这是做好绩效改进工作的制度基础。

(3)帮助下属改进绩效、提升能力与完成管理任务一样,都是主管人员义不容辞的责任。主管人员不应该以"没有时间和精力"、"绩效改进效果不明显"等各种理由来加以推脱。

对绩效管理的一个普遍的误解是,主管人员常常认为它是"事后"讨论,其目的仅仅是抓住那些犯过的错误和绩效低下的问题。这实际上不是绩效管理的核心。绩效管理并不是以反光镜的形式来找员工的不足,它是为了防止问题发生,找出通向成功的障碍,从而提高下属的业绩和能力,以免日后付出更大的代价。所以,主管人员应该勇于承担绩效改进的责任。

## 7.5.2　绩效改进计划

绩效改进计划就是采取一系列具体行为改进员工的绩效,包括做什么、谁来做、何时做。一个行之有效的绩效改进计划应符合下列几个要求:

### 1. 切合实际

为了使绩效改进计划确实能够执行,在制定绩效改进计划的时候要本着三条原则:容易改进的优先列入计划,不易改进的列入长期计划,不急于改进的暂时不列入计划。也就是说,容易改进的先改,不易改进的后改,循序渐进,由易到难,以免使员工产生抵制心理。

### 2. 计划要有时间性

计划的拟订与实施必须要有时间的约束,可以制定一个具体的时间表,注明每一阶段要改进哪一项绩效。有了时间表,员工行为就有了时间对照标准,也避免计划流于形式。

### 3. 计划内容要具体

什么时候应该做什么事必须说清楚,具体、看得见、摸得着、抓得住才行。切不可提一些空泛的目标。比如"争取在两年内,使我们公司产品质量有一定的提高"这样的目标就太过于抽象,员工不清楚"有一定的提高"是个什么概念。如果把这个目标改为"争取在两年内,使我公司平均废次品率由原来的35%下降到8%。"这样的目标具体可操作,员工才有一个指导方向。目标也不能不切实际地拔高。比如上例中,如果目标改为:"争取在两年内,使我公司废次品率由原来的35%下降为0。"这显然是不可能的,员工对这样的目标自然也提不起热情,因为谁也不会对不可能发生的事情感兴趣。

**4. 计划要获得认同**

绩效改进计划必须得到双方的一致认同才有效,才能确保计划的实现。绩效改进者要感觉到这是他自己的事,而不是上级强加给自己的任务。为了得到员工的认可,主管人员必须通过种种宣传手段使员工明白绩效改进工作的目的和意义,消除员工的疑惑和顾虑,争取员工的支持。

**5. 绩效改进指导**

在现代绩效考核中,主管人员应把在工作中培养下属视为改进工作绩效的重点来抓。同时为了检查绩效改进工作效果,主管人员应分阶段对员工进行考察,在考察中发现问题要及时做出反馈,指导绩效改进工作朝预定目标方向发展。

为了制定有效的绩效改进计划,主管人员和员工之间应进行充分的沟通。在绩效考核之后进行的绩效反馈面谈中,双方应就员工在上一考核周期的工作中存在的问题进行充分的交流。特别是在实施360度绩效反馈制度的组织中,主管人员和员工双方应就各考核主体的考核意见进行充分交流。在这种交流的基础上,双方才能更好地制定详细的解决方案。员工也可以在这个过程中提出自己在改进过程中需要主管人员提供哪些帮助,提供什么资源,并将这些内容都纳入绩效改进计划之中。

### 7.5.3　员工绩效改进的过程

改善员工绩效通常采用的几个步骤是:

第一步,主管人员与员工达成关于绩效问题的共识。许多时候,主管人员认为员工存在绩效问题,但是员工并不认为这是个问题。主管人员应让员工认识到绩效问题的存在,并且让他们认识到他们的绩效问题对组织的影响,以及如果不改正错误对其个人将要产生的后果。对组织产生的影响主要指员工个人的不良绩效可能对组织中他人的工作、组织的客户等产生的不利影响。例如,某员工的不良绩效制约了下一个环节上的人们的工作质量,无法满足客户的需求而使客户产生抱怨,给组织的产品质量造成损失,增加其他人的工作负担等。员工的不良表现给个人带来的影响主要包括影响其升迁、奖金分配,将其重要的工作交给其他员工去做,无法参加一些愉快的奖励性的活动,例如旅游、培训等。

第二步,分析绩效问题的原因。员工问题的原因是多方面的,可能是能力的问题,也可能是主管人员在行为强化方面做得不适当,还可能是其他方面的原因。来自两万多名世界各地的经理和主管关于员工问题的原因的部分答案如下：

- 他们不知道该做什么。
- 他们不知道该怎么做。
- 他们不知道为什么必须做。
- 有他们无法清除的障碍。
- 他们认为有更重要的事（优先次序）。
- 做了这件事并得不到正面结果。
- 没有做也不会遭到负面结果。
- 不做这件事反而得到正面的结果。
- 个人能力不足。
- 个人问题（工作、家庭冲突等）。
- 恐惧感（预测到未来有负面结果）。
- 他们认为没有人能做得到。

第三步，确定改善的目标。你必须准确地说出，你想要员工做出怎样的改善，而且员工也应该认同这一目标，并在可能的情况下将目标明确地表示为员工在某个绩效考核指标上的考核得分。

第四步，共同探讨可能的解决途径。主管人员应与员工商定如何实现和监督绩效改进的过程，要让员工了解他们必须对自己的行为负责。

第五步，鼓励员工已经取得的进步。任何行为改善都是逐步的过程，当员工行为开始有所改善时，主管人员应该及时进行认可和称赞。

### 7.5.4　关于绩效改进指导的几点建议

绩效改进指导就是针对员工需要提高的绩效表现给予建设性的批评。向员工提供绩效改进指导是主管的重要职责，但遗憾的是，主管出于以下种种顾虑，常常不愿意给予员工绩效改进指导。

- 伤害员工的感情。
- 被员工讨厌。
- 造成未来的阻力和对抗。
- 降低员工的积极性。
- 使员工产生抵触情绪或发火。
- 被员工认为过于严厉刻薄。
- 导致员工绩效进一步恶化。
- 产生双方都不愉快的局面。
- 被人认为是乱施权威。

- 自己发火或情绪失控。
- 不知如何进行建设性的绩效改进指导。

实际上,如果主管人员能正确处理的话,这些情况是很少发生的,即便发生危害也是很有限的。因为,员工通常也希望从上级主管那里得到建设性的批评。以下是给主管人员进行正确绩效改进指导的几点建议:

①主管人员应该及时主动地与存在绩效问题的员工沟通,沟通得越及时,就越有利于问题的解决。

②主管人员要设法让员工正确地认识到自己所存在的绩效问题,并让员工自己勇敢地承担起解决绩效问题的责任。

③主管人员要帮助员工认识到自己绩效方面切实的差距,确定分阶段提升绩效的目标。

④主管人员应该首先以帮助者的角色来帮助员工解决绩效问题,应该尽量使用教导、培训等积极的方式解决绩效问题,但是如果这些方式不能有效地解决问题,也应向员工指明如不能改进绩效问题时可能遭受的处罚,并且主管人员要按照约定实施这些处罚措施。

⑤要给员工施加尽可能小的压力。因为员工会因为自己的绩效问题而感到有很大的压力,这个时候,如果主管人员再给他们施加很大的压力,容易使他们丧失信心或者产生逆反的情绪。

**本章思考题**

1. 如何理解绩效反馈的重要性?
2. 对错误的行为进行反馈和对正确的行为进行反馈的主要区别是什么?
3. 为什么绩效面谈前要进行周密的计划与准备?
4. 和不同绩效员工的绩效面谈过程是否相同? 为什么?
5. 提高绩效面谈效果的主要途径有哪些? 如何衡量绩效面谈效果?
6. 绩效改进计划应包括哪些主要内容?

## 案例分析 7-1

### 某公司行政主管如何做好绩效面谈

人力资源部在与行政部员工小刘的离职面谈中了解到,小刘最近的一次绩效考核发生在各部门上报考核结果的前一天下午。小刘抱怨说:"我当时正参加一个客户会议,被主管王经理叫了出来,当场就做绩效面谈。面谈中他列举的几个关键事件都是不利于我的,明显是给我穿小鞋嘛!而且我根本没有再申辩的机会,就给我打了2分,这样的主管根本不了解下属。"

　　人力资源部随后走访了行政主管王经理,王经理解释说:"那天下午我突然想起是公司绩效考核的最后一天,就马上找他过来了。但前一周实际已经通知他了。等我找他时,他先是说没时间准备,可公司布置的事怎么能不做呢?然后就是态度不好,我刚说了他几句,他就反驳,说他在这一个季度里没做过那几件事。平时我都记录在案的,怎么可能没做?再对他讲了几句他平时的工作失误,他就只是愤怒和沉默,我想至少他应该给我一些积极的回应才对。平时他还挺不错的,但是这次考核中似乎很不高兴。最后我说:给你打2分?他说:2分就2分!还签了字。所以,他就达不了标,只好离开公司。"

　　——资料来源:最新绩效管理与薪酬管理案例及操作要点分析.企业管理出版社,2005

**案例讨论**

1.案例中的绩效面谈存在哪些问题?

2.如何做好绩效面谈?

## 案例分析 7–2

### 通用汽车公司的绩效改进制度

　　通用汽车公司有两本手册:一本叫做主管手册,一本叫做主管指引。此两本小册子将员工考核程序描述得较为详尽。主管手册包括了通用汽车公司人力资源管理系统为考绩作业所设计的标准及程序。其中,除各种表格样本外,还将考绩作业所有步骤逐一列出。

　　主管指引则帮助主管们更容易地了解手册中所包括的标准与程序,其中还有自修练习,主管在接受课堂训练前必须先完成这些练习。

　　人力资源发展考核标准有下面几个目的:

（1）对于整体考核被考核为"需大幅改进"的员工，管理阶层需采取积极适当的行动。

（2）绩效改进确能获致如下结果：①使员工绩效符合标准；②调换该员工到其他更能胜任的岗位；②将该员工予以解雇。

为达成此等目标，主考人及其主管应在考核面谈之前与人力资源部会商，对所有这类案件均做一份绩效改进计划。

主考人及主管在与人力资源部会商时，人力资源部能帮助解决几个考核的问题：

（1）具体指出该员工工作上的缺点。具体说明该员工未完成的工作，或无法接受的不良工作习惯与方法。对该员工绩效产生负面影响的不当行为，应有实例说明。

（2）描述出管理阶层要求的成果及行为，以及哪些成果与行为需要达到标准。同样的，本项说明应具体。

（3）决定主管们有哪些事要做，来帮助该员工改进绩效。

如果员工工作缺点系由多种原因造成，在决定主管应如何辅导时，下面四类因素均应一一加以考虑：①缺乏技术或督导的能力。在某些情况下，员工纯粹由于不知如何完成主管要求他们的工作。已有的在职辅导或正式训练可能不合适，或根本没有。如果是这样，就应提供必需的辅导或训练。主管在制定辅导与训练计划时应具体，如谁来负责、何时完成等。②工作环境有问题。工作环境的问题可能出在工作设计本身。当某项工作接连数人的表现都不佳，或在某一级的工作分等中，过多的人绩效有问题，就很可能是工作环境不良。③绩效标准不明确，这时就应把主管的要求很清楚地向员工解说。改正上述三项工作缺点的成因，控制权全在主管人员手上。如有这些情形存在，主管应协助员工予以改正。④个人的问题。如有充分理由相信工作的缺点系由酗酒、吸毒、情绪不稳或其他个人问题所造成，人力资源部门应依照公司政策提供特别的协助。

（4）订出特别考核的时间表。时间表根据工作性质与风险而定。有些情况下，考核时间可能需要频繁到每两星期做一次，在其他情况下，也许每一个月或两个月一次更适合。不管怎样，时间表必须拟订并照此执行。时间表内必须有一时限，在改进努力超过此时限后，员工应自请辞职或予以解雇。

（5）准备第一次面谈。此面谈应以做好的考绩表及绩效改进计划为基础。面谈应涵盖所有与工作绩效有关的问题，例如：

- 工作要项。
- 需改进的具体缺点。
- 缺点的性质与程度。
- 整体绩效的考核。
- 主管所要求的具体行为及员工必须达到标准的行为。
- 主管人员为协助员工绩效提高所要做的事。
- 员工所建议的改进行动。
- 主管们希望看到员工进步,也希望能帮助员工改进。
- 下次特别考核的日期。

特殊情况下,高一级的主管与人力资源部门代表也可能参与考核面谈。

第一次面谈后,主管应每日观察员工的工作表现。如有具体改进,主管应表示赞许;如果绩效仍不明显,应继续给予建设性的辅导。

在每一次安排好的面谈之前,人力资源部门会先通知主考人。绩效改进计划背面即是用来考查进度的。考查进度时,改进计划中所列的每一缺点与主管期望的行为均应逐一检查。已有的进度与整体绩效是否已达标准均应标注。

如果员工的总体绩效已达标准,则考查作业停止并通知受考员工。对该员工的工作仍应保持密切的注意,观察其是否有退步的迹象。如确有低落现象,考查需再度开始并告诉员工。

如果已有明显进步,但是还需要再继续改进,此时应重拟一份绩效改进计划并与受考员工一起研究。

如果进步甚微或完全没有进步,主管应清楚地告诉该员工他正在察看阶段,如果在规定期限内不能达到标准,他就会被调职或解雇。

此程序继续至该员工的整体考绩达到标准,或以前签订的合同到期,改进的工作终止。

如果限期内该员工仍不能达到理想标准,就应决定给他调换工作或是解雇。调职或解雇需要根据主管及部门主管与人力资源部门会商之后再做决定。

——资料来源:王雁飞,朱瑜.绩效管理与薪酬管理实务[M].中国纺织出版社,2005.

**案例讨论**

1. 通用汽车公司的绩效改进制度有何特点？
2. 结合本案例谈谈绩效反馈的意义。

# 第 *8* 章

# 绩效考核结果的应用

组织对绩效考核结果的应用程度和应用方式,直接关系到绩效考核的效果,影响到绩效管理体系的动态有效性。对绩效考核实践的调查研究发现,没有处理好绩效考核结果应用环节的问题,往往是绩效考核不成功的主要障碍之一。事实上,如果绩效优秀的员工不能得到应有的认可与回报,就难以引导员工向着优秀的绩效努力。

本章阐明了应用绩效考核结果的观点;论述了绩效考核结果对各项人力资源决策及制定员工发展计划的作用;介绍了依据绩效考核的结果进行人力资源决策的思路、形式、方法或应该注意的问题。

## 重点问题

⇨ 绩效考核结果应用的作用
⇨ 绩效考核结果对人力资源决策的支持
⇨ 绩效考核结果对员工个人发展计划的支持

## 8.1 支持人力资源管理决策

传统观念认为,绩效考核最主要的目的是要帮助组织作出薪酬方面的决策,诸如,奖金的分配和工资的调整。很显然,这种做法是片面的。复杂人假设及人本管理时代,要求组织对员工的激励呈多元化趋势。基于绩效考核的薪酬调整可以增强薪酬的激励性,绩效考核结果用于支持员工奖金分配与薪酬调整固然很重要;与此同时,组织如能在诸如人员甄选、员工动态配置、员工培训与职业发展等其他人力资源管理活动中,善于应用绩效考核结果,不仅利于促进人力资源管理整体绩效的提升,也可以强化组织绩效管理体系的功能与持续有效性。可见,绩效考核的结果应该在更多的人力资源相关决策中发挥出更加重要的作用。

## 8.1.1　用于招聘决策

**阅读资料 8-1**

### 员工绩效与招聘和职位晋升

外企招聘人员时,往往很注重前任雇主对应聘者的评价,内部员工以往的业绩往往会成为其晋升更高级职位的重要砝码。为什么会这样呢? 其实,以往的绩效是个体能力很重要的佐证。

柯达公司认为人才并非凭空而来,选拔与培训一样重要,柯达公司强调领导人才要从内部寻找,并且要依据员工以往的绩效考核结果,久而久之,就在生产一线形成了一个人才库。

其实,每当企业内部有主管职位出现空缺时,如何从内部升迁,往往会令主管们相当头疼。现实中,许多企业提升某人的理由,往往可能是因为他的技术是最纯熟的,或者资历是最老的。而对于该项职位所要求的其他条件,诸如判断力、沟通技巧、决策能力等,一般都不在考察之内。事后人们会发现,技术纯熟的人才虽然可以更好的协助主管执行任务,可以作为选择人才的标准之一,但是,仅有纯熟技术的人才却不一定能成为一个称职的主管,而员工的资历则更是与管理能力毫不相关。既合理又实际的人员选拔,应该是参照综合性的绩效考核结果,再结合对所空缺职位特征的分析和把握而进行的。

通过绩效考核,组织不仅可以对不同岗位现任职者的工作绩效进行甄别与评价,又能够对招聘结果进行检验,还可以为改进招聘的有效性提供参考和依据。

通过分析员工的绩效考核结果,人力资源管理人员对组织各个职位的优秀人才所应该具备的优秀品质与绩效特征会有更深的理解,这将为招聘过程的甄选环节提供十分有益的参考。例如,通过对组织优秀基层管理人员绩效特征的分析发现,要求的主要特征是"能吃苦"、"有一定的管理能力"、"有良好的人际能力"等等,那么,在以后招聘基层管理人员时,甄选的标准就应该作出针对性的调整或改进,以便更好地满足组织绩效提升的需要。

通过分析员工绩效考核的结果,如果发现员工在工作能力或态度上存在欠缺,而又无法通过及时有效的培训得到解决,组织就要考虑制定或改进相应的招聘策略,注重招聘工作能力强、态度端正的人才,以满足提升工作绩效的实际需要。

如果组织通过对员工绩效考核结果的分析发现,员工的工作能力和态度能够满足要求,只不过由于工作量过大、人员数量不足,造成了各类实际绩效问题的产生,组织也会做出招聘计划方面的针对性决策予以改进。

因此,许多组织都把绩效考核结果与招聘决策有机地联系起来。通过这样一个过程,组织不仅可以尽可能地避免因所招聘人员的不合适,给组织带来损失的风险,而且会在很大程度上不断提高组织招聘的有效性,降低招聘成本。

### *8.1.2　用于员工报酬分配和调整*

**阅读资料** 8－2

#### 薪酬是知识型员工的重要激励因素

近年来,中外学者的研究成果表明,薪酬是激励员工的重要因素。

知识管理专家玛汉·坦姆仆经过大量实证研究后提出,激励知识型员工的前 4 个因素依次为个体成长、工作自主、业务成就和金钱财富;安盛咨询公司与澳大利亚管理研究院历时 3 年,在对澳大利亚、美国和日本多个行业的 858 名员工,其中包括 160 名知识型员工,进行调查分析的基础上,得出了对知识型员工的重点激励因素,即报酬、工作性质、提升、与同事的关系、对决策的影响力;彭剑锋经过实证研究,提出了位居中国知识型员工激励因素前五位的依次是工资报酬与奖励、个人成长与发展、有挑战性的工作、公司的前途及有保障和稳定的工作。

为了提高薪酬对于员工的激励性,组织在设计与调整薪酬时必须遵循公平性的原则。依据绩效考核的结果决定薪酬调整,有利于实现薪酬的公平性。绩效考核的结果因此越来越被广泛地用于支持组织的薪酬调整决策。

一般来说,员工的报酬体系中有一部分是与绩效挂钩的,这部分薪酬往往被称为绩效薪酬。通常情况下,从事不同性质工作的员工,与绩效挂钩的报酬所占的比例会有所差别。例如,销售人员的报酬中有较大的比例是依据绩效考核的结果而确定的,主要目的在于促使销售人员取得更好的业绩;行政人员报酬体系中由绩效决定的部分相对会比较小。

另外,员工固定薪酬的调整往往也会依据绩效考核结果来进行。例如,固定薪酬晋升的等级也是与绩效考核结果联系在一起的。

总体上来讲,绩效考核结果应用于薪酬决策有三种主要形式,具体包括:

(1)用于确定奖金分配方案。决策短期薪酬,也可称为"刺激性薪资"。这部分薪酬通常取决于员工是否超额完成任务,或者是否在某规定的时间段内取得了优异的成绩。

**阅读资料 8 - 3**

### 某集团公司的奖金分配

这里介绍的是某集团公司的奖金分配办法。表 8 - 1 的奖金系数是根据不同的绩效等级状况而设定的,奖金由季度奖、年度奖和特殊贡献奖组成。

季度奖是对员工本季度工作绩效的回报,依据员工月平均工资水平和本季度个人绩效等级确定。季度奖金系数是指集团公司季度奖金总额占季度工资总额的比例,该比例原则上不高于15%,具体比例由集团公司经理办公会议决定。如表 8 - 1 所示。

表 8 - 1　季度绩效等级与奖金系数对照表

| 绩效等级 | A | B | C | D | E |
|---|---|---|---|---|---|
| 奖金系数 | 1.5 | 1.3 | 1 | 0.8 | 0 |

年度奖是对员工本年度工作绩效的回报,年度奖金系数为年终奖金额占全年工资总额的比例,原则上不超过15%,具体比例由集团总裁办公会议决定。见表 8 - 2。

表 8 - 2　年度绩效等级与奖金系数对照表

| 绩效等级 | A | B | C | D | E |
|---|---|---|---|---|---|
| 奖金系数 | 1.4 | 1.2 | 1.0 | 0.7 | 0.4 |

(2)作为调整员工固定薪酬的依据。这部分薪酬是以员工的劳动熟练程度、所承担工作的复杂程度、责任大小及劳动强度为基准确定的。通常以两个方面因素

为依据进行调整,即被考核者原来固定薪酬在同一职等薪酬带所处的位置和员工
连续数年绩效考核结果的综合状况。一般情况下,组织会依据连续 3 年绩效考核
的结果,决定员工固定薪酬的调整幅度,这将有利于增强薪酬对员工长期绩效的激
励性。表 8-3 是某公司依据连续五年绩效考核结果所确定的加薪比例。

表 8-3　某公司基于五年综合绩效的加薪比例

| 带宽位置<br>绩效等级 | ＜25％ | 25％～50％ | 50％～75％ | ＞75％ |
|---|---|---|---|---|
| 优秀 | 13％～15％ | 12％～13％ | 11％～12％ | 10％～11％ |
| 中等 | 11％～12％ | 10％～11％ | 9％～10％ | 8％～9％ |
| 合格 | 9％～10％ | 8％～9％ | 7％～8％ | 5％～6％ |

表 8-3 中的"绩效等级",是综合了员工连续五年的绩效考核结果,并把绩效
状况按分数段划分为三个等级:优秀、中等与合格。在薪酬带宽的位置内,分别在
25 百分位、50 百分位和 75 百分位设置参考值。25 百分位是指员工的薪酬水平比
市场上同等的其他员工中 25％的人高,50 百分位则是指比 50％的人高,依此类
推。然后再根据被考核者五年的绩效综合水平,划分出每个被考核者的加薪比例。
例如,某员工连续五年绩效考核的综合等级为"优秀",且薪酬水平处于 50 百分位
和 75 百分位之间,那么它的加薪比例就是 11％～12％。

(3)作为福利、津贴制度变革的尝试。近年来,一些企业在积极尝试把绩效考
核的结果作为确定员工福利、津贴的参照因素。这样以来,就可以克服现实中存在
的津贴大锅饭现象,提高福利与津贴对于员工绩效的激励性,这无疑是增强福利、
津贴激励性的一种新的尝试。

阅 读 资 料 8-4

### IBM 的薪资政策

IBM 有一句拗口的话:加薪非必然! IBM 的工资水平在外企中不是
最高的,但 IBM 有一个让所有员工坚信不疑的游戏规则:干得好加薪是
必然的。为了使每位员工的独特个性及潜力得到足够尊重,IBM 一直致
力于工资与福利制度的完善,并形成了许多值得我们参考的做法。

一、薪资与职务重要性、难度相称

每年年初 IBM 的员工特别关心自己的工资卡,自己去年干得如何,通过工资涨幅可以体现得有零有整。IBM 的薪金构成很复杂,但里面不会有学历工资和工龄工资,IBM 员工的薪金跟员工的岗位、职务重要性、工作难度、工作表现和工作业绩有直接关系,工作时间长短和学历高低与薪金没有必然关系。在 IBM,学历是一块很好的敲门砖,但决不会是获得更好待遇的凭证。

在 IBM,每一个员工工资的涨幅,会有一个关键的参考指标,这就是个人业绩承诺计划(PBC)。只要你是 IBM 的员工,就会有个人业绩承诺计划,制定承诺计划是一个互动的过程,你和你的直属经理坐下来共同商讨这个计划怎么做更切合实际。几经修改,你其实和老板立下了一个一年期的军令状,老板非常清楚你一年的工作及重点,你自己对一年的工作也非常明白,剩下的就是执行。大家团结紧张、严肃活泼地干了一年,到了年终,直属经理会在你的军令状上打分,直属经理当然也有个人业绩承诺计划,上头的经理会给他打分,大家谁也不特殊,都按这个规则走。

1996 年初,IBM 推出个人业绩评估计划。具体来说,PBC 从三个方面来考察员工工作的情况。第一是 Win,致胜。胜利是第一位的,首先你必须完成你在 PBC 里面制定的计划,无论过程多艰辛,到达目的地最重要。企业在实现目标时无法玩概念,必须见结果,股市会非常客观反映企业的经营情况,董事会对总裁也不会心太软。第二是 Executive,执行。执行是一个过程量,它反映了员工的素质,执行能力需要无止境的修炼。PBC 不光是决定你的工资,还影响到你的晋升,当然同时也影响了你的收入。所以执行是非常重要的一个过程监控量。最后是 Team,团队精神。在 IBM 埋头做事不行,必须合作。在 IBM 采访时有一个强烈的感觉:IBM 拥有非常成熟的矩阵结构管理模式,一件事会牵涉到很多部门,有时候会从全球的同事那里获得帮助,所以Team 意识应该成为第一意识,工作中随时准备与人合作一把。一言概之:必须确实了解自己部门的运作目标,掌握工作重点,发挥最佳团队精神,并彻底执行。

二、薪资充分反映员工的成绩

PBC 考核通常由直属上级负责对员工工作情况进行评定,上一级领导进行总的调整。每个员工都有进行年度总结和与他的上级面对面讨论这个总结的权利。上级在评定时往往与做类似工作或工作内容相同的其他员工相比较,根据其成绩是否突出而进行评定。评价大体上分十到二十个项目进行,这些项目从客观上都是可以取得一致的。例如"在简单的指示下,理解是否快,处理是否得当。"

对营业部门或技术部门进行评价是比较简单的,但对凭感觉评价的如宣传、人事及总务等部门怎么办呢? IBM 公司设法把感觉换算成数字,以宣传为例,他们把考核期内在报刊杂志上刊载的关于 IBM 的报道加以搜集整理,把有利报道与不利报道进行比较,以便作为衡量一定时期宣传工作的尺度。

评价工作全部结束,就在每个部门甚至全公司进行平衡,分成几个等级。例如,A 等级的员工是大幅度定期晋升者,B 等是既无功也无过者,C 等是需要努力的,D 等则是生病或因其他原因达不到标准的。

从历史看,65%～75%的 IBM 公司职工每年都能超额完成任务,只有 5%～10%的人不能完成定额。那些没有完成任务的人中只有少数人真正遇到麻烦,大多数人都能在下一年完成任务,并且干得不错。

IBM 的薪资政策是通过有竞争力的策略,吸引和激励业绩表现优秀的员工继续在岗位上保持高水平。个人收入会因为工作表现、相对贡献、所在业务单位的业绩表现以及公司的整体薪资竞争力进行确定。1996 年调整后的新制度以全新的职务评估系统取代原来的职等系统,所有职务按照技能、贡献和领导能力、对业务的影响力及负责范围等三个客观条件,分为十个职等类别。部门经理会根据三大原则决定薪资调整幅度。这三大原则是:其一,员工过去 3 年"个人业绩承诺计划"成绩的记录;其二,员工是否拥有重要技能,并能应用在工作上;其三,员工对部门的贡献和影响力。员工对薪资制度有任何问题,可以询问自己的直属经理,进行面对面沟通,或向人力资源部查询。一线经理提出薪资调整计划,必须得到上一级经理认可。

## 8.1.3　用于人员调配和职位变动

**阅读资料 8-5**

### 乐陵供电公司的人事制度

乐陵供电公司的供电区有 65 万人口,年用电量不足 3 亿千瓦时,人均用电量相对较低,这对一个有着 600 多人的供电企业来说,其发展环境并不宽松。然而近一年来,该公司把企业的基本目标、长远目标与职工的切身利益联系起来,使职工动机的一致性得到整合,从而把职工内在潜能最大限度激发出来,促进了职工绩效管理理念的互动。今年前三季度,他们累计完成售电量 2.28 亿千瓦时,同比增长 30.5%,销售收入和利润同比增长 29.66% 和 31.8%,均创历史最好成绩。

乐陵公司是如何在环境艰难的情况下取得如此进展呢?公司党委书记、经理石磊认为,在当今日新月异的时代,企业内外部环境无时无刻不在发生着变化,企业管理也必须与时俱进,以便激发职工的工作热情。

(1)"谁羡慕一线人员拿的钞票多,可以申请下基层"

"谁羡慕一线人员拿的钞票多,可以申请下基层。"是如今在公司机关最流行的一句话。公司实行了岗位工资制,不同等级岗位其工资差距一般在 200 元以上,充分拉开了级差,公司把此作为激发职工发挥潜能的一项重要举措。一线职工工作环境艰苦,那就提高待遇,比机关人员高出一个级差;野外施工人员工作量大,那就比在室内工作的人员高出一个等级。同是野外作业,收入也不一样,过去登杆作业比较辛苦,可与其他岗位级别一样,因此大家也就积极性不高,现在他们就拉开档次,付出多收获就大,这样就大大激发了职工的工作热情。

(2)"收入高不高,业绩来说话"

公司开展了"星级"电工组评比活动,对连续 3 次评比居前 5 名的电工组颁发奖牌,农电工晋升 1 级工资。如此一来,谁都没有了怨言,经常在野外施工作业的李加春说:"收入和贡献挂钩,多干活的心里不憋屈,收入少的也没怨言。"

(3)"有为就会有位"

人都是有上进心和荣誉感的,公司抓住这一人性特点,出台办法激发职工潜能,给职工创造实现人生价值的舞台。"有为就会有位"这句话在该公司颇为时尚。在中层干部选拔使用中,实行了竞争上岗,除了几项必要条件外,最关键的就是个人工作业绩和能力,只要你有成绩,这岗位就是你的;但是有一条,别人的能力超过了你,那也没啥商量,让贤。如此这般,让职工(包括农电工)工作有了奔头,追赶有了目标,工作积极性空前高涨。今年以来,已有 5 名农电工因为工作出色而担任供电所正、副所长和安全员等职务。

　　人力资源管理的一项重要任务就是将合适的人放在适合的岗位上。现实中，面临复杂、多变的内外部环境，组织内部岗位对任职者的要求呈差异化、动态多变性特征。具体表现为：岗位设置具有动态性的特点；不同的岗位对任职者素质结构与水平要求各不相同；同一岗位对于员工素质的要求，具有动态性的特点。而作为组织人力资源的员工，具有素质难以甄别、动态性与差异性等特点，具体表现为：每个员工都各具特色，既有自己的长处和优势，又有各自的不足和劣势。因此，人员动态调配和职位变动日益成为人力资源开发与管理中的重点与难点内容。

　　依据绩效考核的结果决策人员调配和职位变动，对于人事相宜、事人相称目标的达成，具有举足轻重的作用。主要因为组织用人就要扬长避短、因材施用，既不能大材小用，也不能小材大用。对于工作岗位的客观要求，可以通过工作岗位分析来衡量和确定；对于员工的特点，则可以运用两种测量评定的方法，一是人员素质测评技术，即运用心理测试评定的方法，直接对员工的素质和能力进行考察；二是绩效考评技术，即对员工的工作行为、工作态度及工作业绩进行考察。通过绩效管理活动，可以掌握员工各种相关的工作信息，如劳动态度、岗位适合度、工作成就、知识和技能的运用程度等。根据这些信息，组织更易于正确地做出人事决策，有效地组织员工提升、晋级、降职、降级等人力资源管理工作。比如一个员工绩效优秀，而且大有潜力，则可以给予晋升，既发挥其才能，又增强组织竞争力；一个员工业绩不良，可能是因为他的素质和能力同现在的岗位不匹配，为了扬长避短，可以进行合理的调整或轮换。

　　人员调配和职位变动可以是员工纵向的升迁或降职，也可以是横向的职位变换。绩效考核的结果，既可以作为员工升迁或降职的依据，也可为员工职位的横向变换提供重要参考。

　　需要提请大家注意的是，与薪酬等人力资源决策相比较，员工调配主要取决于员工胜任力的特征与大小，因此，员工调配决策更主要地依赖于对员工能力的考核结果。众所周知，员工在目前的职位上绩效优秀，并不代表他一定能够胜任更高的职位；员工在 A 职位表现优秀，并不一定代表他能很好地胜任 B 职位的工作。可见，要预测该员工与新职位的匹配性，还需要对员工在新职位上的潜力进行甄别。因此，如果绩效考核的结果是要应用在人员职位晋升决策中，就应该注重对员工胜任力的评估。

### 8.1.4　用于确定员工培训需求

## 阅读资料 8-6

#### 王永庆言培训

关于培训需求分析,王永庆打了个比方:一般工厂均有一些秘密,不欢迎人家参观。而对于工厂的秘密,参观者若是无意探求,即使开放给他自由参观,看了也不懂,是没有一点用处的。相反,该项秘密若正是他研究再三而不可得的,参观者一般一眼看到,心领神会,他的参观才有用,因为那个秘密是他梦寐以求的,所以他能够很快地得到。

同样的道理,企业和受训者必须是事先下过一番功夫,了解受训者所欠缺的是什么,需要得到什么,然后再请专家来指导,就像公开秘密让他参观,他需要什么便可得到什么。反之,如果不知道自己所需要的,盲目给他参观秘密也没有用,而专家的指导对于他自然也是不会有帮助的。

近年来,越来越多的组织都很重视对员工的培训。不过,要真正做好培训,让员工认为培训对自己确实有帮助,让组织体会到培训投入的收益,却还有不少工作要做。

从阅读资料 8-6 可以看出,培训需求分析对于员工培训的有效性具有重要作用。其实,把绩效考核结果用于了解员工培训需求的依据,是绩效考核结果最重要的用途之一。科学、公正、积极可靠的绩效考核,是保证员工培训与开发取得预定效果的基础和重要环节。基于需求分析的员工培训,无论是对于员工本人、工作业绩,还是对于组织目标的实现都是大有裨益的。

知识经济与人本管理时代,如何有效的开发人力资源,最大限度的发挥人力资源的整体效能,是组织人力资源管理工作的中心任务。绩效考核提供了全体员工动态、连续和完整的绩效考核结果记录,通过对这些记录进行分析,可以发现员工和组织方面存在的问题。员工可以了解自己的绩效状况,进而了解自己哪些方面做得好,哪些方面做得不够好,进而改进工作中因个人原因所产生的缺陷和不足,发现自身需要进一步培训和发展的空间。当员工清楚自己的技能及其差距时,是非常希望组织能提供机会学习与提高的。组织可以有针对性地了解员工所存在的不足,分析判断员工的培训需求,为员工培训提供直接、可靠的基础依据。图 8-1

是基于绩效考核的培训决策。

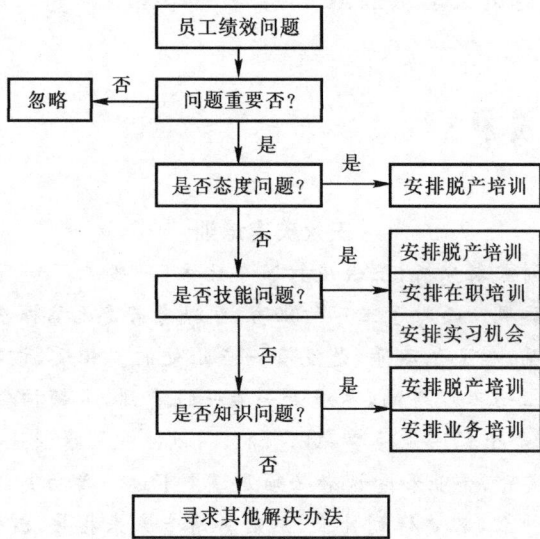

图 8-1　基于绩效考核的培训决策模型

　　图 8-1 中的模型提供了运用绩效考核结果确定员工培训需求的具体思路与过程。在对绩效考核结果分析的基础上,要找出绩效差距的问题与原因,属于知识不足、能力欠缺还是态度方面需要转变,进而拟定出有针对性的员工培训内容与方案。对于有效地改进所存在问题,提高培训绩效无疑是个帮助。

### 8.1.5　作为选拔和培训的"效标"

　　"效标"是指可以用来衡量某个事物有效性的指标。这里所谓的绩效考核对于招聘选拔与培训的效标作用,是指应用绩效考核的结果,衡量并评价组织人员招聘选拔和员工培训的有效性,重点强调思路。人力资源管理最直接的目的之一就是提高员工的工作绩效,绩效考核的结果在很大程度上反映了各项人力资源管理职能是否达到了预期效果。因此,绩效考核的结果就是各项人力资源管理职能的效标,绩效考核结果当然可以作为组织人员招聘选拔与员工培训的效标。作为组织招聘选拔效标的具体表现为:如果组织选拔出来的优秀人才其实际的绩效考核结果确实很好,那么就表明组织的选拔是有效的;反之,则说明要么是选拔不够有效,要么是绩效考核的结果有问题。作为员工培训效标主要表现有:员工在接受培训之后,如果绩效有所提高甚至有了显著提高,就说明组织对员工的培训确实是很有效的;如果员工在接受培训前后的绩效没有变化或者没有明显的变化,就说明组织对于员工的培训没有达到预期的效果。

下面我们将重点阐述绩效考核结果对于组织招聘选拔和员工培训的效标作用,即:

**1. 绩效考核结果可以用来测量、评价组织的招聘选拔**

招聘选拔是指组织通过运用一定的手段和工具,对求职者进行鉴别和考察,区分各自的人格特点与知识技能水平,预测其未来的工作绩效,再从中挑选出组织所需要的、与空缺职位要求相匹配人员的过程。组织招聘选拔工作的效果,决定着组织人力资源的初始质量,因此,招聘选拔是组织人力资源管理中最重要的环节之一。然而,组织在人员招聘选拔的过程中,经常会发生两类错误:其一,就是选拔录用了本该淘汰的人,一般称其为错误的选拔;其二,就是淘汰了本该录用的人,一般称之为错误的淘汰。主要原因在于组织招聘选拔系统缺乏足够的预测效度。

所谓招聘选拔系统的预测效度,是指根据求职者在进入组织之前的特征,来对进入组织之后的工作表现进行预测的一种有效程度。效度研究有助于组织选择正确的方法对求职者进行甄别与选择。好的招聘选拔过程必须具有较高的效度。组织招聘选拔系统效度高低的判断方式为:如果在组织招聘选拔中总成绩较好的人,恰恰被证明在以后的工作中取得了较高的绩效,而在选拔测试中成绩较差的人,又的确被证明是不能很好的胜任工作,这就说明该招聘选拔过程具有较高的效度;相反,如果招聘选拔中成绩较好的人,在日后的工作中表现却不好,而测试成绩较差的人,日后的工作表现又较好,这则说明组织目前的选拔系统预测效度较低。

绩效考核的结果是员工实际绩效水平的反应,因此可以担当人员招聘选拔的效标功能。通过比较绩效考核结果与招聘选拔测试成绩,可以甄别、评价组织人员招聘选拔过程的预测效度。如果最终测试出组织的选拔系统效度低,就需要分析造成其效度低的原因,究竟是选拔系统的程序、方法、方式出了问题,还是主持测试的人员出了问题,或者是系统的其他方面有什么不合理之处。通过分析原因,组织就可以有效地改进选拔测试系统。可见,运用绩效考核的结果支持选拔录用工作,对于组织有效的选拔录用人员具有重要意义。

**2. 用于检验、评价组织的员工培训效果**

前面我们谈到过,绩效考核的结果可以用于支持组织员工培训的决策。除此之外,绩效考核的结果还可用来对员工培训体系的效果进行检验与评价。因此,我们将绩效考核的结果称为衡量员工培训的效标。

员工培训的效果如何,一般需要通过四个层面进行衡量,即:反应层面、学习层面、行为层面与结果层面。在多维度绩效前提下的绩效考核,除了能够反映出员工的总体绩效,还可以反映有关员工业绩、行为、态度表现等多个层面的绩效。通过测量与评价员工的培训绩效,可以反映组织员工培训体系的效果,还可以通过进一步分析,找出培训方案整体或者诸如培训内容、方式方案等局部环节存在的问题,从而帮助组织动态改进员工培训体系。

培训效果的量化测定方法较多,其中运用较广泛的是下列公式:

$$TE = (E_2 - E_1) \times TS \times T - C$$

其中: $TE$—— 培训效益;

　　　 $E_1$—— 培训前每个受培训者一年产生的效益;

　　　 $E_2$—— 培训后每个受培训者一年产生的效益;

　　　 $T$—— 培训人数;

　　　 $TS$—— 培训效益可持续的年限;

　　　 $C$—— 培训成本。

在这个公式中, $E_1$ 和 $E_2$ 的计算是两个最关键的问题。在绩效考核手段科学有效,并且没有其他外部因素发生变化的前提下,收益能够直接通过培训前后绩效考核结果的差异表示。

### 8.1.6　用于激活沉淀

依据绩效考核结果激活沉淀,是随着对绩效考核结果运用研究的不断深入,人力资源专家们总结出的运用绩效考核结果的新层面。应用绩效考核结果激活人员沉淀的具体方式为:绩效考核结果持续不佳的员工,逐渐会成为组织的沉淀层,如果不能被激活,将成为组织提升整体绩效的障碍,终会被组织所淘汰。要激活组织的沉淀层,组织需要通过建立与强化竞争机制,增加该部分员工的压力,迫使其强化改进绩效的意识,提升改进绩效的能力。与此同时,组织要向员工提供知识、态度或能力方面的专项训练机会,帮助员工改进绩效。经过培训仍不能胜任工作的员工,最终会被组织推到外部劳动力市场。

激活组织人力资源沉淀这样一个过程,可以给那些绩效不好的员工提供更多的机会,也加大了他们自身的压力,有利于最大程度的激活该部分员工的潜在能力。因为,在绩效考核中处于末位的少数员工,只有不断改进自身的工作绩效,追赶绩效先进的员工,才可能在竞争中反败为胜。而组织在这样一个激活沉淀的过程中也是受益匪浅的。一方面,组织通过对员工绩效与能力的激活,可以为提高组织整体绩效奠定基础;另一方面,如果表现不好的员工其绩效不能得到很好的改善,组织可以采取诸如淘汰等一系列措施,分流那些削弱组织绩效的员工,组织的整体绩效也会大大提高。应用绩效考核结果激活组织人员沉淀的过程具有人性化的特点,组织在增加沉淀层员工压力的同时,要向他们提供充分的培训与开发机会。因此,绩效考核结果应用到该层面正被越来越多的组织所关注和采纳。

需要特别说明的是,这里的"沉淀"意指经过考核,绩效水平处于中、低等级状态的员工,而并不仅是以往人们所认为的处于最低等级绩效状态的员工。事实上,绩效处于中等水平的员工,如果绩效一直没有突破性进展,或者一个组织在相当长的时间内都有较大比例的员工绩效停留在中等水平,这无论对于员工还是对于组织的发展都是一种阻碍。在绩效考核的基础上,需要采取针对性的员工培训、激励机制变革等措施,激发他们的潜能,促使绩效水平处于中等的员工提升绩效;而对于低等级绩效水平的员工,则要对绩效考核结果进行具体分析,采取一系列旨在提高绩效的措施;与此同时,对于经过组织与员工的共同努力,绩效还是没有突破性进展者,就可以考虑淘汰了。

**阅读资料 8-7**

### 绩效考核完成后,主管还应做些什么?

绩效考核结果产生后,我们应该思考的问题就是:这些员工为什么能够取得如此优秀的绩效? 为什么那部分员工的绩效不令人满意? 仅仅让员工知道自己得了 1 分、3 分还是 5 分,是远远不够的,还必须让员工知道自己为什么得了这么多分。

影响员工绩效最主要的原因就是胜任力(competency)。胜任力是区分优秀绩效者和绩效平平者的关键性因素,一般包括知识、技能,也包括一些软性因素,例如沟通能力、客户服务意识、责任心、成就动机等等。

在完成绩效考核之后,应该分析的是:哪些胜任力帮助员工做好了工作? 是由于哪些胜任力表现的不足,而使得员工没有做好工作? 为了提升绩效,员工应该注意重点发展哪些胜任力方面?

当员工的绩效不能令人满意时,我们应该做的是:

(1)分析员工在胜任力方面可能存在的问题,制定出提升胜任力的计划。判断员工是否被放在了不合适的位置上,需要通过调整职位来解决。

(2)反思组织在招聘时是否错招了人,发现招聘体系可能存在的问题,看看招聘过程是否缺乏对某些重要胜任力的考察?

(3)从组织的管理方面找原因。员工没有取得满意的绩效也可能并不是由于员工自身的能力不足或努力不够,而是因为组织没有为员工提供相应的资源与必要的支持。通过分析员工绩效考核的结果,管理者需要进一步作如下的思考,即:组织结构设计是否有不尽合理的地方,使得员工不能获得所需的资源? 流程是否有待进一步理顺? 员工是否需要得到某些权限,以便更有力地开展工作? 对员工的管理方式方面是否需要做出改进? 等等。

# 8.2　支持个人发展计划

## 8.2.1　个人发展计划的内容

个人发展计划(individual development plan ,IDP),是指员工在一定时期内完成的有关工作绩效和工作能力改进与提高的系统计划。它是一种直接从绩效考核延伸出来的、实际且有效的、由一系列表格组成的绩效改进计划。这个计划的建立基于两个目的:一是帮助员工在现有工作上改进绩效;二是帮助员工发挥潜力,使其在经过一系列学习之后能有升迁的可能,其重点仍是改进现有工作绩效。

个人发展计划通常包括以下几方面的内容:

### 1. 有待提升的项目

有待提升的项目通常是指在工作能力、方法、习惯等方面需要提高的地方。这些有待提升的项目可能是现有水平不足的项目,也可能是现有水平尚可但工作需要更高水平的项目。这些项目应该是通过努力可以改善和提高的。一般来说,在个人发展计划中应选择一个最为迫切提高的项目,因为一个人需要提高的项目可能有很多,但不可能在短短的半年或一年内完全得到改善,所以应该有所选择。而且人的精力是有限的,也只能对有限的一些内容进行改善和提高。

### 2. 提升这些项目的原因

把有待提升的某些项目列入到个人发展计划中一定是有原因的,这种原因通常是由于员工本人在这方面的水平比较低,而工作又需要表现出比较高的水平。

### 3. 目前水平和期望达到的水平

个人发展计划应该有明确清晰的目标和需要达到的标准,因此在制定个人发展计划时要指出需要提高的项目目前表现的水平怎样,期望达到的水平又是怎样的。

### 4. 提升这些项目的方式

将某种待提升的项目从目前水平提高到期望水平可能有很多种方式,例如培训、自我学习、开小组座谈会、他人帮助改进等。同时,还应当确定责任部门或负责人,以便更好地帮助员工监督其很好地完成个人发展计划。对一个项目进行发展可以采取一种方式,也可以采取多种方式。

**5. 设定达到目标的期限**

预期在多长时间内能够将有待提升的项目提高到期望水平,指出评估的具体期限。

图 8-2 是根据个人计划的内容制定出的个人发展计划表的步骤。

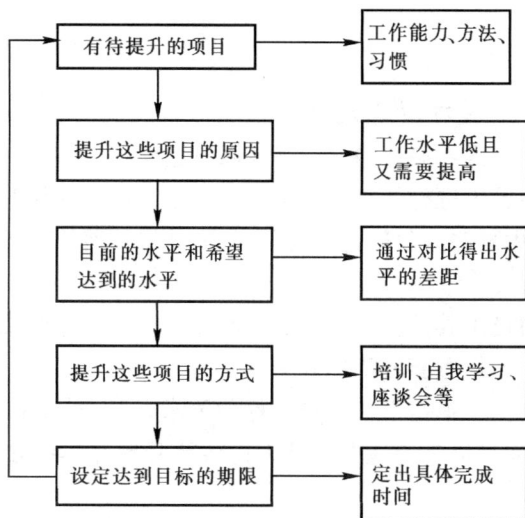

图 8-2　制定个人发展计划的步骤

**阅读资料 8-8**

### 开发员工潜能的方式不仅是培训

一谈及开发员工的能力,人们自然就会想到送员工参加培训,其实,除了传统的培训方式,还有许多方法可以用于开发员工的能力,而且其中的大部分方法并不需要组织进行额外的资金方面的投入。请注意并尝试运用以下方法,即:

- 观察别人是怎么做的。
- 模仿别人好的做法。
- 征求别人的反馈意见。
- 咨询别人的建议。

- 在实际工作中实践新的技巧和行为。
- 阅读相关资料自学。
- 工作轮换。
- 参加特别任务小组。
- 参加某些协会组织。

　　怎么样？其实上述方法中的多数用于开发员工能力也是比较容易实现的。

### 8.2.2　制定个人发展计划的过程

　　通常来说，制定个人发展计划需要经历以下过程：

　　(1)主管人员与员工进行绩效考核沟通。在主管人员的帮助下，员工会很快认识到自己在工作当中哪些方面做得好，哪些方面做得不够好，认识到目前存在的绩效差距。

　　(2)主管人员与员工共同就员工绩效方面存在的差距分析原因，找出员工在工作能力、方法或工作习惯方面有待提升的方面。

　　(3)主管人员与员工根据未来工作目标的要求，选取员工目前在工作能力、方法或工作习惯方面有待提升的地方中最为迫切需要提升的地方，作为个人发展项目。

　　(4)双方共同制定改进这些工作能力、方法、习惯的具体行动方案，制定个人发展项目的期望水平和目标实现期限以及改进的方式。必要时确定实施过程中的检查核实计划，以便分步骤地达到目标。

　　(5)列出提升个人发展项目所需的资源，并指出哪些资源需要哪些人员提供义不容辞的帮助。

**阅读资料 8-9**

#### 王华的个人发展计划

　　王华，金花医疗设备公司的一名销售代表，他到这家公司担任销售代表有一年的时间。在这一年中，上级主管给他设定的销售业绩指标是 20 万元，他完成了这个业绩指标，实际销售额为 21.9 万元。但是，像王华这样的销售代表平均的销售额为 35 万元，王华距离这样的水平还有很大的差距。而且，由于王华以前不是在医疗设备行业从业，对一些专业知识不够熟悉。

进一步分析发现,王华目前所存在的有待改进的方面,首先是销售技巧方面,具体表现在与客户沟通时,应该如何倾听客户的需要;另外,对于一些专业领域上的知识他还需进一步学习;再有,他的销售报告写得也不是很令主管满意,在这方面需要学习提高。从积极的方面来看,同事们普遍评价王华善于与人合作,与同事的关系相处得很好,也乐于帮助别人;主管认为他还是乐于学习的,在这一年中,与他以往相比,进步还是很快的;客户对王华的工作态度反映较好,只是有时对客户需要的理解方面会出现些偏差。

针对目前现状,王华在主管的帮助下制定了如表8-4的个人发展计划。

### 表8-4　王华个人发展计划表

制定计划时间:2009年3月5日

| 姓　名 | | 王华 | 职　位 | 销售代表 | |
|---|---|---|---|---|---|
| 直接主管 | | 刘利 | 部　门 | 业务一部 | |
| 有待发展项目 | 发展原因 | 目前水平 | 期待水平 | 发展的措施与所需的资源 | 评估时间 |
| 客户沟通技巧 | 与客户沟通是销售代表的主要工作,本人在这方面有较大的欠缺 | 客户沟通评估分数2.5分 | 3.5分 | • 参加"有效的客户沟通技巧"培训<br>• 自己注意体会和收集客户反馈<br>• 与优秀的销售人员一同会见客户,观察学习他人与客户沟通时好的做法 | 2009年12月 |
| 医疗设备专业知识 | 销售人员需要了解较多的产品知识,而本人以前对这些方面的知识接触甚少 | 专业知识评估分数3分 | 4分 | • 阅读有关的书籍、资料<br>• 参加产品部举办的培训班<br>• 向他人请教 | 2009年5月 |

| 撰写销售报告 | 销售人员需要以书面的形式表达销售情况,与主管和同事交流信息 | 销售报告评估分数3分 | 4分 | ● 学习他人撰写的销售报告<br>● 主管给予较多的指点 | 2009 年 8月 |
|---|---|---|---|---|---|

**阅读资料 8-10**

### 罗志强的个人发展计划

　　罗志强,克耐特公司印刷部主管,他的主要工作职责是承接各个部门的印刷工作,帮助各个部门印刷文件、表格、图片等,罗志强有 3 名下属。罗志强是位印刷方面的专家,过去是印刷部的一名技术人员,精通印刷设备的维护和使用,能处理各种印刷技术方面的难题。去年,由于他的表现出色,被提升为印刷部的主管。他的部门所提供的印刷产品在质量上常常得到其他部门的好评,并且他还经常热心地帮助其他部门设计印刷文稿。他在目前的工作中存在的主要问题是没有处理好来自各个部门的印刷稿件的优先顺序,常常导致任务积压,有的部门的任务到期没有完成。他最终的处理办法是完全按照来件的先后顺序安排工作,这种做法使一些急件没有得到照顾,耽误了一些急件的交稿时间。后来,他又常常处理急件,由于大家都把自己的稿件当作急件,最终还是有一些稿件不能如期交付。因此,他的时间管理和设定优先顺序的能力有待提高。另外,他对于自己的主管角色认知不够清晰,常常事必躬亲。他也不善于对下属进行绩效管理,他的一名下属在绩效方面存在严重的问题,他一直不予以干预,直到他的上级主管向他过问起此事时,他才与那名下属谈话。针对自己的绩效问题,他制定了如表 8-5的个人发展计划。

### 表 8 - 5　罗志强个人发展计划表

制定计划时间:2009 年 3 月 5 日

| 姓　名 | 罗志强 | | 职　位 | 印刷部主管 | | |
|---|---|---|---|---|---|---|
| 直接主管 | 张　斌 | | 隶属部门 | 印刷部 | | |
| 有待发展的项目 | 发展原因 | 目前水平 | 期望水平 | 发展措施与所需资源 | | 评估时间 |
| 主管技巧,包括:如何授权、如何管理下属绩效、如何进行团队管理等 | • 作为一名主管人员,主要的责任是使下属的绩效得到提高,让下属做得更出色<br>• 本人作为一名新主管,缺乏管理下属的技巧,很多情况下只是自己在埋头工作 | 上级评估分数2.5分 | 3.5分 | • 参加"如何做一名优秀的主管"培训<br>• 参加"如何管理下属的绩效"培训<br>• 学习上级主管和其他部门主管管理下属时好的做法<br>• 阅读有关的书籍<br>• 请上级和下属做监督 | | 2009 年10 月 |
| 时间管理 | 印刷部的工作很重要的一点就是管理好时间,处理好印刷任务的优先顺序,保证最大限度地满足客户需求。本人在这方面的表现明显不足,造成很多任务延误 | 客户评估分数2分 | 3.5分 | • 参加"时间管理与设置优先顺序"培训<br>• 学会使用排序表格<br>• 让其他部门了解目前的任务量和进度情况,以便计划自己的工作<br>• 利用外部资源满足急件的需要 | | 2009 年10 月 |

### 8.2.3 制定个人发展计划的 *Dayton-Hudson* 法

Dayton-Hudson 公司对个人发展制定了一套实际的方法。此法是由该公司组织计划发展部副总经理保罗·乔所制定的。用过此法的公司均反映非常良好。

他们编印了一本叫做"个人发展计划"的小册子,供经理们参考使用。这个计划有两个目的,一个是帮助员工在现有工作上改进绩效和帮助员工发展潜力,另一个是经由一系列预先安排的学习阶段准备未来可能的升迁。重点放在改进现有的工作绩效上。

这套计划直接从绩效考核延伸出来。表 8-6 可以看出绩效与本计划间的关系,也可以看出是专为改进现阶段工作绩效而设计的。它可以帮助员工克服其缺点并发扬其优点。表 8-7 所示是为准备升迁所用的表格。

表 8-6　个人发展计划表(改进个人工作绩效用)

| 应改变项目 | 个人发展计划 | 达成与否 |
|---|---|---|
| 1.过去 12 个月未尽的职责或其弱点<br>2.计划培养的个人优点 | | |

表 8-7　个人发展计划表(升迁用)

| 理想的职位 | 准备的步骤 | 达成与否 |
|---|---|---|
| | | |

在 Dayton-Hudson 公司所用个人发展的具体计划中包括了公司外部的、公司内部的和自我要求三个提升的途径,具体如表 8-8 所示。

表 8-8　"个人发展计划"提升方案表

| 改进事项 | | |
|---|---|---|
| 公司外部活动 | 公司内部活动 | 个人自我改进活动 |
| | | |

表 8-9 是一张已填好的表格,用以提升一名员工时间管理方面的绩效。重点放在公司内部及自我要求的活动。显而易见,主管与部属合作协助员工的成长,其效果将远大于公司内外任何其他的助力。

表 8 - 9　改进时间管理能力的"个人发展计划"

| 改 进 事 项 | | |
| --- | --- | --- |
| 公司外部活动 | 公司内部活动 | 个人自我改进活动 |
| （由部属完成）<br>读书：如何控制你的时间与生命<br><br>参加时间管理讲习会 | （由主管完成）<br>• 派部署加入由精于时间管理的经理所领导的专案小组或安排与其会谈<br><br>• 以一周的时间，每天示范给部属看主管如何安排控制自己的时间<br><br>• 要部属安排看主管为他所做的"工作项目表"及"工作完成/未完成检查表"。对于任何有效的表现均应特别予以鼓励 | （由部属完成）<br>• 与一名善于利用时间的经理面谈请教，并选择二至三项工作亲自练习<br>• 每天订出"工作项目表"，并排定优先顺序<br>• 将每一项成绩予以记录<br>• 把"工作项目表"逐项加上预计完成的时间<br>• 记录是否依时完成<br>• 不要让自己利用加班或早到来清除积压的工作<br>• 检视过去三个月的行事日历。找出不必要的事情及花费过多时间的事情。然后，计划下个月的行事，并予以改进 |

**本章思考题**

1. 绩效考核结果在人力资源决策中有哪些作用？
2. 试从动态用人的角度分析绩效考核结果的应用。
3. 绩效考核结果应用于薪酬包括哪几种方式？请举例说明。
4. 试分析绩效考核结果的效标作用。
5. 请解释绩效考核结果与个人发展计划的关系。

## 案例讨论

### 绩效考核完成后该做些什么？

又是一个财政年度的年末，A 公司除了忙着做今年的会计决算和来年的财政预算外,经理和员工们又开始了一年一度的被他们称之为"表演"的绩效考评了。

王经理直接管理着 16 名员工,因此他又将忙于填写 16 份内容相差不多的绩效考核表。由于人力资源部门已经催了很多次了,所以他必须在周末的时候完成这些表格。否则,下周一又该接到人力资源部经理的催"债"电话了。

他确实想到了一个好办法。他把表格发给每位员工,让员工自己在上面打分,然后派人收齐,在上面签上名,再交给人力资源部。问题似乎很快就得到了解决,纸面上的工作都按人力资源部门的要求完成了,人力资源部门也很满意,于是每个人都又结束"表演"回到了"现实的工作"中。忙碌一时的绩效考评工作就这样"完成"了。

王经理的绩效考评工作是不是真的完成了呢? 如果你是王经理的老板,你会对他的这些表现满意吗?

我相信你不会! 因为他的工作完成的并不出色。

实际上,在绩效考评结束后,作为直线经理,仍有大量的工作需要做,因为绩效考评的完成并不代表着绩效管理的结束!

执行一个完善的绩效管理系统,仍有大量工作等待着经理们去处理,去完善。其实,对于整个绩效管理工作来说,绩效考评的完成不是整个工作的结束,而是刚刚渐入佳境。如果后期的工作不能及时跟进,不做或者不能尽心去做,那么前面的工作都将徒劳无功。你认为呢?

——资料来源:根据"中国人力资源网,经典案例,网址:http://www. hr. com. cn"改编。

### 案例讨论

1. A 公司的绩效考核系统存在哪些问题?

2. 结合本案例的情景,说说在完成绩效考核之后,部门直线经理还要做哪些工作?

3. 你认为 A 公司的绩效考核制度存在哪些需要改进之处?

# 第 *9* 章

# 绩效考核实务及绩效管理制度

组织具有层级性,绩效管理系统也必然具有明显的层次结构。不论这种层次有多少,必然存在两个最基本的层次:一是组织外部出资者对公司及其高层管理者的绩效考核;二是组织内部管理者对下属机构和下属员工的绩效考核。本章通过对高层管理者、中层管理者以及一般员工的绩效考核介绍,使读者更加全面地了解现实中组织的绩效考核过程及其操作方法;明确对不同层次员工进行绩效考核的程序和侧重点,提高对前面章节所学知识的灵活运用能力。

## 重点问题

⇨ 高层管理人员的考核
⇨ 中层管理人员的考核
⇨ 一般员工的考核
⇨ 绩效管理制度的建立
⇨ 某公司绩效管理制度实例

## 9.1 高层管理人员的绩效考核

### 9.1.1 高层管理人员绩效考核的内容

高层管理人员必须从战略的高度把握组织发展的方向,高层管理人员所做决策的正确与否直接影响到组织的发展。所以判断高层管理人员是否能"做正确的事"成为对其进行绩效考核的关键所在。

目前,对高层管理人员的绩效考核更多的是从对股东负有直接责任的财务指标进行考核,涉及股东回报率、净资产收益率、资产回报率、销售增长率以及产值、利润、成本等指标。也就是说,对高层管理人员的考核更多地注重具体的、可量化的且与组织运营相关的指标,是以业绩考核为基础的考核方式。此外,影响这些可量化的目标达成的影响因素还包括高层管理者的能力和素质,如工作能力、学习能力等。因此,组织对高层管理人员的绩效考核还应包括团队合作、持续学习能力、决策力等指标。

高层管理人员应具备的能力包括:

(1)领导能力。作为高层管理人员,其负责管理组织的全局,因此,必须具备一定的领导能力。

(2)计划能力。作为高层管理人员,其工作中的决策往往是战略性的,因此,在实施之前必须要有周密的计划。

(3)预见能力。在工作中,计划的实施难免会遇到一些困难和阻力,高层管理人员在制定计划之前必须对此要有充分的考虑。

(4)管理能力。高层管理人员的工作以对组织的管理为主,无论是人力资源管理、还是财务管理等,都在一定程度上依赖于高层管理人员的管理能力。

(5)创新能力。组织在考核中会不断遇到各种各样的问题,作为高层管理人员,必须有很强的创新能力,不断寻求更好、更新的方法去解决问题,突破组织发展的瓶颈。

(6)沟通和协调能力。高层管理人员由于职位的缘故,会更多地接触到部门与部门、员工与员工之间的矛盾;由于工作中的阻力,一些员工也会寻求与高层管理人员进行沟通交流,解决自己的实际问题;另外,高层管理人员与决策者的沟通对于自己部门或组织的发展也有着重要的意义。

(7)人才培养能力。人才是一个组织长盛不衰的最重要因素,作为组织高层管理人员,在平时的工作中应当注重培养更多的人才,这些人才将是组织未来的希望。

上述能力可以在对高层管理人员的绩效考核中体现,而不仅仅是业绩考核。

## 9.1.2　高层管理人员业绩考核指标的设计思路

对于组织高层管理人员的考核重点在于整体绩效的提升,所以应用平衡计分卡的思想进行指标体系的设计是最有效的方法。围绕着组织的战略目标,运用平衡计分卡的方法,设计有关财务、客户、运营及学习成长方面的关键绩效指标和工作目标,并给予不同的权重。

### 1. 对高层管理人员的财务指标考核

财务性绩效指标可显示出组织的战略及其实施和执行是否正在为最终经营结

果(如利润)的改善作出贡献。考核的主要内容一般为收入的增长率、成本降低率、劳动生产率、资产的利用率和投资回报率等。

**2. 对高层管理人员的客户面指标考核**

平衡计分卡要求组织将使命和策略诠释为具体的与客户相关的目标和要点。主要考核内容为市场份额、老客户挽留率、新客户获得率、顾客满意度等。

**3. 对高层管理人员的内部运营指标考核**

建立平衡计分卡的顺序,通常是在先制定财务和客户方面的目标与指标后,才制定组织内部流程面的目标与指标,这个顺序使组织能够抓住重点,专心衡量那些与股东和客户目标息息相关的流程。主要考核以对客户满意度和实现财务目标影响最大的业务流程改良/创新过程、经营过程、售后服务过程等。

**4. 对高层管理人员的学习和成长指标考核**

削减对组织学习和成长能力的投资,虽然能在短期内增加财务收入,但由此造成的不利影响将在未来对组织带来沉重打击。学习和成长面指标涉及到员工的能力提高、信息系统的构建、激励、授权与相互配合等。

## 9.1.3　KPI 和自我述职形式的考核方法

**1. 业绩考核的 KPI 形式**

对高层管理人员进行考核,"业绩考核"一般采取 KPI 指标考核方式,为了动态监控组织的经营业绩,对管理人员的业绩考核周期可以根据组织的产品特点、市场状况和组织的管理能力具体确定,考核周期一般设为月、季、半年或一年。KPI 是根据平衡计分卡分解得到的指标,其选择和制定过程在第 5 章已经介绍过。常见的对高层管理人员的 KPI 考核见表 9-1、表 9-2。在设计 KPI 时,应注意:

- 指标不宜过多,控制在 5～10 个,以免忽视了考核关键;
- 选择对经济效益影响大的指标;
- 选择可控性强的指标;
- 指标计算不要过于复杂。

表 9-1 的填写说明:

(1)KPI 完成情况的填写。填写报告考核期内 KPI 完成情况,并与同期水平相比明确工作的进步情况,审视计划期目标和目标的达成程度,说明差距和原因。若计划调整,需将相应的经营重点和 KPI 指标进行调整,调整内容在"计划调整"栏中体现。

表 9 - 1　常见的高层管理人员业绩考核表形式一

| 姓名 | | 部门 | | 职务 | | 考核层次 | | 考核期 | |
|---|---|---|---|---|---|---|---|---|---|
| 经营重点和 KPI 指标(80%) | | | | | | | | | |
| NO. | KPI 关键业绩指标 | | 考核标准 | 权重 | 达成情况 | | 达成情况 | | |
| | | | | | 被考核者自评 | 得分 | 评价委员会评价 | 得分 | |
| 1 | | | | | | | | | |
| 2 | | | | | | | | | |
| 3 | | | | | | | | | |
| … | | | | | | | | | |
| 计划调整 | | | | | | | | | |
| | | | | | | | | | |
| | | | | | | | | | |
| 日常工作完成情况 | | | | | | | | | |
| 有关说明 | | | | | | | | | |

(2)日常工作完成情况。日常工作完成情况是对 KPI 完成的补充,可以作为 KPI 考核的有效补充。

(3)有关说明。承担不同职责的高层管理人员根据分管的情况,可以对以下内容进行说明,可以作为 KPI 考核的有效补充。

- 工作成绩。针对 KPI 目标和影响 KPI 的原因,按照优先次序,列出最主要的三项不足和最主要的三项成绩,并扼要地指出原因。
- 市场数据及竞争对手比较、业务环境及最佳基准比较。通过准确扼要的数据和指标,说明客户、竞争对手和自身的地位、策略、差异和潜力,特别关注变化、动向、机会和风险,关注影响公司和部门 KPI 实现的市场因素和环境因素,以及业界最佳基准。

- 核心竞争力提升的策略与措施。核心竞争力提升的策略与措施是指那些完成 KPI 和增强公司潜力的关键策略和措施,围绕组织目标,回顾业务策略、中心工作以及核心产品/业务改进措施的落实情况和进展情况,并对策略及措施的实施结果进行计划。

**表 9-2　常见的高层管理人员业绩考核表形式二**

| 经营重点和行动方案 | | | | | |
|---|---|---|---|---|---|
| 序号 | 经营重点或 KPI | 行动方案 | 负责人 | 规划完成时间 | 实际完成时间 |
| 1 | | | | | |
| 2 | | | | | |
| 3 | | | | | |
| 4 | | | | | |
| … | | | | | |
| 信息反馈 | | | | | |

表 9-2 与表 9-1 的形式不同,表 9-1 为定期绩效考核表,表 9-2 的考核时间更加灵活,它按照经营重点分别将指标分解给分管不同方面的高层管理人员,如生产管理副总经理、销售副总经理、总会计师等人,分管的工作不同,负责的 KPI 项目不同,其要求完成的时间也不同。

**2. 能力和态度考核的自我述职形式**

表 9-1 和表 9-2 是对高层管理人员的业绩考核,在对其进行能力和态度考核时,可以采用述职报告的形式进行,将组织对高层管理人员的能力和素质考核要求设计到考核表中,并逐项考核打分。表 9-3 是常见的高层管理人员述职综合考核表,当然,也有书面报告的形式。表 9-3 改变了书面报告长篇累牍式的汇报,减少了因考核而带来的额外负担,在规定的能力和素质考核方面进行简单的自我总结,抓住要点,达到考核目的。因为能力和态度的变化频率低,所以"述职综合考核表"一般的考核周期为一年。

表 9-3　常见的高层管理人员述职综合考核表

| 姓名 | | 部门 | | 职务 | | 考核层次 | | 考核期 | |
|------|--|------|--|------|--|----------|--|--------|--|
| 绩效改进和工作创新（20％） | | | | | | | | | |
| | | 自我总结 | | | 考评者评语及下期工作期望 | | | | |
| 业绩改进<br>（10％） | | | | 评语： | | | | | |
| | | | | 期望： | | | | | |
| 工作创新<br>（10％） | | | | 评语： | | | | | |
| | | | | 期望： | | | | | |

| 考核得分 | 评价者打分（80％） | 自评打分（20％） | 合计得分 | 考核等级 |
|----------|------------------|-----------------|----------|----------|
| KPI 完成：分（80％） | | | | |
| 业绩改进：分（10％） | | | | |
| 工作创新：分（10％） | | | | |

**3. 综合考核汇总形式**

表 9-3 中的下半部分是综合打分表，KPI 得分来自于表 9-1 或表 9-2 的评价。

- 关于指标权重。"KPI 完成"在综合得分中占 80％，"业绩改进"和"工作创新"属能力类的考核，分别占考核总分的 10％。业绩指标是高层管理人员考核的重点，所以占的权重较大，也可以将能力考核的指标多设计一些，将指标权重重新分配，以适合具体组织考核的要求。

- 关于考核者权重。表 9-3 中"评价者打分"占 80％，"自评打分"占 20％。在设计中可以根据组织的实际情况具体确定各自的权重。

- 关于考核等级。考核等级是考核者对被考核者绩效进行综合评价的结论。考核等级可分为五个层次：A（优秀）、B（良好）、C（合格）、D（需要改进）、E（不合格）。表 9-4 是常见的对各个指标等级涵义的解释。

表 9 - 4　常见的指标等级涵义解释

| 等级 | 定义 | 涵义 |
|------|------|------|
| A | 优秀 | 实际业绩显著超过预期计划/目标或岗位职责/分工的要求,在计划/目标或岗位职责/分工要求所涉及的各个方面都取得非常突出的成绩 |
| B | 良好 | 实际业绩达到或超过预期计划/目标或岗位职责/分工的要求,在计划/目标或岗位职责/分工要求所涉及的主要方面取得比较突出的成绩 |
| C | 合格 | 实际业绩基本达到预期计划/目标或岗位职责/分工的要求,既没有突出的表现,也没有明显的失误 |
| D | 需改进 | 实际业绩未达到预期计划/目标或岗位职责/分工的要求,在某些方面或某一主要方面存在着明显的不足或失误 |
| E | 不合格 | 实际业绩远未达到预期计划/目标或岗位职责/分工的要求,在很多方面或主要方面存在着重大的不足或失误 |

# 9.2　中层管理人员绩效考核

## 9.2.1　中层管理人员绩效考核的内容

中层管理人员是按照管理组织层次、上下级组织关系进行分类,位于高层管理人员和基层人员中间,贯彻高层管理人员的命令、指示及计划,对基层人员布置工作任务的管理人员。在我国,组织中中层管理人员主要包括分厂厂长、部门经理、业务经理等。"如何做事"是指如何使高层战略具有可执行性并领导员工实现组织战略,成为中层管理人员绩效考核的关键所在。对组织中层管理人员的考核内容主要是:

(1)业绩考核。无论是什么层次的员工,他们的业绩指标一定是被列为考核中的关键指标之一,中层管理人员也如此,他们的业绩完成情况对组织目标的实现至关重要。

(2)专业知识和技能的考核。不同的中层管理人员有不同的管理内容,也要求其本身必须具备一定的基本素质和技能,这些技能对他们的管理能力起着非常重要的作用。

(3)管理能力。中层管理人员的工作已经在一定程度上脱离了基层的工作,因此,中层管理人员的管理能力在一定程度上就显得非常的重要。

　　(4)指导能力。中层管理人员还应当对自己的下级进行工作上的指导,帮助员工更好地完成工作。

　　(5)沟通和协调能力。工作中不可避免地会发生矛盾和冲突,作为中层管理人员,他们的沟通和协调能力将是解决员工间矛盾的重要方面。同时,各部门之间也会经常发生一些矛盾,这些矛盾如果不能尽快加以解决,将会影响到部门间的合作,能否很好地解决这些矛盾,很大程度上取决于中层管理人员的沟通和协调能力。

　　(6)创新能力。考核中层管理人员是否可以经常在工作中对自己的工作方式方法加以改进和完善。

## 9.2.2　中层管理人员业绩考核指标的分解

　　依据组织的发展与战略目标,分解各个方面的业绩指标,形成对中层管理人员的 KPI,是目标分解的关键和难点,系统地将组织的战略任务分解到中层管理人员,各项工作得到落实,使组织运行有序。图9-1、图9-2、图9-3、图9-4分别从财务面、客户面、运营面、学习和成长面将关键绩效指标分解到各个部门,形成了对各个部门主管人员的 KPI。KPI 层次结构和逻辑关系清楚,是组织实现绩效管理驱动的关键环节。

　　**1. 财务面指标分解举例(见图9-1)**

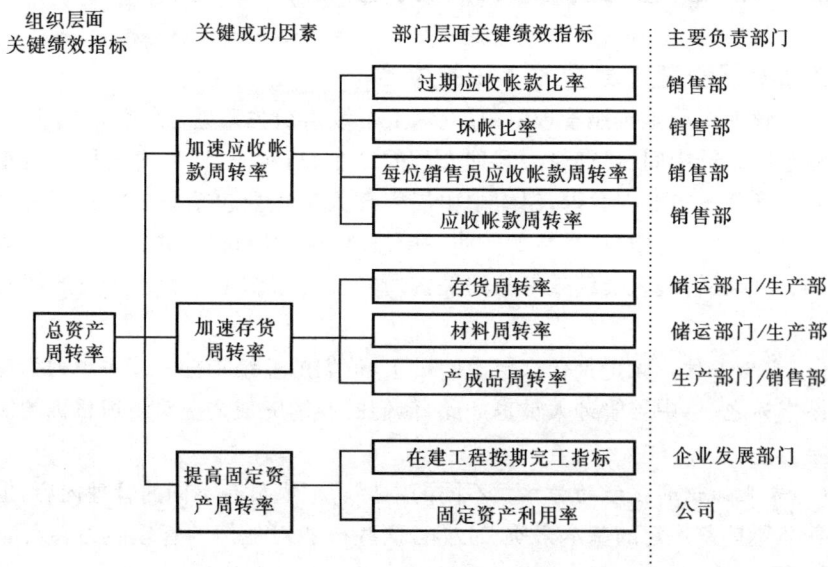

图9-1　KPI财务面指标分解到各部门的中层管理人员

## 2. 客户面指标分解举例（见图 9 - 2）

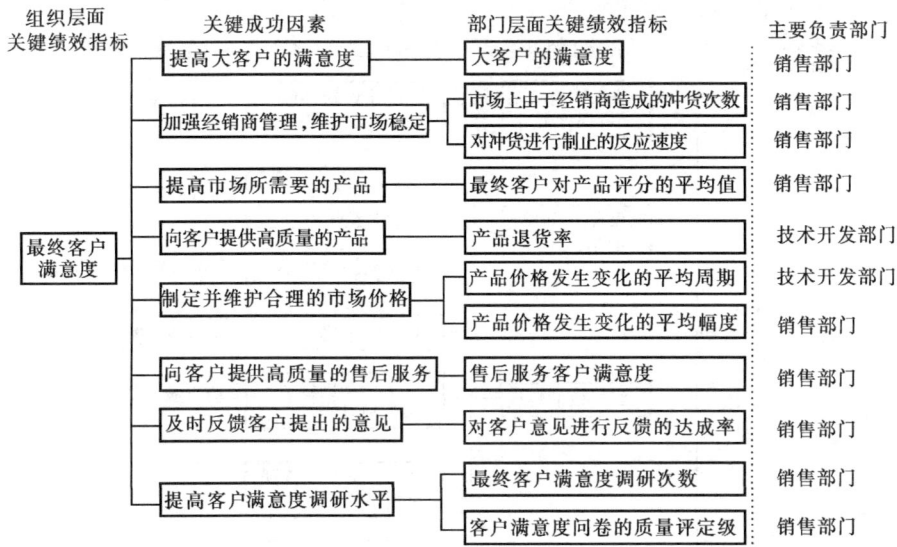

| 组织层面<br>关键绩效指标 | 关键成功因素 | 部门层面关键绩效指标 | 主要负责部门 |
|---|---|---|---|
| | 提高大客户的满意度 | 大客户的满意度 | 销售部门 |
| | 加强经销商管理，维护市场稳定 | 市场上由于经销商造成的冲货次数 | 销售部门 |
| | | 对冲货进行制止的反应速度 | 销售部门 |
| | 提高市场所需要的产品 | 最终客户对产品评分的平均值 | 销售部门 |
| 最终客户<br>满意度 | 向客户提供高质量的产品 | 产品退货率 | 技术开发部门 |
| | 制定并维护合理的市场价格 | 产品价格发生变化的平均周期 | 技术开发部门 |
| | | 产品价格发生变化的平均幅度 | 销售部门 |
| | 向客户提供高质量的售后服务 | 售后服务客户满意度 | 销售部门 |
| | 及时反馈客户提出的意见 | 对客户意见进行反馈的达成率 | 销售部门 |
| | 提高客户满意度调研水平 | 最终客户满意度调研次数 | 销售部门 |
| | | 客户满意度问卷的质量评定级 | 销售部门 |

图 9 - 2　KPI 客户面指标分解到各部门的中层管理人员

## 3. 内部运营面指标分解举例（见图 9 - 3）

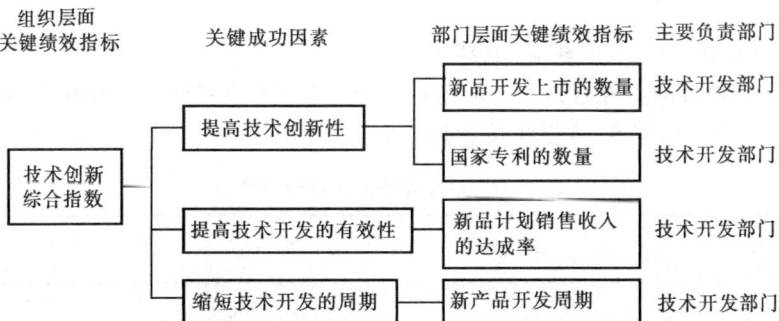

| 组织层面<br>关键绩效指标 | 关键成功因素 | 部门层面关键绩效指标 | 主要负责部门 |
|---|---|---|---|
| | 提高技术创新性 | 新品开发上市的数量 | 技术开发部门 |
| 技术创新<br>综合指数 | | 国家专利的数量 | 技术开发部门 |
| | 提高技术开发的有效性 | 新品计划销售收入<br>的达成率 | 技术开发部门 |
| | 缩短技术开发的周期 | 新产品开发周期 | 技术开发部门 |

图 9 - 3　KPI 内部运营面指标分解到各部门的中层管理人员

**4.学习和成长面指标分解举例(见图9-4)**

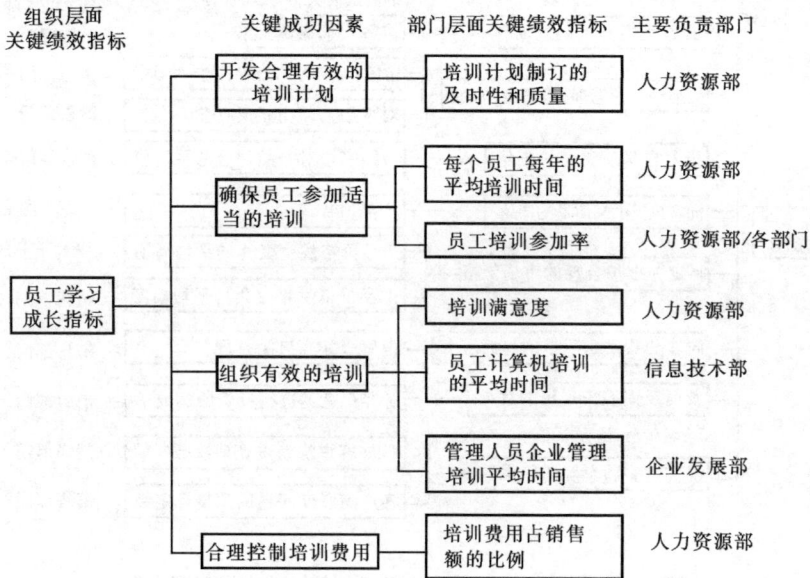

图9-4　KPI学习成长面指标分解到各部门的中层管理人员

### 9.2.3　中层管理人员绩效考核方法

　　中层管理者的考评常采取360度的考评方法,考核主体的考核维度及权重各有不同。表9-5、表9-6是中层管理人员绩效评价举例和自评报告举例。

**表9-5　中层管理人员绩效评价表**

| 姓 名 | | 职 务 | | 评 价 人 | | | | |
|---|---|---|---|---|---|---|---|---|
| 事 业 部 | | 部 门 | | 评价区间 | | | | |
| 评价尺度及分数 | | 优秀(10分) 良好(8分)<br>一般(6分) 较差(4分) 极差(2分) | | | | 评<br>分 | 本栏<br>平均 | 权重<br>系数 |

| | | | | |
|---|---|---|---|---|
| 工作绩效 | 1. 工作达成度 | 与年度目标或与期望值比较,工作达成与目标或标准之差距,同时应考虑工作客观难度 | | 4 |
| | 2. 工作品质 | 仅考虑工作的品质,与期望值比较,工作过程、结果的符合程度(准确性、反复率等) | | |
| | 3. 工作速度 | 仅考虑工作的速度,完成工作的迅速性、时效性,有无浪费时间或拖拉现象 | | |
| | 4. 工作量 | 仅考虑完成工作数量,职责内工作、上级交办工作及自主性工作完成的总量 | | |
| 工作能力 | 5. 计划性 | 工作事前计划程度,对工作(内容、时间、数量、程序)安排分配的合理性、有效性 | | 3 |
| | 6. 协调沟通 | 与各方面关系协调,化解矛盾,说服他人,以及人际交往的能力 | | |
| | 7. 应变力 | 应对变化,采取措施或行动的主动性、有效性及工作中对上级的依赖程度 | | |
| | 8. 指导控制力 | 对本部门或下属的激励、指导、培训情况,对本部门的管理控制情况 | | |
| | 9. 周全缜密 | 工作认真细致及深入程度,考虑问题的全面性、遗漏率 | | |
| | 10. 人才培养 | 以对人才的重视程度及对储备人才的培养情况 | | |
| | 11. 职务技能 | 对担任职务相关知识的掌握、运用,工作熟练程度 | | |
| 工作态度 | 12. 协作性 | 人际关系,团队精神及与他人(他部门)工作配合情况 | | 3 |
| | 13. 以身作则 | 表率作用如何,严格要求自己与否,遵守制度纪律情况 | | |
| | 14. 工作态度 | 工作自觉性、积极性;对工作的投入程度、进取精神、勤奋程度、责任心等 | | |
| | 15. 执行力 | 对上级指示、决议、计划的执行程度及执行中对下级检查跟进程度 | | |
| | 16. 品德言行 | 是否做到廉洁、诚信,是否具有职业道德 | | |

| 评价得分 | Ⅰ (1—4 项平均分)×4 ＋(5—11 项平均分)×3 ＋(12—16 项平均分)×3 ＝ _____ 分 |
|---|---|
| 出勤及奖惩 | Ⅱ 出勤:迟到、早退 ____ 次×0.5 ＋ 旷工 ____ 天×2 ＋事假 ____ 天×0.4 ＋病假 ____ 天 ×0.2＝ ____ 分 |
|  | Ⅲ 处罚:警告 ____ 次×1 ＋小过 ____ 次×3 ＋大过 ____ 次×9 ＝ ____ 分 |
|  | Ⅳ 奖励:表扬 ____ 次×1 ＋小功 ____ 次×3 ＋大功 ____ 次×9 ＝ ____ 分 |
| 总 分 | Ⅰ ____ 分 － Ⅱ ____ 分 － Ⅲ ____ 分 ＋ Ⅳ ____ 分 ＝ ____ 分 |
| 评价等级 | □A.　　　　□B.　　　　□C.　　　　□D. |
| 评价者意见 |  |

表 9 - 6　　中层管理者自评报告

| 姓 名 |  | 部 门 |  | 职 位 |  |
|---|---|---|---|---|---|
| 本部门经营策略重点 |  |  |  |  |  |
| 计划完成情况 | 关键绩效指标及衡量标准 | 实际完成情况 |  | 完成方式或未完成原因 |  |
|  |  |  |  |  |  |
|  |  |  |  |  |  |
|  | 计划调整 |  |  |  |  |
| 管理改进 | 项　目 | 本期计划改进 |  | 基于事实和数据的完成情况 |  |
|  | 部门目标管理与促进企业决策 |  |  |  |  |
|  | 文化与团队建设 |  |  |  |  |
|  | 流程管理与部门协作 |  |  |  |  |
|  | 员工辅导与培养 |  |  |  |  |
| 绩效改进 | 绩效改善情况自述 |  |  |  |  |
| 自评 | □杰出 | □良好 | □满意 | □合格 | □有待改进 |

| 被评价者签名： | | 日期 | |
|---|---|---|---|
| 评价<br>小组<br>评价 | 以评价标准为依据,对照工作结果与预期目标做评价,适当考虑责任难度。 | | |
| | □杰出　　□良好　　□满意　　□合格　　□有待改进 | | |
| 评价小组评价 | | | |
| 评价小组组长签名 | | 日期 | |

# 9.3　一般员工绩效考核

## 9.3.1　一般员工考核的主要内容

　　企业战略的执行、部门目标的实现都是由员工来完成的。如何保证一般员工能"正确地做事"是对其进行绩效管理的关键。对于一般员工来说,主要考核维度是业绩(任务完成率),态度(积极性、协作性、合作性、纪律性),能力(学习力、理解判断力、开拓创新力)等。下面以销售人员为例详细介绍对销售人员考核的主要内容。

### 1. 年度和月度业绩的考核

　　此项考核将主要依据营销部和财务部联合统计的各类营销人员的月度和年度销售业绩,包括各类财务指标,如销售额、利润率、回款率、回款日期等。

### 2. 服务考核

　　销售的竞争从某种意义上说是服务的竞争,包括售前、售中和售后服务。因此,所有营销人员都必须做好对顾客的服务工作,无论销售是否完成,员工服务能力的考核取决于顾客当月和全年投诉率,一般员工的投诉率不应高于 5%。员工的服务不仅在顾客投诉率上得到反映,还应在为其他部门提供的服务上得到反映,此项考核由各部门分别完成。

### 3. 能力考核

　　通过员工的工作行为,观察、分析、评价其所具备的工作能力。此项考核可结合员工职业生涯规划和当月工作计划,从其工作的计划性以及目标的完成情况,考核员工的工作效率和工作质量。

　　(1)沟通能力。作为营销人员,员工将经常与顾客进行沟通和交流,员工的交流和沟通能力在一定程度上将决定员工的销售业绩。

(2)创新能力。员工是否经常努力的自我启发、革新,对自己的销售方法、工作方式进行创新。

(3)信息搜集能力。作为营销人员,必须具备极强的信息搜集和利用能力,对顾客和市场的相关情况应有所了解和掌握。

(4)工作态度考核。通过员工日常工作的工作表现,考核员工的工作态度,此项考核由周围同事、上级领导进行考核。

**4. 工作的安全性和规范性**

不按照安全工作制度工作的员工可能会损坏设备或者受到身体上的伤害,或是由于操作不当,从而使公司遭受不必要的损失。

**5. 工作的纪律性**

(1)出勤。出勤指员工在规定时间、规定地点按时参加工作,非正常出勤包括迟到、早退、事假、病假等。

(2)其他工作纪律的遵守情况。

(3)团队协作能力和敬业精神。

## 9.3.2　一般员工绩效考核方法

对一般员工的考评通常采取直接上级对其考评的方法。因为员工的直接上级具有判断员工行为与工作目标、组织目标一致性方面的优势。表9-7是对一般员工考核方法的举例。

表9-7　员工工作表现/贡献评估表

| 姓名: | | 性别: | 年龄: | 部门: |
|---|---|---|---|---|
| 评估日期: | | 任职时间: | | 职位: |
| 评价标准和操作说明:<br>　　请在适当的栏内填写等级对应的字母。<br>　　A.(10分)出色,绩效特别优秀,并始终超越本职位常规标准要求<br>　　B.(8分)优良,工作绩效经常超出本职位常规标准要求<br>　　C.(6分)可接受,工作绩效经常维持或偶尔超出本职位常规标准要求<br>　　D.(4分)需改进,工作绩效基本维持或偶尔未达到本职位常规标准要求<br>　　E.(2分)不良,工作绩效显著低于常规本职位正常工作标准的要求<br>　　N.此项目不适用于此人 | | | | |

| 工作相关<br>标准 | 评价因素描述 | 评分等级 | |
|---|---|---|---|
| | | 自我评价 | 主管评价 |

续表 9 - 7

| 工作相关<br>标准 | 评价因素描述 | 自我评价 | 主管评价 |
|---|---|---|---|
| 工作责任感 | 1. 表现出维护组织利益与形象的具体行为 | | |
| | 2. 乐意接纳额外的任务和必要的加班 | | |
| | 3. 肯为工作结果承担责任 | | |
| | 4. 保持良好的出勤记录,没有不合理缺席 | | |
| 客户(包括组织内部的服务对象)服务意识 | 1. 倾听客户问题,努力发现、理解客户需求 | | |
| | 2. 合乎组织规则地满足客户需求,提供清晰、完整的答案 | | |
| | 3. 提供额外的帮助 | | |
| | 4. 以愉悦和友善的态度提供服务 | | |
| 工作态度 | 1. 服从上级指示 | | |
| | 2. 遵守规章制度和业务规程 | | |
| | 3. 为后续的工作提供最大的便利 | | |
| | 4. 在无监督情况下保持工作质量的稳定 | | |
| 工作效率 | 1. 准时完成工作任务 | | |
| | 2. 根据需要主动调整和加快进度 | | |
| | 3. 能在规则允许范围内改进方法以提高效率 | | |
| 工作技能 | 1. 具备良好的理解能力,很好地理解工作任务需求 | | |
| | 2. 具备良好的发现和解决问题能力,及时发现问题,找出问题的原因,采取有效的措施解决问题 | | |
| | 3. 能根据当前工作的特点,对现有的方法和技术做出灵活的运用,并创造性地提出新的方法 | | |
| | 4. 具备必要的业务工作知识、技能和方法,能独立完成本岗位的工作 | | |

| | | | |
|---|---|---|---|
| 团队合作 | 1. 愿意与他人分享经验和观点 | | |
| | 2. 采用合适的方式表达不同意见 | | |
| | 3. 与同事和协作部门保持良好的合作关系 | | |
| | 4. 参与和支持团队工作,推进团队目标的达成 | | |
| | 5. 能为团队利益做出个人的牺牲 | | |
| 个人发展 | 1. 对自己的能力和判断有信心,愿意尝试有挑战性的工作任务 | | |
| | 2. 经常对自己提出新的要求和目标,愿意承担更大的责任 | | |
| | 3. 有清晰的个人发展计划和培训需求 | | |
| | 4. 以积极态度接受与工作有关的培训 | | |
| | 5. 安排利用个人时间来提高专业技能 | | |

| 工作相关标准 | 该分项平均得分 | 等级 |
|---|---|---|
| 工作责任感 | | |
| 客户服务意识 | | |
| 工作态度 | | |
| 工作效率 | | |
| 工作技能 | | |
| 团队合作 | | |
| 个人发展 | | |
| 工作绩效整体评估 | | |

主要工作改善建议(个人填写)

工作期望(主管填写)

上级主管审核意见

签名:

# 9.4 绩效管理制度

## 9.4.1 绩效管理制度设计

本章前三节介绍和讨论了组织中高层、中层、基层人员的考核方法和特点,要保证这些考核的过程顺利进行,必须有与此相适应的规定和制度。本节主要讲述人力资源部门如何制定有效的绩效管理考核制度,从制度的角度上给组织的绩效管理提供良好的保障环境,并例举一个企业绩效管理制度的实例,以帮助理解制度的制定过程。

**1. 制定绩效管理制度的基本原则**

(1)公开与开放的原则。公开与开放的原则,就是绩效管理制度必须建立在公开性、开放式的要求下。开放式的绩效管理制度首先应体现在评价上的公开、公正、公平,借此才能取得上下级的认同,使绩效管理得以推行;其次评价标准必须是十分明确的,上下级之间可直接对话,面对面地沟通,进行绩效管理工作。在把握开放性原则时,应注意以下几点:

①要通过工作分析(或岗位分析)确定对员工的期望和要求,制定出客观的绩效管理标准,通过制定岗位任职资格标准及绩效管理标准,将组织对其员工的期望和要求明确地规定下来,使考评的总体性和全局性得以加强,进而成为人力资源管理的组成部分。

②实现绩效管理活动的公开化,破除神秘感,进行上下级的直接对话,将技能开发与员工发展的要求引入考评体系之中。

③引入自我主体及自我申报机制,对公开的工作绩效评价做出补充。通过自我评价,可增进组织目标的实现。

④根据不同的组织类型,分阶段引入绩效管理的评价标准和规则,使其员工有一个逐步认识、理解的过程。

(2)反馈与修改的原则。即把绩效管理的结果及时反馈,作为正确的行为、方法、程序、步骤、计划措施坚持下来,发扬光大。不足之处,加以纠正和弥补。

(3)定期化与制度化原则。绩效管理是一种连续性的管理过程,因而必须定期化、制度化。绩效管理既是对员工能力、工作绩效、工作态度的评价,也是对未来行为表现的一种预测。因此只有程序化、制度化地进行绩效管理,才能真正了解员工的潜能,才能发现组织中的问题,从而有利于组织的有效管理。

(4)可靠性与正确性原则。可靠性又称信度,是指某项测量的一致性和稳定性。绩效管理的信度是指绩效管理方法保证收集到的人员能力、工作绩效、工作态度等信息的稳定性和一致性,它强调不同评价者之间对同一个人或一组人评价的结果应该大体一致,如果绩效管理因素和绩效管理尺度是明确的,那么测评者就能在同样的基础上评价员工,从而有助于改善信度。

正确性又称效度,是指某项测量有效地反映其所测量内容的程度。绩效管理的效度是指绩效管理方法,测量员工的能力与绩效内容的准确性程度。它强调的是绩效管理内容的效度,即绩效管理事项真实反映特定工作程序与方法(行为、结果和责任)的程度。

可靠性与正确性是保证绩效管理有效性的充分必要条件,所以一个绩效管理体系想获得成功,就必须具备良好的信度和效度。

(5)可行性与实用性的原则。可行性是指任何一个绩效管理方案所需时间、人力、物力、财力,要能够被使用者及其实施的客观环境和条件所允许。因此,在制定绩效管理方案时,应根据绩效管理目标和要求,合理地进行方案设计,并对绩效管理方案进行可行性分析。主要从以下几个方面进行:

①限制因素分析。任何一项绩效管理活动都是在一定条件下进行的,必须研究该考评方案所拥有的资源、技术以及其他条件,并对绩效管理方案的对象与范围的适用性,进行深入全面的分析。

②目标与效益分析。全面分析和确定绩效管理所要实现的目标,全面评价绩效管理方案对人力资源管理所能带来的直接和间接的效益,包括经济效益和社会效益。

③潜在问题分析。预测每一考评方案可能发生的问题、困难、障碍,问题发生的可能性以及可能产生的不良效果,并找出原因,提出应变措施。解决这一问题的办法是在实施绩效管理活动前,对各种绩效管理考评工具进行调试,通过调试发现问题,减少绩效管理的误差。

所谓实用性,包括两个方面的含义:第一是指绩效管理考评工具和方法,应适合不同绩效管理的目的和要求,要根据绩效管理目的设计测评工具;第二是指所设计的绩效管理考评方案,应适合企业的不同部门和岗位的人员素质的特点和要求。

**2. 绩效管理制度的基本内容和要求**

(1)绩效管理制度的基本内容。绩效管理制度一般应由总则、主文和附则等章节组成,并包括以下内容:

①概括说明建立绩效管理制度的原因,绩效管理的地位和作用,即在企业单位中加强绩效管理的重要性和必要性。

②对绩效管理的组织机构设置、职责范围、业务分工,以及各级参与绩效管理活动的人员的责任、权限、义务和要求做出具体的规定。

③明确规定绩效管理的目标、程序和步骤,以及具体实施过程中应当遵守的基

本原则和具体的要求。

④对各类人员绩效考评的方法、设计的依据和基本原理、考评指标和标准体系做出简要确切的解释和说明。

⑤详细规定绩效考评的类别、层次和考评期限(何时提出计划,何时确定计划,何时开始实施,何时具体考评,何时面谈反馈,何时上报结果等等)。

⑥对绩效管理中所使用的报表格式、考评量表、统计口径、填写方法、评述撰写和上报期限,以及对考评结果偏误的控制和剔除提出具体的要求。

⑦对绩效考评结果的应用原则和要求,以及与之配套的薪酬奖励、人事调整、晋升培训等规章制度的贯彻实施和相关政策的兑现办法做出明确规定。

⑧对各个职能和业务部门年度绩效管理总结、表彰活动和要求做出原则规定。

⑨对绩效考评中员工申诉的权利、具体程序和管理办法做出明确详细的规定。

⑩对绩效管理制度的解释、实施和修改等其他有关问题做出必要的说明。

(2)起草绩效管理制度的基本要求。绩效管理制度是企业单位组织实施绩效管理活动的准则和行为的规范,它是以企业单位规章规则的形式,对绩效管理的目的、意义、性质和特点,以及组织实施绩效管理的程序、步骤、方法、原则和要求所作的统一规定。绩效管理制度作为绩效管理活动的指导性文件,在拟定起草时,一定要从企业现实生产技术组织条件和管理工作的水平出发,不能脱离实际;一定要注重科学性、系统性、严密性和可行性。如果措辞不当,过于原则化,缺乏适用性,就会使制度条文流于形式,在实际管理中难以发挥作用,以至于各有关责任人相互扯皮推诿,考评工作无法落实,造成绩效管理"推而不动,停滞不前"。

具体来说,制定起草企业绩效管理制度应体现以下要求:

①全面性与完整性。这是绩效管理的多维性带来的要求,绩效管理虽不能包罗万象、过于烦琐,但必须包括影响工作绩效的各种因素,只有这样才能避免片面性。

②相关性与有效性。这是对绩效管理制度在内容上的要求,如个人生活习惯、癖好之类琐碎内容便不宜包括在绩效管理的内容之中。一定要切实保障绩效管理的效度,使绩效管理名副其实。

③明确性与具体性。这是对绩效管理标准的要求,如果考评标准含混不清,抽象深奥,则无法使用。

④可操作性与精确性。这是上一项要求的自然延伸,考评标准必须便于操作,即可直接测量;考评指标应尽可能量化,绩效管理标准应是"有形的"、可度量的,尽量转化为具体行为或活动。如"政治思想好"或"工作热情高"这两条标准便不能满足上述要求。应当规定什么样的行为表现才能算"政治思想好"或"工作热情高",若后者变为"工作认真,不闲聊,不使设备停机或空转",就满足了具体性与可操作

性的要求。但应注意的是,可操作性的变量虽然与待测的较抽象的概念有一定程度的重叠,但未必与之完全重合,所以应再确认一些与此概念有一定重叠的其他变量,才能较全面地描述和量度这一较抽象的概念。例如:上述一条再加上一条"能主动承担其他人回避或持消极态度的较为困难的工作任务,因工作需要时,能主动加班加点,不计报酬"这两条标准,比上一条更能够准确地衡量"工作热情高"这一较抽象的指标。

⑤原则一致性与可靠性。这是对绩效管理标准在适用程度上的要求,考评标准应适合相同类型的所有员工,即一视同仁,不能区别对待或经常变动,致使考评结果的横向与纵向可比性降低或丧失,绩效管理就失去了必要的可信度。

⑥公正性与客观性。这是对绩效管理的执行实施过程的要求,绩效管理指标的贯彻执行必须保证绩效管理的科学性、合理性和公平性,剔除个人偏好等感情因素。

⑦民主性与透明度。绩效管理要达到使被考评者心服口服、诚心接受,确非易事。事实上,民主性常常是实现客观公正的必要条件。这是指在制定标准时要听取员工的意见,在条件允许时,应吸收各类员工推选的代表参与绩效管理制度的制定过程,在执行绩效管理时要切实保障被考评者申诉与解释的权利。透明度既要求绩效管理的程序向员工公开,还要求绩效管理结果应向被考评者进行必要和及时的反馈。

## 相 关 链 接

### 绩效管理制度实例

以下是一个现在正在运行的企业绩效管理制度,分为绩效管理制度和绩效考核制度两部分,前部分主要是制订制度的目标和宗旨,其次是在绩效管理过程中各类人员承担的职责和分工,以及在绩效管理过程中应遵循的原则;后部分则强调考核指标确定、考核方法选择以及考核过程的操作流程和考核计划。实际操作中,也可以将两部分合二为一,形成一个整体的绩效管理制度。

一、××公司绩效管理制度

#### 第一章 总 则

第一条 宗旨

为适应公司建立现代企业制度的需要,全面推进企业的三项制度改革,客观、准确评价员工绩效,充分调动员工的积极性,特制定本办法。

第二条 本办法旨在达到以下目标:

1. 客观、公平地评价员工工作表现,进一步提高员工绩效;

2. 为岗位动态管理、薪酬激励、员工职业发展提供客观依据;

3. 加强沟通,建立良好的工作氛围。

第三条 绩效管理包括绩效目标的确定与修改、绩效改进、绩效考评、考评结果运用等基本内容。

第四条 绩效管理坚持客观、公平、完整、真实的原则。

## 第二章 绩效管理责任

第五条 各单位应成立绩效管理小组,其组成人员包括公司领导,职能管理部门、技术业务管理部门和工会的相关人员,人力资源部门负责绩效管理的日常事务。

第六条 绩效管理工作是绩效管理小组、各级主管经理、员工及人力资源部门的共同责任。

第七条 绩效管理小组负责绩效管理工作的领导和监督,以及重大制度和事项的最后裁定。

第八条 各级主管经理在绩效管理方面负有以下责任:

1. 根据公司战略、经营目标和部门计划与员工一起确定绩效目标;

2. 通过收集员工绩效信息、双向沟通、实施培训开发计划等途径,确保员工绩效目标的完成;

3. 按时、客观、公平地对员工绩效进行考评;

4. 根据考评结果,提出对员工的奖惩和使用建议。

第九条 人力资源部门在绩效管理方面负有以下责任:

1. 制定员工绩效管理的相关制度,并负责组织实施;

2. 提供与绩效管理相关的参考资料、表格,开展培训与咨询;

3. 确保绩效管理符合法律要求及绩效考评结果的运用符合公司的有关规定;

4. 处理员工在绩效考评方面的申诉;

5. 将绩效考评结果运用到人力资源管理的各个环节中去。

第十条 员工在绩效管理方面负有以下责任:

1. 与主管经理共同制定个人绩效目标及培训开发计划;

2. 执行绩效协议与开发计划,按月度(季度)提交绩效目标完成情况；

　　3. 积极、努力、创造性地开展工作，保证绩效目标按期、高质量地完成。

## 第三章　绩效目标的制定

　　第十一条　绩效目标的制定应以公司战略计划，部门工作目标、员工岗位职责为依据，做到具体明确、量化可控、切实可行和具有时限，要调动员工的积极性和创造性，保证公司总体目标的完成。

　　第十二条　绩效目标应由部门领导与员工共同协商制定，依据绩效目标重要程度进行排序，并签定绩效协议，作为年度工作与绩效考核的依据。

　　第十三条　在企业或单位总体目标任务发生变化或人员变动的情况下，各单位和部门应对绩效目标进行调整，对相关人员的绩效目标进行适当的修改。

## 第四章　绩效考评

　　第十四条　绩效考评实行绩效目标考评与胜任能力关键指标评价相结合，日常考评与年度考评相结合，上级对下级考评与客户评价相结合的方法。

　　第十五条　日常考评可以月度为单位进行，也可以季度为单位进行，采取上级对下级考评为主的方法。主管经理本着准确、客观、及时、公正的原则，依据员工绩效目标执行情况对员工考评期内每项绩效目标进行考评。

　　第十六条　年度考评采用上级对下级考评为主，内、外部客户评价为辅的方法。被考评人应于年度届满后两周内进行述职，主管经理就对员工一年的目标完成情况进行总体评价。

　　第十七条　客户评价是相关人员对员工工作质量、工作态度等方面的评价。客户评价为内部客户评价和外部客户评价。

　　内部客户是指公司内部根据业务流程和岗位关系，需要被评价人提供管理或者业务服务的人员。

　　外部客户是指公司外部需要被考评人提供服务的人员。

　　第十八条　部门经理、副经理由主管副总经理和人力资源部门进行考评。其他各级人员，由其主管经理进行考评。

　　第十九条　员工绩效考评结果分为优秀、称职、基本称职、不称职4 个等级。其中：

　　优秀：指员工积极开展工作，绩效结果经常超出预期目标；

称职:指员工认真工作,绩效结果完成预期目标;

基本称职:指员工基本完成绩效目标;

不称职:指员工不能完成大部分绩效目标。

第二十条　考评人应对被考评员工的绩效和能力进行总体评价,确定员工绩效考评等级。原则上考评等级应合理拉开差距,优秀员工和不称职员工应在单位整体内平衡,原则上一般优秀员工不超过员工总数的 20%,不称职员工不少于 2%。

第二十一条　员工对绩效考评结果不满,有权向本单位人力资源管理部门申诉。接到员工申诉后,人力资源部门应当对考评结果进行复核,并在 10 个工作日内将复核结果通知申诉人。

## 第五章　考评结果运用

第二十二条　绩效考评结果是劳动合同管理、岗位变动、薪酬分配、教育培训等工作的重要依据,对员工绩效考评结果应存档。

第二十三条　对年度考评等级连续两年为"优秀"的员工应提高岗位工资一档;连续两年为"基本称职"的员工应降低工资一档,考评结果为"不称职"的员工不能享受绩效工资,且应进行转岗培训重新竞争上岗。

经过转岗培训后仍不能胜任工作的员工,企业应当依法与其解除劳动关系。

第二十四条　各单位应制定绩效工资发放办法和相应的培训开发计划,根据月度、季度和年度的绩效考核结果,发放绩效工资,拉开收入差距。

## 第六章　附　则

第二十五条　本办法自颁布之日起执行

第二十六条　本办法由××公司负责解释。

二、××公司绩效考核制度

(一)目的

1. 贯彻执行关键绩效指标(KPI)考核体系,促进各级组织提升业绩管理水平,促使业绩管理工作的重点深入到收入实现、成本控制和管理效率的全面关注和衡量上。

2. 完善业绩管理体系,基于公正、公平、公开的原则,真正实现奖优罚劣的激励作用。

3. 以 KPI 业绩管理体系的实施,实现对员工业绩的管理和发展,以及人力资源的开发和增值。

4. 促进各部门、各级人员的沟通和交流,增强公司凝聚力。

5. 为公司对员工进行薪资调整、职位调整等提供基础信息。

(二)考核类别

1. 年度组织绩效考核对象:省/分公司/总部各部门

2. 年度员工绩效考核对象:全体员工

(三)考核周期

200×年4月1日　至　200×年3月31日

(四)组织保证

1. 公司管理层:

对省/分公司总经理/总部各部门总经理/总监进行考核;人力资源部负责按计划推进考核工作,对出现的问题进行沟通协调。

2. 分公司/省分公司管理层:

按照公司的计划和制度在本区域推行年度考核,并对考核结果负责。

(五)考核原则

1. 公平、公正、公开原则。考核内容和流程向考核对象公开,以过程的公正保证结果的公正性。

2. 客观性原则。强调以数字和事实为依据,对KPI业绩考核结果做出客观性评价和奖励。

3. 沟通和改进原则。绩效考核是一个手段而非最终目的,考核人通过不断沟通帮助考核对象发现工作中存在的问题,找到改进的方向,从而使组织和员工达成更高的业绩水平。考核等级为E的员工须进入业绩改善流程。

4. 业绩改善原则。经过总部/省/分公司总经理/总监确认,对绩效考核等级为E的员工给予三个月的业绩改善期,改善期满后,经考核如仍不能达到公司要求者,则进行淘汰。

5. 比例控制原则。以部门/省/分公司为单位对员工的考核成绩进行排名,并按照比例(15%、40%、30%、10%、5%)由高至低划分等级为A、B、C、D、E,其中:

A档:15%,B档:40%,C档:30%,D档:10%,E档:5%。

6. 员工绩效二级确认原则。经过直属主管和员工的沟通,经双方确认后,由上一级主管进行二级审核,并以省/分公司总经理/总监、各分公司总经理/总监签字的结果为最终结果。

(六)考核要点

根据考核比例计算出来的绩效得分一律四舍五入，不保留小数位。

1. 组织绩效考核：

A. 省/分公司的组织绩效由财务和业务管理部门根据该单位本年度的 KPI 指标给出得分。

B. 总部各部门组织绩效由分管领导根据其工作目标的完成情况进行评价。

2. 全员绩效考核：根据员工设定的工作目标进行评价。

A. 省/分公司总经理及总部各部门总监/总经理由公司管理层进行考核。

B. 普通员工考核由直属主管进行。

C. 区县部门员工的考核由所在省分公司总经理征求总部主管部门总监意见后进行，考核比例列入员工所在省/分公司。

D. 在考核期内工作调动的员工，由现任直属主管征求前任主管意见后进行考核。

（七）考核输出结果

1. 总部各部门/省/分公司组织绩效/KPI 考核得分；

2. 员工绩效考核的得分（0～130 分，与 KPI 考核分数相对应）；

3. 员工的考核等级（A、B、C、D、E）：根据员工考核得分排名由高至低按比例划分而得，并由考核人反馈给员工。

（八）考核结果的应用

1. 职业发展：根据员工年度绩效考核结果，有针对性的制定员工职业发展计划、设定职业发展通道。

2. 年度奖金：根据员工所在部门/分公司组织绩效考核结果和员工个人的考核结果共同确定员工的奖金额度。

（九）考核时间安排

1. 政策发布：200×年 4 月 2 日。

2. 员工自评阶段：200×年 4 月 8 日前。

3. 主管评定阶段：200×年 4 月 11 日前

4. 员工和主管双向沟通阶段：200×年 4 月 16 日前。

5. 考核结果上报阶段：200×年 4 月 21 日前。各部门/省/分公司总经理签字后，考核结果汇总至公司人力资源部，并报公司管理层审批。

6. 绩效考核完成时间：200×年 4 月 25 日前。完成公司管理层审批，本年度员工绩效考核结果。

7. 200×年 4 月 25 日考核结束后启动 E 类员工的业绩改善流程。

### 本章思考题

1. 对组织中不同层次人员进行绩效考核的核心思想有什么区别？

2. 对组织中高层管理人员绩效考核的指标体系应该如何设计？

3. 对组织中中层管理者和一般员工绩效考核的方法有什么区别？你有何建议？

4. 建立组织绩效考核制度的基本原则和基本内容是什么？

5. 谈谈你对绩效管理制度的看法，它在组织绩效管理中如何起作用？

# 案 例 分 析

## ××公司绩效考评方案

通过对××公司绩效考评方案的介绍，旨在描述该公司如何衡量员工的业绩，并将业绩考评结果用于绩效改善以及与薪酬挂钩的办法。在考虑关键业绩指标的同时，辅以综合素质考核，并涉及内部满意度的调查，从而使绩效考核方案对员工的考核更全面、客观、公正、有效。本案例分四部分，第一部分是公司绩效考核体系设计总则；第二部分是公司绩效考核操作方案；第三部分是公司绩效考核结果处理系统；第四部分是公司绩效考核与工资挂钩方案。

### 一、公司绩效考核体系总则

这部分主要说明绩效系统设计的原则，绩效指标制定的过程和由谁组织考评，以及经过怎样的程序，来完成一个完整的考评过程。

1. 绩效考核体系设计说明

本公司实施绩效考核的目的是规范员工行为，激励员工、将员工行为引向企业的总体目标，在企业内部建立竞争机制，通过优胜劣汰，保持企业的竞争优势。

为确保评估的全面性与公正性，新制度对中层管理干部的考核包括三方面：工作绩效、综合素质与满意度，而普通员工则用综合评估来考核。

2. 绩效考核指标的制定过程

本公司的绩效考核指标制定过程,遵循了公开、公平、公正、客观的原则,按照图 9-5 的程序进行了切合实际的设计。

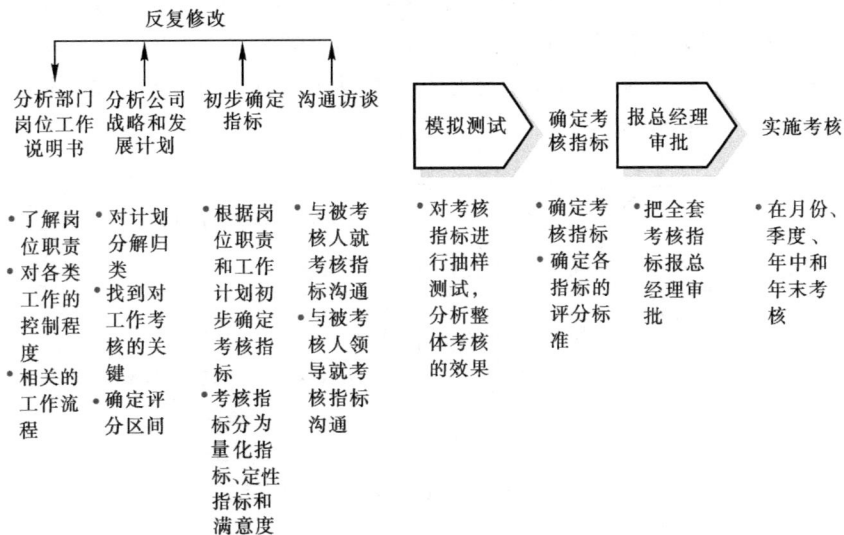

图 9-5　绩效考评指标制定的过程

3. 绩效考核执行机构及人员

为配合新的绩效测评流程,使绩效评定工作稳定运行,公司设立了相应的考评委员会。

考评委员会由总经理、各部门经理及管理骨干组成,考评委员会职责是审批人力资源部对员工的考核和奖惩建议,审批人力资源部对绩效测评体系的调整建议,被考核员工的投诉处理,对考评人的约束和监督。

**二、公司绩效考核操作方案**

1. 对普通员工的考核方法

(1)对普通员工的日常考核。日常考核是为了在平时工作过程中对员工的工作表现进行及时真实的记录和考评,为月度及年终考评提供最确凿、最详实的依据,避免年终考评时因考核者易受近因或其他主观因素的影响而导致的偏差,从而维护整个考评的客观性和公正性。

普通员工日常考核包括周记录和月考评(周工作表现记录卡见表

9-8,月工作记录见表9-9),各部门主管每周应对其员工工作表现进行如实、详尽的记录,月底以周记录为主要依据,对员工每月工作情况进行考评,并客观公正地填写月考评表,得出员工每月考评总分,进行排名后计算月绩效工资,在年终考评时,主管应以每月考评得分为依据。

(2)对普通员工的综合考核。对普通员工的综合考核包括工作业绩、素质及工作表现。依据表9-8、表9-9的日常考核结果,完成表9-10的考核内容,其考核主体包括上级主管和部门内其他员工,其权重如图9-6所示。

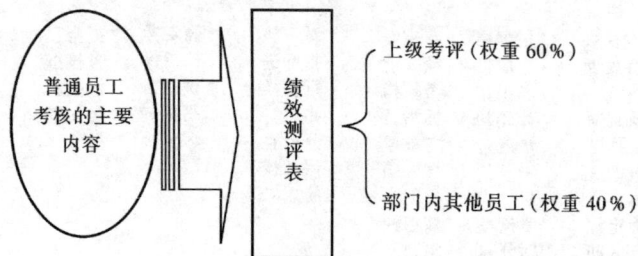

图9-6　普通员工综合考核权重

**表9-8　周工作表现记录卡**

姓名:　　　　部门:　　　　　　年　月　日

| | 出勤情况 | 旷工__迟到__早退__病假__事假__ |
|---|---|---|
| | 完成岗位工作情况 | |
| | 完成特殊任务情况 | |
| | 流程标准完成情况 | |
| 工作方向 | 工作态度 | |
| | 工作质量 | |
| | 工作效率 | |
| | 与他人协调情况 | |
| | 独立处理问题的能力 | |
| | 在工作中的创新能力表现 | |
| | 遵守公司规章制度情况 | |

说明:主管每周要与下属进行工作反馈,并让下属在记录卡上签字,签字并不代表同意记录内容,只代表已经参加了工作反馈。

**表 9-9　月工作记录表**

姓名：　　　　部门：　　　　　　　　年　月　日

| 任务内容 | 完成措施 | 完成时间 | 负责人 | 配合人 | 过程及结果检核 | 备注 |
|---|---|---|---|---|---|---|
|  |  |  |  |  |  |  |
|  |  |  |  |  |  |  |
|  |  |  |  |  |  |  |

**表 9-10　普通员工综合考核表**

| 部门 | | 科室名 | | 姓名 | | | |
|---|---|---|---|---|---|---|---|
| 评分项目<br>（权重） | | 评分标准 | | | | 得分 | |
| | | 90～100 分 | 80～89 分 | 70～79 分 | 60～69 分 | 59 分以下 | 单项 | 小计 |
| 工作<br>绩效<br>60% | 岗位考核标准完成情况<br>40% | 超额或提前完成原计划 | 按时完成原定计划 | 完成原定计划80%～99%以下 | 完成原定计划60%～79%以下 | 完成原定计划60%以下 | | |
| | 工作质量<br>30% | 远优于同事，创造利润 | 略优于同事，带来明显利益 | 质量平平，甚少失误 | 工作失误次数或程度在合理范围之内或平均水准之上 | 工作失误次数或程度在合理范围之外或平均水准之下 | | |
| | 工作效率<br>30% | 工作效率特别高，远超过一般水平 | 工作效率特别高，略超过一般水平 | 工作效率普通，近于一般水平 | 工作效率低，略低于一般水平 | 工作效率非常差，远低于一般水平 | | |

| | | | | | | | |
|---|---|---|---|---|---|---|---|
| 综合素质40% | 工作创新10% | 积极研究，显著改进工作 | 主动改进，工作有创意 | 完成现在工作，尚能进行改进 | 满足于现在不改进，但能接受改进创新 | 墨守陈规，没有且不能接受改革创新 | |
| | 工作责任感20% | 忠诚服务，锐意进取 | 处事稳健，需极少督促 | 尚称负责，需督促 | 工作懈怠被动 | 推诿责任，工作不力 | |
| | 智能技能20% | 能胜任工作，有发展潜力 | 能胜任工作 | 尚能胜任 | 勉强胜任 | 有待加强，不能胜任 | |
| | 勤勉程度15% | 工作勤奋，积极改进 | 工作尚算勤奋且能改进 | 工作缺乏主动性和积极性 | 工作中还有懒惰迹象 | 工作懒散，态度敷衍 | |
| | 分析判断10% | 知识经验丰富，判断分析准确 | 知识经验丰富，判断分析较准确 | 具有一定知识，判断尚算准确 | 在较小范围内可自行判断 | 单纯操作，机械性地执行 | |
| | 团队合作15% | 团结合作，协调相融 | 主动合作，协调较好 | 合作尚好 | 合作一般，尚能团结他人 | 拒绝合作，很难相处 | |
| | 工作纪律10% | 模范严格，遵守纪律 | 自觉地遵守纪律 | 能服从纪律 | 纪律性较差，需督促 | 有违规行为 | |

| 部门负责人签字 | | | | 总计分＝分项分数 ＊ 权重 | |
|---|---|---|---|---|---|
| 部门内名次 | | | | | |

其他要说明的问题：

其他扣分（此项由人力资源部来填写）：

2. 对中层管理者的考核

(1)对中层管理人员的日常业绩考核。管理人员日常考核包括月考评(见表9-11)和专项任务考评(见表9-12),由其主管负责考核(专项任务考核由专项任务的主管负责),年终管理人员考评时,每月考评总分的平均分值应占其关键业绩得分的40%,年终对关键业绩的考评得分占60%。专项任务考评得分用于修正管理人员绩效考评最后得分(其操作方法见专项任务考评表备注)。

(2)对管理人员的综合素质考核。使用表9-13对中层管理者进行综合素质考核,每一个被考核人将由其直接上级、同级和下级进行考评,同级和下级为多人的情况下,取其平均分(简单平均数)。考评表格的发放、收集以及初步计算整理将由人力资源部负责组织实施。

**表9-11 部门经理月度业绩考核表**

| 部门:商品部 | 姓名: | | 考核时间段: | | |
|---|---|---|---|---|---|
| 考核内容<br>评分标准 | 优<br>91~100分 | 良<br>76~90分 | 中<br>61~75分 | 差<br>60分以下 | 权重 |
| 工作的计划性、目标性 | 有明确的月、周工作计划,有很好的计划监控手段,工作目标明确、并且可以让每位执行者都明确并理解工作目标,目标达成率在100%以上 | 有明确的月、周工作计划,有很好的计划监控手段,工作目标明确,目标被执行者普遍知晓,目标达成率在80%以上 | 有明确的月工作计划(周计划),过程有监控,工作目标明确,部分执行者知晓目标,目标达成率在70%以上 | 有明确的月工作计划,工作目标、过程控制不力但被少数人所知晓,目标达成率在70%以下 | 15 |
| 部门建设、改进状况 | 有月改进计划,改进工程监控得力,改进手段好,改进效果或潜在效果佳 | 有月改进计划,改进工程监控得力,改进手段较好,改进效果或潜在效果较好 | 有月改进计划,改进工程有监控,改进手段有效,有改进效果或潜在效果 | 无明确的月改进计划,部门进步慢 | 10 |

| 部门:商品部 | 姓名: | | 考核时间段: | | |
|---|---|---|---|---|---|
| 考核内容<br>评分标准 | 优 | 良 | 中 | 差 | 权重 |
| | 91～100 分 | 76～90 分 | 61～75 分 | 60 分以下 | |
| 培 训 | 有针对下属员工的培训计划,并很好的得到执行 | 有针对下属员工的培训计划,并较好的得到执行 | 有针对下属员工的培训计划,执行情况尚可 | 培训计划不明确,执行困难 | 10 |
| 物料数据准确率 | 100%能针对数据管理提出更好的方法 | 99.9%≥X≥98% | 97.9%≥X≥95% | X≥95% | 20 |
| 物料入仓效率 | 当天到仓的物料当天做完账、并录入电脑 | 当天到仓的物料次日 10:00 前才做完账、并录入电脑 | 当天到仓的物料次日 12:00 前做完账、并录入电脑 | 当天到仓的物料次日 18:00 前才做完账、并录入电脑 | 15 |
| 物料先进先出状况 | 100% | ≥95% | ≥90% | ≤80% | 10 |
| 物料储存状况 | 保养 100%,90%以上的物料能按方法储存 | 保养 100%,80%以上的物料能按方法储存 | 保养≤90%,70%以上的物料能按方法储存 | 保养≤80%,低于 70%的物料能按方法储存 | 10 |
| 现场管理 | 仓储区域划分合理,货架摆放合理,通道畅通,货流环绕非常好 | 仓储区域划分合理,货架摆放合理,通道畅通,货流环绕良好 | 仓储区域划分合理,货架摆放合理,通道畅通,货流环绕尚可 | 仓储区域划分合理,货架摆放合理现象,货流环绕差 | 10 |

表 9 - 12　中层管理者专项任务考评表

| 考评标准 | 部门： | | 职务： | | 权重 | 得分 |
|---|---|---|---|---|---|---|
| | 评 分 标 准 | | | | | |
| | 优(91～100分) | 良(76～90分) | 中(61～75分) | 差(60分以下) | | |
| **专项任务内容** 专项任务完成情况 | 超过计划10%以上 | 超过计划5%～10% | 介于完成计划与超过计划5%之间 | 未完成计划 | 30% | |
| 完成工作质量及效率 | 能够高质量的完成工作任务,效率很高 | 能较好的保证工作质量且效率较高 | 基本上保证工作质量且效率一般 | 工作质量低下,且效率很低 | 20% | |
| 管理能力及体现 | 体现了很强的管理能力,为专项任务的完成发挥了至关重要的作用 | 体现了较强的管理能力,为任务的完成发挥了较重要的作用 | 管理能力一般,基本能配合任务的完成 | 管理能力低下,在一定的程度上阻碍了任务的顺利完成 | 15% | |
| 创新能力 | 具有很强的创造能力,为任务的按时或超额完成提出了非常有创造性的建议 | 具有一定的创造能力,偶尔提出一些有创意的建议且效果较好 | 创造能力一般,虽有时提出一些建议但未被采纳 | 创造能力低下,很少能提出有创意的建议 | 15% | |
| 与其他员工的协作精神 | 有很好的协作精神,能够积极配合其他部门或员工的工作,保证整个任务的顺利完成 | 协作精神较好,能配合其他员工的工作 | 协作精神一般,能做好本职工作,但与其他员工的配合不够积极 | 协作精神差,阻碍了其他员工的工作,导致专项任务拖延 | 20% | |
| 本月考评总分 | | | | | | |

注:干部专项任务只在干部参与重大的、非日常专项任务时由专项任务的直接主管进行考核,并填写此表,作为干部年终考核的依据,其中总分得优者,在年终考评总分中加上 1 分(特别优秀的可加 0.5～2.5 分);得良者,加 0.5 分;得中者,不加分也不减分;得差者,扣 0.5 至 1.5 分。当干部参与一项以上专项任务时,其加分或减分可累计。

表 9－13　中层管理者综合素质测评表

| 姓名：　　　部门：　　　　职位：　　　　任职时间： | | | | | | |

| 评分项目 | 评分标准 | | | | 权重 | 打分 |
| --- | --- | --- | --- | --- | --- | --- |
| | 优（100～81分） | 良（80～61分） | 中（60～41分） | 差（40分以下） | | |
| 影响力与号召力 | 非常强的影响力与号召力，能够对周围的人发挥极强的领袖力量 | 任何时候和条件下都能充分地与他人协作，有很强的协调和适应力，同时能够组织协作事务 | 有相当的能力，但有时无法使他人主动服从，需要借用其他手段（如行政手段） | 一定能力，但大多数情况下不能使他人服从并需要借用其他方法 | 15% | |
| 正确适度授权的能力 | 授权要求能够全面、精通地理解与执行，并通过授权达到非常好的管理效果（提高积极性） | 能够正确、清晰地划分权限，并能够进行适度、有效的授权与管理 | 基本能够清晰地划分权限并进行授权，但有授权后无法掌握等管理不力的现象 | 只能做到部分权限划分、授权和管理 | 5% | |
| 协调能力 | 任何时间和条件下都能充分地与他人协作，有很强的适应和协调能力，同时能够组织协调事务 | 能够充分地与他人协作，有较强的协调能力 | 正常情况下能充分与人协作，但对特殊情况适应能力不够 | 情况适应能力不够，不能与人协作，不具备对特殊情况的协调能力 | 5% | |
| 管理力度 | 能紧抓所有控制项目，任何时间都能掌握全盘状况，使组织井然有序，完全杜绝发生任何过失的机会 | 能够掌握多数的控制项目，组织运作顺序，无过失发生 | 能掌握重要的控制项目，使部属不会出现有意或无意的过失 | 不能掌握多数的控制项目，有意或无意的过失经常发生 | 10% | |

| | | | | | | |
|---|---|---|---|---|---|---|
| 运筹帷幄 | 统筹规划能力 | 能够高瞻远瞩,对所辖的组织的战略规划做出超前计划 | 具有相当的能力,制定规划基本无偏差 | 具有相当的能力,但有时在某些方面会有偏差 | 有一定能力,但存在战略规划错误的现象 | 5% |
| | 对组织内部了解能力 | 能够对所辖组织有全面、及时地掌握 | 能够及时、准确地了解整个公司的优缺点及其他情况 | 尚具有准确了解整个公司的能力,但不够全面及时 | 具备局部了解公司内部的能力,但不够准确和及时 | 5% |
| | 应变能力 | 具有超长的判断能力 | 准确、及时的判断能力 | 一般情况下能有准确、及时地判断,执行尚算果断 | 判断的准确和及时性不够,执行时有犹豫现象 | 5% |
| 组织发展能力 | 发掘并培养有潜能下属的能力 | 能够全面准确及时发掘有潜能的下属,了解其发展方向并适当培养 | 及时、准确发觉有潜能的下属,并能帮其发展 | 能够发觉有潜能的下属,但培养与指导不够 | 不能发掘有潜能的下属或培养与指导不足 | 5% |
| | 推动组织学习与发展的能力 | 能妥善推动组织学习与发展新技能 | 能推动组织学习与发展新技能,但效果一般 | 能推动组织学习与发展新技能,但效果较差 | 不能推动组织学习与发展新技能 | 5% |
| 学习与运用新知识提高管理能力 | | 具有学习新知识的热情与能力,并能够学以致用,辅助管理 | 具有学习新知识的热情与能力,并能加以运用 | 具有学习热情,但学习及运用能力一般 | 思维僵化、落后,不能学习更不能运用 | 5% |
| 品德行为 | | 品行端正,正直诚实,能为人楷模 | 品行端正,正直诚实,能从己做起 | 品行基本端正,正直诚实 | 品行不端,不正直诚实 | 10% |

| | | | | | |
|---|---|---|---|---|---|
| 原则性 | 原则性强,立场坚定 | 原则性比较强,立场比较坚定 | 能坚持原则,立场还算坚定 | 原则性不强立场不够坚定 | 5% | |
| 全局观念 | 全局观念强,整体利益高于一切 | 全局观念比较强,整体利益优先 | 有全局观念,能维护整体利益 | 全局观念不够强,较少考虑整体利益 | 5% | |
| 廉洁自律 | 廉洁自律,公心为上,敢于同不良作风作斗争 | 廉洁自律,公心为上 | 廉洁自律,基本出于公心 | 不够廉洁,私心较重 | 5% | |
| 事业心 | 强烈的事业心,工作积极向上 | 较强的事业心,工作积极向上 | 尚有事业心,有一定工作积极性 | 事业心较差,缺乏进取精神 | 5% | |
| 企业文化理念 | 对企业文化有深刻理解,能身体力行,积极宣传与推广 | 对企业文化有一定理解,较能身体力行 | 对企业文化有了解并能认同其理念 | 对企业文化不了解或不能认同公司的企业文化 | 5% | |
| 总分 | | | | | | |

注:你是被考核人的　　　　　级(请选择上、平或下),此表为不记名测评表

　　(3)对中层管理者满意度考核。本满意度指标体系主要是考核职能部门间在相互配合、相互协调、处理内部事务方面的工作质量。

　　满意度调查的结果经处理后将进入部门经理的考核总分。其操作实施主要由人力资源部负责。在年末考核时,由人力资源部负责将调查表发放到除被考核部门以外的所有员工(见表9-14)。每个部门要对调查结果初步处理,形成两份表格,其中一份是根据部门经理所填内容计划平均数而得来,另一份是根据部门内员工所填表格计算平均数而得来。将这两份表格上交人力资源部,人力资源部再将结果进行处理,并把这两份表格合并成一份表格。合并后的表格即为该部门对另一部门的满意度评价。其他所有部门对某一部门的满意度评价加总平均,即得到该部门的满意度得分。

**表9-14　人力资源部满意度调查表示例**

| 部门 | 项目 | 很好<br>100～<br>81分 | 较好<br>80～<br>61分 | 一般<br>60～<br>41分 | 较差<br>40～<br>21分 | 很差<br>20～<br>0分 | 权重 |
|---|---|---|---|---|---|---|---|
| 人<br>力<br>资<br>源<br>部 | 1. 工作效率 | | | | | | 30% |
| | 2. 工作态度 | | | | | | 20% |
| | 3. 招聘的及时和效果 | | | | | | 20% |
| | 4. 培训规划及培训效果 | | | | | | 10% |
| | 5. 工资核算及发放 | | | | | | 10% |
| | 6. 与各部门协调配合情况 | | | | | | 10% |

（4）中层管理者考核权重。对中层管理者的最终评价按照图9-7所示的权重进行综合打分。

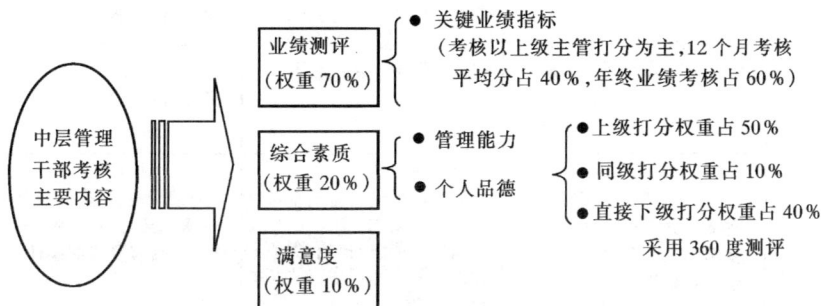

图9-7　中层管理者考核权重

### 三、公司绩效考核结果处理系统

1. 中层管理者排名与结果处理

根据表9-11、表9-12、表9-13的对中层管理者的考评结果，进行二维排名分析和总排名（按图9-7权重计算），其考核结果将用于绩效工资的核算及年终奖金的分配，并为晋升、加薪及确定培养方向提供依据。

人力资源部在完成对考评结果的处理和初步分析后，将排名情况公布。过了申诉期后，撰写干部评估报告，由部门经理会同人力资源部撰写员工评估报告。由人力资源部将评估报告上交考评委员会讨论决定,并将最终考评结果公布或反馈给本人。

(1)二维排名

| 姓名 | 工作绩效考核名次 | 综合素质排名 | 考核总分名次 |
|------|----------------|------------|------------|
| A | | | |
| B | | | |
| C | | | |
| D | | | |

年终时针对工作绩效,综合素质(个人品质及领导素质)两部分考核结果,进行排名并进行二维分析,根据权重计算总分。

(2)绩效与综合素质排名分析。排名后应结合被考核者绩效与综合素质为其设计发展方向。图9-8是二维评价结果的分析。

| 综合素质 | | | |
|---------|---|---|---|
| 高 | 有欠缺者<br>·要求努力工作提高绩效<br>·轮换岗位给予第二次机会 | 优秀者<br>奖励:加薪及较多的奖金<br>·鼓励:争取更大绩效<br>·机会:具有晋级的条件 | 非常优秀者<br>各种机会和奖励:<br>·高额加薪及奖金<br>·连续获得则可优先晋级<br>·其它各种奖励 |
| 中 | 有问题者<br>·停止一切机会与奖励<br>·在绩效方面严格要求,并要求参加培训和学习<br>·进入观察期,考虑下一步如何处理<br>·考虑减薪 | 表现尚可者<br>·对加薪和晋级均需慎重考虑<br>·提出绩效要求<br>·培训提高能力/技能,但不要让他们阻碍部门中有才华的员工发展 | 优秀者<br>奖励:加薪及较多的奖金<br>·鼓励:继续提高素质<br>·机会:具有晋级的条件 |
| 低 | 失败者(5%)<br>·立即淘汰 | 有问题者<br>·停止一切机会与奖励<br>·在能力和素质方面严格要求<br>·进入观察期,考虑下一步如何处理<br>·考虑减薪 | 有欠缺者<br>暂停加薪及晋升机会<br>·给一年的机会要求其提高能力和素质<br>·要求其参加培训和学习 |
| | 低 | 中 | 高　　工作绩效 |

图9-8 绩效与综合素质排名结果分析

2.普通员工排名与结果处理

(1)普通员工排名计算方法和计算过程

为了使各部门给员工打分时产生的"比较误差"不至于过大,需要对各部门员工的得分进行调整处理，以便其具有可比性。

对各部门员工打分的调整过程如下：

①按部门列出每一位员工的姓名、考核分数 S。

②一次调整：计算每一部门考评分数的平均分 A，将该部门员工考核分数调整为(100/A)，并计算一次调整后得分(S×100/A)。

③二次调整：设得分最低的部门分数为 1，按比例求出部门权分；以部门权分乘以员工一次调整得分，得到二次调整得分。

④重新排序。

注：部门权分不要大于一次调整后(最高分＋最低分)/(2×最低分)，如大于该数，将权分开方后可以直接使用，如果权分为 1、1.21、1.369、1.44。最高达到 1.44，则应将权分全部开方使用，即权分应为 1、1.1、1.17、1.2，"部门得分"利用部门经理的业绩得分。考核分数调整结果见表 9-15、图 9-9。

表 9-15

| 部门 | 姓名 | 得分 (S) | 部门平均分 (A) | 一次调整 100/A | 一次调整后得分 (S×100/A) | 部门得分 | 部门权分 | 二次调整得分 |
|---|---|---|---|---|---|---|---|---|
| A | A01 | 86 分 | 78 分 | 100/78 ＝1.282 | 110.252 | 70 分 | 1.000 | 110.25 |
| | A02 | 84 分 | | | 107.688 | | | 107.69 |
| | A03 | 80 分 | | | 102.56 | | | 102.56 |
| | A04 | 78 分 | | | 99.996 | | | 100.00 |
| | A05 | 76 分 | | | 97.432 | | | 97.43 |
| | A06 | 72 分 | | | 92.432 | | | 92.30 |
| | A07 | 70 分 | | | 92.304 | | | 89.74 |
| B | B01 | 80 分 | 72 分 | 100/72 ＝1.389 | 111.12 | 81 分 | 1.157 | 128.57 |
| | B02 | 78 分 | | | 108.342 | | | 125.35 |
| | B03 | 70 分 | | | 97.23 | | | 112.50 |
| | B04 | 60 分 | | | 83.34 | | | 96.42 |
| C | C01 | 100 分 | 96 分 | 100/96 ＝1.042 | 104.2 | 85 分 | 1.214 | 126.50 |
| | C02 | 96 分 | | | 100.032 | | | 121.44 |
| | C03 | 92 分 | | | 95.864 | | | 116.38 |

| | | | | | | | |
|---|---|---|---|---|---|---|---|
| D | D01 | 100 分 | 84 分 | 100/84 =1.190 | 119 | 76 分 | 1.086 | 129.23 |
| | D02 | 96 分 | | | 114.24 | | | 124.06 |
| | D03 | 88 分 | | | 104.72 | | | 113.73 |
| | D04 | 76 分 | | | 90.44 | | | 98.22 |
| | D05 | 60 分 | | | 71.4 | | | 77.54 |

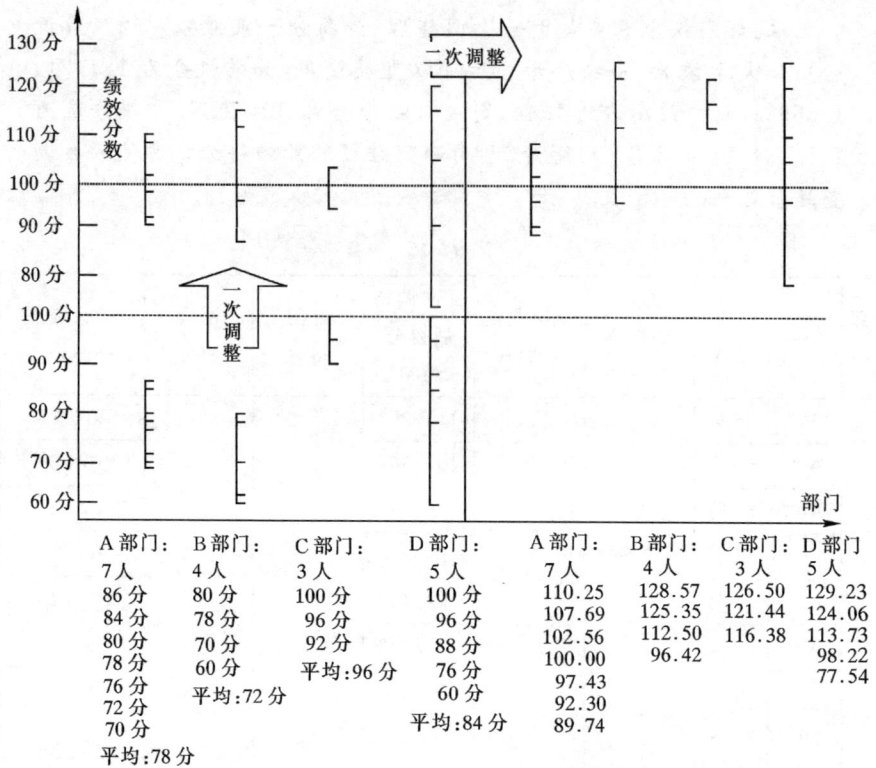

图 9 - 9　普通员工排名一次、二次调整过程

## 四、公司绩效考核与工资挂钩方案

根据绩效考核排名结果计算各岗位的绩效工资系数,在此基础上计算公司的绩效工资。

根据排名结果确定绩效工资权数

(1)对各层级进行排名

(2)根据排名结果确定 A、B、C、D、E 级比例

A 级 10%、B 级 20%、C 级 40%、D 级 20%、E 级 10%。

(3)确定各层级系数

A 级的绩效工资系数为 1.4；B 级的绩效工资系数为 1.2；

C 级的绩效工资系数为 1.0；D 级的绩效工资系数为 0.8；

E 级的绩效工资系数为 0.6。

(4)根据系数计算个人绩效工资

个人绩效工资＝平均绩效工资×绩效工资系数

**案例讨论**

1. 该公司绩效考核体系设计的基本原则是什么？

2. 该公司绩效考核体系设计分几大模块，各模块的功能是什么？

3. 该公司对中层管理者绩效考核体系是如何设计的？

4. 请分析该公司对普通员工排名结果处理中"一次调整"和"二次调整"各达到了怎样的目的？

5. 该公司绩效考核方案存在什么问题？下一步需要如何改进和完善？

# 第*10*章

# 绩效管理的发展

绩效管理理论与实践在国外的发展已相当成熟,但在我国的研究与应用才刚刚起步。在学习与探索绩效管理的过程中,有必要回顾绩效管理的发展历程与演变机理,这对于我们进一步学习、思考、创新性地应用绩效管理理论具有积极的意义。本章从管理理论演进的过程来剖析绩效管理的发展,从目前国内外绩效管理实践总结其发展趋势,从信息化应用的角度分析了绩效管理信息系统的设计与使用状况。

## 重点问题

⇨ 绩效管理在科学管理、行为管理理论下的特点
⇨ 绩效管理在未来发展的趋势
⇨ 绩效管理信息系统的发展
⇨ 文化差异对绩效管理的影响

## 10.1 管理理论变革与绩效管理的发展

从 20 世纪初期泰勒的科学管理理论诞生以来,管理理论和实践发生了巨大的变化。不同的历史时期和管理阶段,产生了不同的管理方式,伴随着这些管理方式及管理思想,也形成了在各不同时期、不同环境下的绩效管理特点。

### 10.1.1 科学管理理论下的绩效管理

科学管理理论着重研究如何提高单个工人的生产率。其理论代表人物主要有泰勒、吉尔布雷斯夫妇以及甘特等。这一时期研究的重点在于:

- 研究工人工作时动作的合理性,去掉多余的动作,改善必要动作,并规定完成每一个单位操作的标准时间,制定劳动时间定额;
- 选择合适的工人安排在合适的岗位上,并培训工人使用标准的操作方法,使之在工作中逐步成长;
- 制定科学的工艺规程,使工具、机器、材料标准化,并对作业环境标准化,用文件形式固定下来;
- 对完成和超额完成工作定额的工人以较高的工资率计件支付工资,对完不成定额的工人,则按较低的工资率支付工资;
- 管理者和劳动者在工作中密切合作,以保证工作按标准的设计程序进行。

从上述研究中,可以看出对员工进行绩效管理的一些朴素思想。在科学管理理论影响下,绩效管理呈现出以下特点:

(1)将组织分为计划和执行两个基本职能分别对工人实行考核。计划部门主要进行时间和动作研究,制定科学的工作定额和标准化的操作方法,选用标准化的工具,拟订计划,发布指示和命令,制定考核计划;执行部门负责执行计划实施生产,比较标准和实际的完成情况,采用差别计件工资制来调动员工的生产积极性。

(2)绩效考核主要考核员工的工作结果。员工采用标准化工具依照事先设计好的标准作业程序提高工作效率,便可以得到令考核者满意的绩效结果。

(3)绩效考核注重数量指标而非质量指标。工人被视为机器的附属品,只能服从管理人员指挥,没有自己的主动性,绩效改进的主动权主要掌握在管理人员手中。

### 10.1.2　行为科学理论下的绩效管理

行为科学开始于 20 世纪 20 年代的霍桑试验,创始人是美国哈佛大学教授梅奥。霍桑试验的研究结果对科学管理理论关于人的假设提出疑问,试验表明工人不是被动的、孤立的个体,其行为不仅仅受工资的刺激——影响生产效率的最重要因素不是待遇和工作条件,而是工作中的人际关系。据此,梅奥提出了自己的观点:工人是“社会人”而不是“经济人”,企业中存在着非正式组织,新的领导能力在于提高工人的满意度。梅奥的这一理论在当时被称为人际关系理论,为早期的行为科学奠定了基础。

行为科学以人的行为及其产生的原因为研究对象,主要从人的需要、欲望、动机、目的等心理因素角度研究人的行为规律,特别是研究人与人之间的关系、个人与集体之间的关系,并借助于这种规律性的认识来预测和控制人的行为,以实现提高工作效率,达成组织的目标。对员工进行绩效管理更加注重对员工较高层次社会需求的满足,如注重员工在绩效管理过程的前期沟通、过程中的合作控制、绩效结果的反馈利用等。

在行为科学理论的影响下,绩效管理呈现出以下特点:

(1)员工的态度和行为成为考核的重要方面。对员工绩效的要求不能只从工作结果上去衡量,员工的工作态度和行为也是考核绩效不可或缺的方面,这就把人们的视野从关注绩效的结果引向了关注绩效产生的过程。

(2)考虑需求层次,提高员工绩效。对员工的激励是使员工产生绩效的主要原因,但在加强激励时应首先考虑到员工不同层次的需求。只有正确把握员工需求,才能了解员工的行为动机,才有可能通过满足员工的不同需求来调动员工的行为,通过需求引导来激励员工产生绩效。

(3)通过提高个人绩效达成组织绩效。组织绩效的产生靠"科学管理"难以达到理想效果,对人的管理应因人而异。绩效管理必须关注每个不同员工在组织中的表现,通过改善个体绩效才能达成理想的组织绩效。

(4)组织中非正式组织对员工个人绩效的产生具有重大的影响。绩效管理必须注意到非正式组织对员工绩效产生的影响,考虑到非正式组织就要考虑员工作为社会人的情感需求,只有创造利于员工能力转化的组织氛围,才能最大限度地激励员工产生绩效。

## 10. 1. 3 "以人为本"管理理论下的绩效管理

管理归根到底是对组织中人的管理,最大限度发挥人的主观能动性,并在满足组织需求的同时帮助个人实现自身价值、社会价值是现代管理理论的一大特点,如人力资本管理理论、知识资本管理理论、人力资源管理理论、企业文化管理理论等都非常鲜明地体现出这些特点。

舒尔茨指出:"人的知识、能力、健康等人力资本的提高对经济增长的贡献远比物质、劳动力数量的增加重要的多。"据此将人力资本定义为劳动者的知识、技能、体力(健康状况)的总和。知识资本理论是将人所具备的知识看成组织成长壮大最重要的决定因素的一种系统认识。人力资本理论和知识资本理论都试图解释是什么因素在决定着一个经济组织的成长,且认为人是最主要的因素。人力资源管理理论和企业文化管理理论则从更深层次剖析了对组织发展极为重要的人的因素的构成及转化方法,这些理论认为只有将个人成长所处的社会历史文化环境考虑到对个人的管理中,充分顾及到个人所具有的社会性因素,并从文化认知的角度来统一组织内个人的思想,才能调动组织中个人的工作热情,个人的能力开发才能与组织的需要保持一致。

在"以人为本"的管理理论指导下,绩效管理理论基本形成。从狭义的以控制为目的绩效考核逐渐形成了绩效计划、绩效实施、绩效考核、绩效反馈、绩效结果考核应用等完整地管理体系和管理过程,并由此而产生了目标管理法、平衡计分卡、360 度考核等典型的绩效管理技术。绩效管理的特点,是在工作分析和岗位描述的基础上,建立起明晰的、一致的、确定的绩效评价标准和科学的薪酬体系。"以人为本"理论下的绩效管理在管理的价值取向上更加注重员工潜能绩效的开发,在管理的操作中更加注重绩效的反馈和沟通等。

# 10.2　当代绩效管理发展的趋势

伴随着管理理论的发展,绩效管理理论日趋成熟,随着竞争环境的变化和组织结构的变革,绩效管理呈现出以下发展趋势:

## 10.2.1　绩效管理与组织战略结合更加紧密

战略是组织中长期的发展规划,体现着组织在一定时期的价值认知并指导着组织的发展。绩效管理是实现组织战略目标的有效工具,为保证绩效管理在组织目标实现过程中发挥应有的作用,必须建立战略导向型的绩效管理体系。

目前,基于战略的绩效管理理论方法主要有平衡计分卡(BSC)和目标管理。

### 1. 平衡计分卡

平衡计分卡通过财务与非财务考核手段之间的相互补充与"平衡",不仅使绩效考核的地位上升到组织的战略层面,使之成为组织战略的实施工具,同时也在定量评价与定性评价之间、客观评价与主观评价之间、指标的前馈指导与后馈控制之间、组织的短期增长与长期发展之间、组织的各个利益相关者的期望之间寻求"平衡"的基础上,完成的绩效考核与战略实施过程。

平衡计分卡以组织战略为核心,把组织经营业绩评价的重心从事后评价转到为实现组织战略经营目标服务,从而把业绩评价作为组织战略管理过程的重要环节。在平衡计分卡中,兼顾了长期与短期、财务与非财务指标、滞后与先行指标、外部与内部业绩指标,既强调了结果,也对获得结果的动因、过程进行了分析,能全面、客观、及时地反映组织经营业绩状况和战略实施的效果。同时为组织战略的制定、调整提供了依据,使组织的管理者能够快速、全面地了解掌握组织的现状和未来。由于传统的绩效考核对绩效管理提供了一个很薄弱、非战略性的框架,而平衡计分卡是一个突破性的改进,它对组织绩效的战略化管理起到了巨大的驱动作用,主要出于以下几方面原因考虑:平衡计分卡以组织的战略和对目标市场的价值定位为出发点,把战略转化为可衡量的目标,这些角度的目标相互关联,其中一个角度的绩效会影响到另一相关角度的绩效,组织把目标逐层落实到下级部门,直至个人;定期回顾绩效结果,并根据结果对战略、目标、指标和目标值做出适当调整。平衡计分卡明确地提出,绩效管理就是要让组织的每一位员工每天的行动都与组织的战略挂钩。

### 2. 目标管理

德鲁克认为,并不是有了工作才有目标,而是相反,有了目标才能确定每个人的工作。所以"组织的使命和任务,必须转化为目标",如果一个领域没有目标,这个领域的工作必然被忽视。因此管理者应该通过目标对下级进行管理,当组织中高层管理者确定了组织目标后,必须对其进行有效分解,转变成各部门以及各个人的分目标,管理者根据分目标的完成情况对下级绩效进行考核、评价和奖惩。如果没有方向一致的分目标指示每个员工的工作,则组织的规模越大,员工越多,专业分工越细,发生冲突和浪费的可能性就越大。组织每个管理人员和员工的分目标就是组织总目标对他的要求,同时也是员工对组织总目标的贡献。只有完成每一个目标,组织总目标才有完成的希望,而分目标又是各级管理人员对下属人员进行绩效考核的主要依据。

德鲁克还认为,目标管理的最大优点在于它能使人们用自我控制的管理来代替受他人支配的管理,激发人们发挥最大的能力把事情做好。目标管理是以相信人的积极性和能力为基础的,组织各级管理者对下属人员的领导,不是简单地依靠行政命令强迫他们去工作,而是运用激励理论,引导员工自己制定工作目标,自主进行自我控制,自觉采取措施完成目标,自动进行自我评价。目标管理通过诱导启发员工自觉地去工作,激发员工的生产潜能,提高员工的生产效率来促进组织总体目标的实现。

组织在生命周期的不同发展阶段,呈现出不同的特点。基于静态的职能制定绩效目标,往往是不直接承担业务指标的行政支持部门的做法,他们假设部门的职能是稳定的,工作内容也是固定不变的。其实,无论是业务部门,还是支持部门,随着组织战略的不断调整,其绩效目标也是不断变化的。战略是动态的,组织绩效目标应不断调整,随战略而动,才能保证绩效目标与战略不脱节。组织的经营管理者和人力资源部门要针对不同的特点与强化绩效管理,以发展的眼光从战略的角度来看待绩效管理,从而通过卓有成效的绩效管理来保证组织战略目标的实现。

## 10.2.2　绩效管理走向差异化、多样化

### 1. 考核目的趋于多元化

在新的环境下,员工需求呈多样化特征。为此,组织激励员工的方式、途径也趋向差别化、多元化。激励机制的新变化要求设置多样化的绩效考核目的与功能,

这已成为必然趋势。

目前,多数组织已经对激励机制进行了以差别化、多元化为特征的变革,而绩效考核目的却往往限定于支持加薪与绩效薪酬的决策,差别化、多元化的激励机制缺乏基础支持。绩效管理的目的应该放在目标绩效的差异上,而不是以平均绩效来核算差异,从而推动全体员工的素质提高,推动优秀员工走上领导岗位,推动员工的职业生涯发展,通过绩效考核的差异化,才能使组织员工素质不断提高。为此,组织必须结合自身特点,设置多元化的绩效考核目的与功能,以充分支持诸如员工基本薪酬调整、职位晋升与变换、职称评定、培训与职业发展、绩效薪酬确定及专项奖励等激励决策,改进激励的有效性,增强组织竞争力。

**2. 考核内容倾向多维度化**

为了更加全面、客观地反映员工的贡献,在员工的绩效考核中,除了考核其输出结果外,还需要对员工的行为、个体特质进行甄别与评价。即绩效考核内容将由单纯考核"结果"向兼顾"结果、行为与个体特质"的多维度方向转变。

为保证多维度考核的有效性,需要注重以下几个方面:

- 所考核的行为、能力与特质,必须与职位工作输出成果具有较强相关性。
- 合理把握全面性与重点性之间的"度",明确对员工关键业绩与典型重要行为的强化与导向。
- 注重被考核者对所考核内容的可控制性。
- 注重改进考核标准的可操作性。
- 结合考核对象的具体环境、职位工作特点,权变性的设置考核内容。

**3. 考核主体逐渐多源化**

绩效考核内容多维度变化的趋势,使考核主体势必由"单一化"向"多源化"、"主管中心型"向"多方参与型"转变。

工业经济时代,在大规模重复生产方式、层级化组织形式及管理方式下,员工的直接上级观察和考核员工的工作成果成为必然。因此,以员工直接上级为考核主体的评价模式一直主导着整个工业经济时代。新经济条件下,定制生产方式正在逐渐替代大规模大批量重复生产方式,充分授权、自主管理及团队型的工作组织在组织中日益普遍。上级拥有评价员工完整信息的可能性越来越小,因此寻求拥有关于工作成果、行为、能力和特质相对充分信息的新的评价主体,或组合使用这些评价主体,成为组织有效评价的必然之举。在价值链与快速反应为竞争优势重要来源的时代,如果能从流程与价值增值的角度,让内部客户、外部客户及供应商直接参与员工的绩效考核过程,将有利于更加直接、客观、真实地反映员工的绩效状况并引导其行为,更利于增强组织的市场应变能力。因此,除了上级作为绩效考核的评价源外,员工本人、顾客、同事、下属将成为绩效考核的主体。

多主体参与绩效考核,有助于绩效考核信度的提高,有利于提高员工积极性。但同时,多源绩效考核可能带来诸如主观随意性等一些新问题,如果不予重视,最终也会影响绩效考核结果的客观真实性。

组织在引入多主体绩效考核的同时,需要注重以下方面以控制其可能产生的负面影响:

- 受各考核主体日常角色等因素影响,其所把握被考核者绩效信息的类别与程度会有差别,需要根据不同考核目的和内容,权变性地确定各考核主体参与考核的内容与权重,保证其对于自己所执行考核内容具有足够的把握。
- 多主体参与绩效考核利于更全面地甄别与评价个体绩效,但需要投入较多的资源来实施。因此,要合理把握多源化与强相关性之间的"度",科学适度地选择考核主体,以兼顾绩效考核结果的可靠性和经济性。
- 注重对员工参与绩效考核的目的、意识及实施技巧的培训,建立并完善绩效考核约束机制,引导员工参与考核的积极行为。

**4. 考核方法趋向多样化**

绩效考核方法将由"单一化"、"难以量化"或"过分追求量化",向"综合运用多种方法"、"定性与定量方法相结合",注重根据被考核对象及考核内容,权变性选择相应绩效考核方法,追求绩效考核向实效的方向发展。考核指标要针对不同工作岗位的性质而设定,指标设定切忌"一刀切"。毕竟每个工作岗位的性质和特点是不一样的,例如要求业务人员与保安人员一样注重考勤,这就显然不合适。将考核指标与工作特点相结合,这既有利于提高整体绩效考核的科学性,也有利于员工接受。

传统的绩效考核方法各有优缺点,依据考核对象的特点、企业文化特点及管理基础水平进行权变性选择是一大趋势。从总体上讲,在考虑管理成本的基础上,结合使用多种绩效考核方法,更利于增强综合效果。在原有绩效考核方法的基础上,平衡计分卡法、关键业绩指标法、目标管理法、行为锚定法及层次分析法等将被广泛用于员工的绩效考核中,将为增强绩效考核的科学性提供基础与保证。具体的差异化绩效管理方法,是把员工按素质、能力、绩效等排出不同的等级,再奖励先进、激励一般、鞭策或调整后进,整个过程的重点在于抓住可培养的人才,留住好员工,帮助有绩效问题的员工。

# 10.3　绩效管理信息系统的发展

## 阅读资料 10-1

　　近日，国有大型骨干企业中国北车集团公司的绩效目标考核信息系统通过正式验收。该绩效考核系统基于清华同方 eBuilder 网站构建系统，可实现对北车集团公司几十家下属企业的主要业务、考核内容、经营指标等的动态监控，有效促进绩效目标责任的落实。

　　该公司绩效考核信息系统由企业绩效基本指标、产品开发和技术水平、人力资源开发和劳动分配管理等九大指标构成。通过这一系统，北车集团下属各厂（所）定期在线填报考核资料，由综合管理部出具自评自测报告；然后，由集团公司领导对自测报告进行在线查看和评价，各厂（所）的领导随时查询评价情况即可。同时集团公司领导可以按权限随时查询存放在数据库中的考核资料，应用十分便捷，提高了绩效考核工作的效率和准确性。

　　知识经济时代的新特征对人力资源管理提出了更高的目标和要求，人力资源的开发与管理也将发生重大变化。随着以计算机为基础的信息技术的飞速发展，组织中的人力资源信息化管理进程不断加快。在现代信息技术的基础上，应用先进的绩效管理理念进行绩效管理信息系统设计，以实现组织对员工绩效的信息化管理，从而充分发挥了组织中人力资源的效能，提高了组织的核心竞争力。

　　我国人力资源绩效管理信息化的研究刚开始起步，国内的一些软件公司推出的产品还存在一定的缺陷，如偏重软件使用的一般性和通用性，不能完全涵盖组织特有的管理活动，应用范围受到限制；同时软件的一些附加功能是组织不需要的，给组织带来经济上的浪费。另外，系统软件只体现出组织对员工单纯的考核，而未能充分体现出绩效管理的管理职能。

　　因此，只有在系统地学习了绩效管理的基本理论基础上，以科学、完整、系统的设计思想为指导，才能够真正设计出适合具体组织的绩效管理信息系统。

## 10.3.1　绩效管理信息系统的开发状况

　　根据组织内部信息化基础的不同、对信息系统建设投入的不同，目前绩效管理信息系统开发与应用状况主要有以下几种形式：

### 1. 自建信息系统

我国人事信息管理系统在组织中的应用始于 20 世纪 80 年代中期"工资管理系统"。在此之后,一些有实力的组织开始尝试自己编制具备一定功能的人事信息管理系统。目前,也有一些组织的人力资源部为了绩效管理的便利,自行建立了绩效管理数据库,进行简单的绩效考核与数据存储。

### 2. 行业牵头设计信息系统

由于一些组织信息化基础和人员素质较低,自主开发绩效管理信息系统软件有困难,而这些组织在转机建制、推进管理现代化建设的过程中,人力资源管理工作更需要加强与提升,如果这些组织不能实施对员工的有效管理,必将失去其在市场竞争中的优势。因此,由行业牵头(如阅读材料 10-1 所述),集中优势资源开发适合本行业、本系统的绩效管理信息系统,并在本行业和本系统中培训推广、促进和拉动这些组织的人力资源管理信息化的效率和水平。行业或系统牵头构建绩效管理信息系统更具有针对性、实用性、可修改性,使这些组织人员管理的综合职能及其作用得到充分发挥,为这些组织实施完善的信息化管理奠定了基础。

### 3. 商业化的信息系统

商业化的绩效管理信息系统主要有两种形式:一种是绩效管理信息系统作为企业资源计划(ERP)系统中的子系统,另一种是专业化开发人力资源管理信息系统。

(1) ERP 系统中的绩效管理信息系统。ERP 是在传统制造资源计划 MRPII 基础上扩大管理范围发展起来的,为组织提供全方位的解决方案,涉及企业人、财、物管理的各个方面,一般包括 20 多个子系统,绩效管理信息系统是 ERP 系统中的子系统之一。一些专业软件公司开发研制的 ERP 系统,大部分精力集中在生产系统、库存系统和营销系统上,而对其中绩效管理信息系统开发的层次有待深入。此外,由于对 ERP 软件不了解和不熟悉,大部分组织认为 ERP 系统主要是解决组织生产中的计划、生产、库存、交货期等对经营业绩有直接影响的瓶颈问题,开发商按模块定价销售,组织由于受资金的限制,首期购买 ERP 模块时一般忽略人力资源管理模块。

(2)专业化的人力资源管理信息系统。与 ERP 综合开发不同,由于近年来对人力资源管理工作质量和工作效率要求越来越高,各个组织对人力资源管理信息系统的需求也迅速增加,一些软件公司开始开发专业化的人力资源管理信息系统,为组织提供专业化的人力资源管理支撑。

### 10.3.2　绩效管理信息系统的基本功能

　　绩效管理信息系统,既要反映绩效管理的基本内容又要反映一个组织绩效管理的基本特点,将组织的绩效管理体系设计思想及运行方式反映在绩效管理信息系统中。图 10－1 是绩效管理信息系统的基本构成。

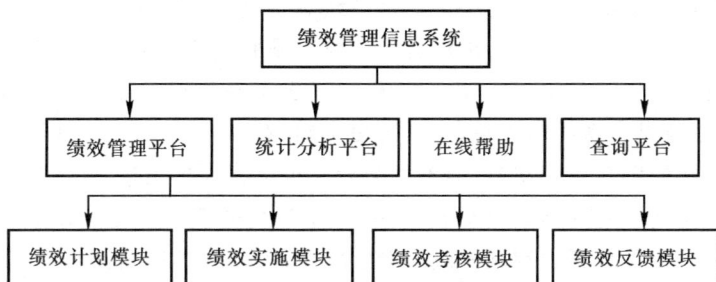

图 10－1　绩效管理信息系统基本功能结构图

**1. 绩效计划模块**

　　绩效计划模块应包括组织中各个机构绩效协议生成与管理功能,绩效协议中的绩效标准和绩效目标的设计、修改、查询功能,既包括对部门的绩效计划也包括对个人的绩效计划生成。绩效计划是绩效管理的依据,因此它包含了有关绩效考核中的各项指标、指标权重、考核时间以及最后的绩效考核表格生成。它是由管理人员和员工在工作说明书、工作规范、目标设计原则、方法与程序的指导下,就工作目标、应负职责进行讨论达成共识,制订出详细的绩效计划。

**2. 绩效实施模块**

　　绩效实施模块应包括动态的人机对话记录功能,要对员工的适时绩效数据、关键绩效事件、工作表现等一系列信息进行收集与记录;参照绩效计划,对员工的绩效实施过程进行控制和协调,以便及时发现问题并进行指导,必要时对绩效计划进行修订。

**3. 绩效考核模块**

　　绩效考核模块应包括:①考核结果的整理、汇总功能,以及针对员工的绩效状况能够分析其绩效水平并给出绩效水平所处的相对位置。如给出组织中的最高分值、平均分值以及员工个人在整个组织中所处的绩效位于平均水平的百分位。能够使员工清楚自己的上升空间及差距,也可以反映员工的绩效积分,让员工清楚自己可能得到的绩效奖励。②对实施了多主体考核或 360 度考核的组织,该模块可以进行下级打分、同级打分、上级打分、客户打分等的在线提交,实现真正的匿名评价,保证多主体考核的客观性、公平性。然后由计算机根据不同考核者的权重进行汇总,得到每个员工的考核得分。在线打分可以在非工作时间进行,节省了考核时间和沟通、协调的成本。

**4. 绩效反馈模块**

绩效反馈模块应包括员工个人对自己绩效状况的满意程度或下一步将实施的绩效提升计划的想法和员工上级对员工绩效意见的表述。员工有权对自己的绩效考核结果发表意见和提出下一步的建议,员工上级在进行了绩效反馈面谈前或面谈后,将反馈意见在系统中记录,作为历史资料储存在员工的个人档案中,员工可察看自己历年的绩效成长状况,但不可编辑。也可将考核结果以一定的形式(如发E-mail 或打印考核结果与统计分析结果等)反馈给员工个人与上级主管。这样可以指导在下一年度或考评周期中进行新的绩效计划的制订,以提高工作绩效。

绩效管理信息系统的信息来源及信息处理不是孤立的,它要与人力资源管理的其他职能衔接,并与组织的发展战略、财务管理系统、营销、运作系统衔接,见图10-2。

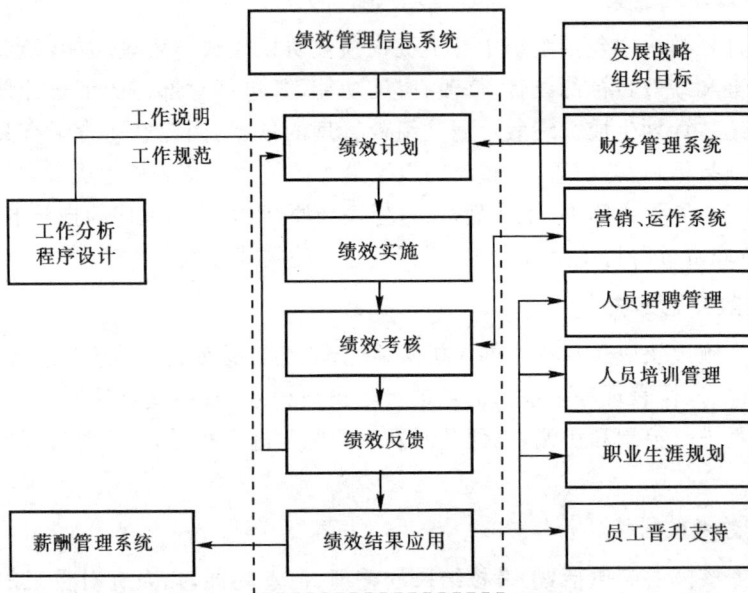

```
         ┌────────────────────┐        ┌──────────────┐
         │   绩效管理信息系统    │        │  发展战略    │
         └────────────────────┘        │  组织目标    │
                                       └──────────────┘
   工作说明    ┌──────────┐            ┌──────────────┐
   工作规范    │ 绩效计划 │◄───────────│ 财务管理系统 │
 ────────────►└──────────┘            └──────────────┘
                   │                  ┌──────────────┐
 ┌──────────┐      ▼                  │ 营销、运作系统│
 │ 工作分析 │  ┌──────────┐           └──────────────┘
 │ 程序设计 │  │ 绩效实施 │
 └──────────┘  └──────────┘           ┌──────────────┐
                   │                  │ 人员招聘管理 │
                   ▼                  └──────────────┘
              ┌──────────┐            ┌──────────────┐
              │ 绩效考核 │            │ 人员培训管理 │
              └──────────┘            └──────────────┘
                   │                  ┌──────────────┐
                   ▼                  │ 职业生涯规划 │
              ┌──────────┐            └──────────────┘
              │ 绩效反馈 │
              └──────────┘            ┌──────────────┐
                   │                  │ 员工晋升支持 │
 ┌──────────┐  ┌──────────────┐       └──────────────┘
 │ 薪酬管理 │◄─│ 绩效结果应用 │
 │  系统    │  └──────────────┘
 └──────────┘
```

图 10-2　绩效管理信息系统数据流程

通过上述分析,可得到一种用绩效管理的理念进行绩效管理信息系统的设计框架,为系统的开发提供指导。事实上在某类具体组织的绩效管理信息系统的设计中,还需根据组织的实际特点全面考虑绩效管理信息系统的各个环节,做到支持和指导组织对员工绩效进行规范的信息化管理。

### 10.3.3　绩效管理信息系统的作用

#### 1. 目标的分解与预警

有效的绩效管理信息系统,不应当仅仅是模仿手工管理,信息的获取、集成、分析、传输方式,而应能够将目标转化为可执行的具体任务,层层分解到各部门及每个人的日常工作计划中,同时设定相应的绩效指标,根据以往的数据及战略目标制定各个部门和分支机构的预算计划。在部门、员工执行预定计划的过程中,以丰富的图表和灵活的分析方式,从多个角度、多个层次辅助组织透析业务状况和运营策略,对绩效指标进行全程追踪,并将追踪的结果与设定的标准做比较,分析其中的差异,及时对潜在的问题发出预警。

#### 2. 提供决策信息

有效的绩效管理信息系统,应能够通过对组织业绩数据的深入分析,为管理者提供及时、准确的决策信息,分析评估战略目标的实施绩效,并将结果与组织和个人的绩效考核挂钩,为管理者提供及时、完整、精确的绩效报告,为上级和其他相关部门提供全面、严谨的外部报告。

#### 3. 提升管理效率

有效的绩效管理信息系统可以把发展战略落实成具体可衡量的目标,在动态中通过管理诊断、检讨来改进管理体系,提升管理效率,优化、改善现有的管理机制,促进管理精确化、信息化与自动化的实现,最终为实现总体发展战略服务。

一个好的绩效管理信息系统应是一套高效率、多功能、易学易用的绩效管理解决方案,它应具有完整性、集成性、易用性、共享性、开放性、灵活性、安全性、智能化、网络化以及强大的图表输出功能等特点。

## 10.4　文化差异对绩效管理的影响

### 10.4.1　绩效管理反映着所属文化的价值观

绩效管理理论与实践来自于西方国家,这种管理工具反映着西方文化个人主义价值取向。如果没有结合我国文化价值观念,绩效管理在我国企业管理中的应用,就会出现效果不佳的结果,不能将管理失败完全归咎于绩效管理体系本身或管理者的管理能力低下。

### 1. 群体价值取向与个体价值取向是中西文化的根本差异

在性恶论的人性假设前提下,西方文化的典型特征是以个体为本位,主张在外在法律与宗教的约制下,个人为自己的行为负责。由此造成的结果是人与人的社会关系是契约关系的性质,即使是家庭成员,在成年之后也是一种法律面前相互独立、平等的社会成员关系。中国文化则具有相反的属性与特征,在人性善的假设前提下,儒家主张通过内在道德修养,发扬仁爱精神,追求至圣人格并实现社会和谐。由此造成的结果是施仁方与受仁方在社会交往中的地位、人格地位上的不平等,因为"礼"尚往来,如果不能对"恩人"有回报,在精神与人格上将永远不可能获得平等。中国人说"人情大于天"、"人情压死人"是对这种人格不平等体验的鲜明总结。

正是由于中西文化在人性假设上的根本差异,造成西方文化重视外在法律、制度建设,要求人们严格遵守法律与规章制度,"恶法胜于无法",在社会关系中,则表现为"法律面前人人平等"、"个人为自己的行为负责"个体本位价值观。

而以中国为代表的东方文化,持人性善的假设,认为"九亿神州尽尧舜"、"放下屠刀、立地成佛"。在社会关系中,儒家将原本应属于家庭、家族范围内的"仁爱"(私德修养)要求推延到了社会关系之中,以私德取代公德,造成社会关系私人化、家庭化的普遍现象与结果,其具体反映为"一日为师,终生为父"、"在家靠父母,出外靠朋友"、讲究江湖兄弟义气等现象。这种将社会关系私人化、家庭化(仁的要求)的文化心理与中国文化追求群体本位与群体和谐(和的要求)是一脉相承的。"和"的实质是要求等级差别下的尊卑有序,以及在地位与人格不平等下的群体和谐与群体本位。

此处并无意评判这种群体本位的优劣,因为这种群体本位价值观已经深入民族大众的社会心理层面,并将在相当长的时期内影响民众的价值取向。

### 2. 绩效管理所处理的是人与人的社会利益关系

绩效管理及相应的薪酬制度,反映的是作为社会经济组织的企业(法人)与员工(自然人)之间的利益关系。这种社会关系的处理方式,当然会直接反映出不同文化价值观的差异,最为人们所熟悉的日本企业实施的"年功序列制",就是日本"和"文化的必然结果,反映着日本文化的群体本位取向。而我们现在所学习、借鉴的绩效管理理论与做法、工具,都是来源于西方个体本位文化。在我国学习、借鉴西方绩效管理理论的过程中,能否根据中国文化价值观加以融会贯通,直接决定着这种管理工具的运用效果。

## 10.4.2　不同文化对绩效管理的态度差异

在个体本位的西方文化中,西方人对待绩效考核及薪酬回报的态度是:"这是我没有做好,怪不得别人给钱少。"而在相信群体本位却又应用西方绩效考核制度的中国组织中,一般员工的反应是:"这不是我一个人能够完成的事儿,其他人支持不够。"管理人员的反应是:"考来考去,多数人拿不到奖金,得罪人的事我不做,让人事部门去唱黑脸儿吧!"

　　员工对待绩效考核的态度直接决定着绩效考核制度成功与否,也影响到组织管理人员对绩效考核制度有效性的认识与评价。现行绩效考核制度,是基于西方个体本位文化假设而形成的人力资源管理制度,在中国组织中的运用,必须考虑到中国员工的群体本位价值观及其文化心理,并采取相应制度创新,才能使绩效考核真正成为推动组织战略实施与细化的有力工具。

　　中国社会正处于社会转型期,其实质是从传统伦理社会向现代法治社会过渡,但传统文化价值观所形成的群体本位价值观,将长期影响社会大众心理。针对中国人的群体本位价值观,必须将团体绩效与个人绩效、部门领导绩效与普通员工绩效结合起来考虑,只有如此设计绩效考核制度,才能使管理人员本身主动辅导员工的工作,实现从单纯绩效考核向绩效管理的转变。

　　对中国组织来说,能否实现单纯绩效考核向系统绩效管理的转变,能否通过绩效管理将组织战略转化为员工的个人绩效目标,其关键在于能否从中国人的群体本位价值观出发,以广义文化观的视野,设计出相应的绩效考核制度,将团体绩效与个人绩效、部门领导绩效与员工绩效结合起来。

## 10.4.3　企业文化与绩效管理的互动

**阅读资料** 10 - 2

　　企业的购并对奖酬也产生不少的影响,最近于全球汽车市场上表现杰出的日产汽车,就是由雷诺以 5 亿美元买下 37% 的股份,新任CEO 上任之后,彻底改变日本传统终身雇用的作法,实施 Commitment Salary 的新制度,他们为员工设定目标计划(target plan),当目标达成时才能得到红利(target bonus),此变革活动将日产汽车转变为以绩效为导向的组织文化与奖酬制度。

　　绩效管理的方法经历了从传统的绩效考核到绩效管理的发展过程。与传统的绩效考核相比较,绩效管理更注重使无形资产有效地创造价值的问题,即它针对的是知识、技能和人的管理。同时,绩效管理强调过程的监控,通过对行动过程中各项指标的观察与评估,保证组织整体目标的实现。这些特点无疑决定了绩效管理对企业文化这一以人文管理为核心的管理的依赖。企业文化对绩效管理体系的实施、运行起着一种无形的指导、影响作用。反过来,企业文化最终要通过企业的绩效管理体系、价值分配体系来发挥其功能,因此企业文化与绩效管理之间是一种相辅相成的互动关系,绩效管理需要与之相匹配的企业文化支持。

(1)绩效导向的文化氛围。一个组织要使绩效管理体系得到顺利实施和有效运行,必须建立一种绩效导向的文化氛围,真正倡导一种以绩效为导向的岗位安排、工资报酬、晋升、培训等的绩效文化,使员工明白管理者真正需要的、重视的、奖励的是什么。

绩效导向企业文化的建立,促进绩效管理各环节的有效落实。一方面,由于绩效导向的行为规范的逐步形成,使组织在进行绩效考核、绩效反馈、考核结果应用等环节的执行力加强;另一方面,由于人们对绩效导向管理机制的理解与认可,在实施过程中人为因素将减少,增强了绩效考核的客观性与公平性。

(2)无缝沟通的文化氛围。沟通是绩效管理的一个重要特点,培育一种倡导沟通的文化有利于绩效管理的实施。因为在设定绩效目标时,管理者需要同员工沟通,使双方就目标达成一致;绩效实施中,管理者要帮助员工解决实现目标过程中出现的困难,需要管理者与员工一起,通过沟通帮助员工改进业绩,提升水平。帮助员工获得完成工作所必须的知识、经验和技能,使绩效目标朝积极的方向发展;在绩效考核结束后,管理者还需要同员工进行沟通,通过沟通使员工了解自己的长处和短处,使员工在今后的工作中更有目的性,发挥绩效管理的激励作用。

**本章思考题**

1. 为什么说早期管理理论下的绩效管理,对我国当前的很多企业来说还是必须要做好的一项工作?

2. 你怎样认识行为科学理论对绩效管理实施的影响?

3. 与行为管理思想指导下的绩效管理相比,战略思想指导下的绩效管理有哪些优势?

4. 在网上搜索目前市场上的绩效管理信息系统商业软件,选择两种分析其功能,评价其优劣。

# 参考文献

[1] 付亚和,许玉林. 绩效管理[M]. 上海:复旦大学出版社,2003.

[2] Porter ME. Competitive Advantage [M]. New York : The Free Press, 1985.

[3] 布莱恩·贝克,马克·休斯理德,迪夫·乌里奇. 人力资源计分卡[M]. 北京:机械工业出版社,2003.

[4] 方振邦. 绩效管理[M]. 北京:中国人民大学出版社,2003.

[5] 郑晓明. 现代企业人力资源管理导论[M]. 北京:机械工业出版社,2002.

[6] 哈罗德·孔茨,海因茨·韦里克. 管理学[M]. 10 版. 北京:经济科学出版社,1998.

[7] 武欣. 绩效管理实务手册[M]. 北京:机械工业出版社,2005.

[8] 王雁飞,朱瑜. 绩效与薪酬管理实务[M]. 北京:中国纺织出版社,2005.

[9] 加里·德斯勒. 人力资源管理[M]. 6 版. 北京:中国人民大学出版社,1999.

[10] 安德烈·A·瓦德尔. 绩效管理魔力[M]. 上海:上海交通大学出版社,2002.

[11] 本书编写组. 最新绩效考核与薪酬管理案例及操作要点分析[M]. 北京:企业管理出版社,2005.

[12] 武欣. 绩效管理实务手册[M]. 2 版. 北京:机械工业出版社,2005.

[13] R·韦恩·蒙迪,罗伯特·M·诺埃. 人力资源管理[M]. 6 版. 葛新权,等,译. 北京:经济科学出版社,1999.

[14] 乔恩·沃纳. 双面神绩效管理系统[M]. 徐联仓,等,译. 北京:电子工业出版社,2005.

[15] 劳动和社会保障部组织. 企业人力资源管理[M]. 北京:中国劳动和社会保障出版社,2002.

[16] 于桂兰. 人力资源管理[M]. 北京:清华大学出版社,2004.

[17] 毕意文. 平衡计分卡中国战略实践[M]. 北京:机械工业出版社,2004.

[18] 杜映梅. 绩效管理[M]. 北京:对外经济贸易大学出版社,2003.

[19] 黄维德. 人力资源管理实务[M]. 上海:立信会计出版社,2004.

[20] 朱瑜. 企业绩效整合[M]. 广州:广东经济出版社,2002.

[21] 刘颖,杨文堂. 绩效考核制度与设计[M]. 北京:中国经济出版社,2005.

[22] 彭剑锋. 人力资源管理概论[M]. 上海:复旦大学出版社,2003.

[23] 劳动和社会保障部中国就业培训技术指标中心. 企业人力资源管理人员国

　　　　家职业资格培训教程[M]. 北京:中国劳动社会保障出版社,2002.

[24]　赵曙明. 人力资源管理[M]. 北京:机械工业出版社,2005.

[25]　李剑,叶向峰. 员工考核与薪酬管理[M]. 北京:企业管理出版社,2002.

[26]　王玺. 最新企业绩效考核实务[M]. 北京:中国纺织出版社,2004.

[27]　胡君辰,郑绍濂. 人力资源开发与管理[M]. 上海:复旦大学出版社,1998.

[28]　刘伟,魏杰. 人力资源管理[M]. 北京:中国发展出版社,2003.

[29]　斯蒂芬·P·罗宾斯. 组织行为学[M].10 版. 北京:中国人民大学出版社,2005.

[30]　里查德·L·达夫特. 组织理论与设计[M]. 王风彬,译. 北京:清华大学出版社,2003.

[31]　徐国华,张德,赵平. 管理学[M]. 北京:清华大学出版社,1998.

[32]　张德. 人力资源开发与管理[M]. 北京:清华大学出版社,1996.